philosophia 4

Collana diretta da
"Giovanni Cucci, S.J. - Georg Sans, S.J."

Realismo e metodo

La riflessione epistemologica di Bernard Lonergan

A cura di
Rosanna Finamore

GREGORIAN & BIBLICAL PRESS

Progetto grafico di copertina: Serena Aureli

Impaginazione: Lisanti srl - Roma

© 2014 Pontificio Istituto Biblico
Gregorian & Biblical Press
Piazza della Pilotta 35, 00187 - Roma
www.gbpress.net - books@biblicum.com

ISBN 978-88-7839-**297**-7

«Se posso essere abbastanza fiducioso
per credere di avere escogitato
un insieme di idee di fondamentale importanza,
non posso che riconoscere
che non possiedo le risorse
per dare un'esposizione senza difetti delle loro implicazioni
nell'ampia varietà di campi in cui esse sono pertinenti.
Non posso che dare il contributo di un singolo uomo
e poi sperare che altri, sensibili ai medesimi problemi,
troveranno che i miei sforzi abbreviano la loro fatica
e che le mie conclusioni forniscono
una base per sviluppi ulteriori».

B. LONERGAN,
Insight. Uno studio del comprendere umano, p. 29.

«C'è dunque metodo là dove ci sono operazioni distinte,
dove ciascuna operazione è in relazione con le altre,
dove l'insieme delle relazioni forma uno schema,
dove lo schema è descritto come il modo adatto
per fare una determinata cosa,
dove le operazioni che si svolgono in conformità allo schema
possono ripetersi indefinitamente
e dove i frutti di tale ripetizione sono non qualcosa che si ripete,
bensì qualcosa di cumulativo e progressivo».

B. LONERGAN,
Il Metodo in Teologia, p.34.

PREFAZIONE

Per le costanti indagini filosofiche, la realtà e il sapere possono considerarsi i due grandi poli del pianeta epistemologico, congiunti dall'asse di rotazione intorno a cui il pianeta stesso ruota. Benché i poli costituiscano le due estremità dell'asse, essi non vanno considerati immobili, privi di cambiamento, così come l'asse, a sua volta, non è privo di movimento; realtà e sapere continuano infatti a configurarsi naturalmente, culturalmente, storicamente.

Il sapere non consiste soltanto nell'avere familiarità con il reale, nel farne in qualche modo esperienza, ma nell'averne conoscenza. La riflessione filosofica ha registrato puntualmente gli interrogativi sulle facoltà conoscitive, sulla sinergia che comporta il conoscere nei suoi atti, nelle sue relazioni. Dottrine filosofiche antiche, medievali e moderne, teorie contemporanee della conoscenza hanno dato risposte alla questione del sapere inteso come conoscenza della realtà, hanno cioè esplicitato il rapporto con il reale degli atti conoscitivi, hanno preso posizione sulla questione della validità del sapere, hanno stabilito modalità dei percorsi conoscitivi validi, hanno delineato metodi.

Nella sua etimologia, la parola «metodo» – dal greco μέϑοδος, termine composto dall'unione di μετὰ – «in direzione di», «in cerca di» e ὁδός, «cammino», «via» – ha il significato generale sia di orientamento per l'indagine, la ricerca, sia di principi, regole, procedure da seguire per il conseguimento di un traguardo, di una meta. Oltre alle opzioni metodologiche, che ogni autore ha sviluppato nel suo personale itinerario speculativo-teoretico – e comunque in connessione con esse –, possono essere individuate le implicazioni riguardanti in particolare il conoscere, accompagnate talora da peculiari indicazioni di metodo, quale proposta risolutrice del problema gnoseologico.

Per la pluralità delle matrici teoretiche e la polisemia metodologica, nell'epistemologia filosofica è richiesta un'adeguata attenzione critica. Teorie e metodologie alimentano, infatti, l'epistemologia filosofica nella sua incessante ricerca; i significati filosofici del sapere, connessi ai significati della realtà e della relazione con essa, non cessano di essere questionati, riformulati, interpretati. Da secoli di riflessione filosofica abbiamo ereditato un ricchissimo patrimonio di pensiero; ciò nonostante, non possiamo dire di aver esaurito le tessere del mosaico epistemologico. Se le precedenti tessere vanno riscoperte e interpretate, altre nuove vanno reperite, in risposta a nuove domande o anche a condizioni rinunciatarie di chi non avverte alcuna esigenza di riflettere sulle conoscenze o di chi perviene a risposte frammentarie di fronte al reale e al vero. Il concetto di verità non può prescindere dalla realtà, è connesso con essa, eppure si possono riscontrare limitazioni, rinunce; al realismo può allora subentrare l'antirealismo, come avviene in alcune posizioni del pensiero contemporaneo più recente.

Il problema del sapere è, inoltre, filosofico anche da un'altra angolatura. Il sapere è un processo dinamico appartenente al soggetto umano e, al contempo, alla realtà storico-culturale in cui il sapere si è configurato (e si configura), in una molteplicità di ricerche e codificazioni specializzate che hanno dato luogo a *saperi* tra loro differenti. Tale molteplicità non è solo un dato di fatto registrabile in termini di statuto epistemologico delle singole discipline e di perimetrazione di aree disciplinari, quali per esempio quelle delle discipline scientifiche e delle discipline umanistiche. Queste stesse denominazioni si caricano oggi di problematicità. La molteplicità stessa ha peraltro sollevato il problema dell'unità del sapere, per alcuni irrimediabilmente e drammaticamente infranta, per altri necessariamente e significativamente superata.

Vi sono stati filosofi che si sono pronunciati sull'articolazione del sapere come anche sulla sua unità. Circa quest'ultima, la filosofia può assumersene ancora il carico? Il problema può essere affrontato solo in un'ottica filosofica o richiede apporti interdisciplinari? Come possono le discipline, diverse nei loro profili epistemologici e nei loro metodi, convergere e ricomporsi in unità? La convergenza è ipotizzabile per qualche elemento che sopraggiunge a posteriori, o per l'individuazione di qualcosa che è a priori delle discipline e senza cui le discipline stesse non esisterebbero? Se non si intende perseguire un'unità apparente delle discipline, né imbattersi in uno sterile scontro sui me-

todi, necessariamente diversi, non sarebbe preferibile ricercare qualcosa che possa essere meta-metodologico?
Le questioni non sono nuove e sono state affrontate con approcci diversi nel Novecento.
J. Maritain, in un'ottica neotomistica, legittimava le varie forme del sapere sulla base dei *diritti dell'intelligenza umana* che è *intelligenza dell'essere*; tutti i saperi, dimostrando il loro oggetto, sono scienza, ma ve ne sono alcuni che sono anche sapienza: il filosofo francese giungeva così a leggere distinzioni e unità sulla base dei gradi dell'essere[1].
B. Lonergan, investigando sul comprendere, propose il metodo che sarà oggetto di riflessione nel presente libro, il «metodo empirico generalizzato». Lungi da essere la derivazione di un sistema metafisico o un insieme di regole da applicare, esso è il metodo che si occupa del *soggetto* e della sua *coscienza*. Come tale, non si concentra su un'area del sapere per poi distinguere le altre e unificarle, ma guarda al conoscente nelle sue concrete possibilità conoscitive, pertanto esso «include il processo di apprendimento del senso comune, le procedure della scienza empirica, i percorsi del sapere storico e la base filosofica dell'oggettività della conoscenza umana. Questa base è collocata nella soggettività autentica»[2]. Quale possa dirsi *soggettività autentica* è la scoperta antropologica sottesa a questo metodo che, mentre svolge una funzione critica con un approccio che non si identifica direttamente col «tomismo trascendentale»[3], elabora criteri di un'epistemologia generale che conduce alla riflessione metafisica. Occuparsi del sapere umano in tutta la sua pienezza comporta anche scoprirne l'ulteriorità, la trascendenza.
In questo libro, le angolature di riflessione sono diverse per ciascun

---

[1] Cf. J. MARITAIN, *Distinguere per unire. I gradi del sapere,* trad. italiana di E. Maccagnolo, Prefazione di V. Possenti, Morcelliana, Brescia 2013³.
[2] B. LONERGAN, «*Foreword to Matthew Lamb, History, Method, and Theology. A Dialectical Comparison of Wilhelm Dilthey's Critique of Historical Reason and Bernard Lonergan's Meta-Methodology*», in ID., *Shorter Papers,* CWL 20, R.C. Croken — R.M. Doran — H. D. Monsour, ed., University of Toronto Press, Toronto 2007, 94. Nostra traduzione.
[3] P. LAMBERT — C. TANSEY — C. GOING, ed., *Caring about Meaning. Patterns in the life of Bernard Lonergan,* Thomas More Institute Papers/82, Montreal 1982, 68. Questa risposta fu data da Lonegan all'intervistatore.

contributo, così come differenti sono gli approcci e gli sviluppi tematici, ma il lettore scoprirà la condivisa attenzione metodologica che li attraversa. Tale condivisione si attesta sulla peculiarità del metodo empirico generalizzato; al tempo stesso non può fare a meno di aprirsi, per alcuni aspetti, ai successivi sviluppi delle proposte metodologiche di Lonergan. Il volume è caratterizzato da una sistematicità che pervade, con tonalità variegate, l'insieme dei contributi; oltre che per la suddetta attenzione metodologica, essa si contraddistingue, per le costanti considerazioni storiche delle esposizioni e per l'assunzione di nodi problematici, affrontati con *vis* critica nelle trattazioni[4], pur nei limiti dello spazio ricoperto.

La prima problematica, affrontata da Rosanna Finamore, è quella della collocazione di Lonergan, nel contesto filosofico, speculativo del Novecento; l'indagine richiede una ricostruzione del quadro storico-teoretico sul realismo, per giungere a scoprire le radici nascoste del metodo empirico generalizzato e, con esse, poter cogliere la proposta innovativa sul piano epistemologico, sia perché in grado di sintonizzarsi sulla tradizione, rimanendo connesso ai contesti culturali della modernità e agli sviluppi filosofici e scientifici del XX secolo[5], sia perché proteso a sopravanzarli.

Analoga attenzione a una ricostruzione storica, volta a rinvenire le coordinate speculative dell'indagine lonerganiana, è espressa da Giuseppe Guglielmi, che si sofferma sul mondo mediato dal significato, sul ruolo dell'interpretazione, nonché sui valori ad essi attribuiti, risalendo ad autori di cui, in vario modo, si sente l'influsso nel pensiero di Lonergan, e verso i quali si registrano posizioni interpretative differenti presso gli studiosi.

Una sezione più propriamente epistemologico-scientifica è aperta da Paolo Gherri che criticamente analizza la contrapposizione tra

---

[4] Il significato di *sistematico* non è da ritenersi contrapposto al significato di *storico*, *problematico* e *critico*.
[5] Cf. S. MURATORE, «L'attività cognitiva secondo Bernard Lonergan», in C. TADDEI FERRETTI, ed., *Scienza cognitiva. Un approccio interdisciplinare*, Il Pozzo di Giacobbe, Trapani 2011, 13 ss.

metodo scientifico e metodo umanistico, contestualizzandola nelle sue declinazioni filosofiche e culturali e riconnettendola alle scissioni gnoseologico-epistemologiche avvenute in ambienti ecclesiastici alla fine dell'Ottocento. Riscontrata l'inadeguatezza della contrapposizione, si rende necessario un approfondimento sulla nozione di *metodo*, posta a confronto con il significato di *rigore*, per poter meglio evidenziare il senso della dimensione scientifica e culturale delle proposte metodologiche di Lonergan in ordine allo studio e all'avanzamento di ogni sapere disciplinare, compresi quelli proposti in istituzioni ecclesiastiche.

Due contributi completano la sezione scientifica, in riferimento ad ambiti più particolari: quelli delle scienze naturali e della biologia. Il primo è proposto da Valter Danna che, muovendo dalle trasformazioni della scienza, delinea l'importanza di una riflessione antropologica ed etica sugli apporti delle odierne tecno-scienze, da condursi su un terreno che favorisca l'incontro e la collaborazione di tutti gli uomini. Viene, così, riscontrata l'attualità della proposta lonerganiana circa l'umanizzazione delle scienze della natura, nonché confermata la sua spiccata potenzialità culturale per creare le condizioni e favorire le motivazioni della collaborazione stessa.

Il secondo contributo proviene da Carlo Cirotto, che rileva il concorso dell'epistemologia di Lonergan nel dare risposta all'interrogativo sulla finalità delle cosiddette realtà naturali. Al di là dei tentativi, aventi risultati positivi o negativi, anche per i differenti modi in cui il problema dei fini può essere posto, l'attenzione va rivolta alla visione del mondo elaborata dalla scienza, governata dalla distinzione tra sistemi inanimati, sistemi viventi e l'uomo, quale «fonte di sistemi più alti», per la sua mente e il suo comportamento intenzionale, come Lonergan chiaramente ha proposto.

La questione del pluralismo è tematizzata da Pierpaolo Triani; essa riceve feconde chiavi di lettura dal metodo empirico generalizzato, che si appella al dinamismo universale della coscienza umana, individuando in essa ciò che fonda la pluralità del conoscere e dell'agire umano, e che costituisce un principio di unità. Il pluralismo delle culture, delle dottrine, delle convinzioni è una realtà; occorre leggerlo rimuovendo le barriere contrapposte di difese e riduzioni, per ricercare le ragioni della sua complessità, congiuntamente alla possibilità di delineare soluzioni eque, con il raggiungimento dell'autenticità del soggetto.

Considerata la rilevanza della riflessione filosofica nel pensiero di Lonergan e in particolare del suo metodo, rimane infine da chiedersi come esso possa incidere nel sistema teologico e quindi quale diversa attenzione potrebbe avere la Chiesa per esso. È questo l'ambito ricoperto da Pasquale Giustiniani, che investiga nei documenti del Magistero, per cogliere alcune delineazioni dei rapporti tra filosofia e teologia in ordine agli aspetti metodologici, rilevando in particolare la differenza tra metodologie e metodo, insieme con le problematiche inerenti al confronto tra sapere teologico e modernità.

Con questo libro vengono pubblicati gli Atti del XIV Seminario interdisciplinare tra docenti universitari, avente per tema «Lonergan: Il Metodo Empirico Generalizzato e la dinamica umana. Incontrovertibilità e controvertibilità» svoltosi presso l'Università Cattolica del Sacro Cuore, sede di Piacenza, nei giorni 19-20 settembre 2013. La presente pubblicazione intende essere un omaggio alla memoria del Prof. Natalino Spaccapelo, S.J., instancabile studioso e interprete del pensiero di B. Lonergan, per più di un decennio ispiratore e creativo relatore dei Seminari lonerganiani piacentini, nonché Curatore con il Prof. Saturnino Muratore, S. J., di vari volumi dell'Edizione italiana delle opere di B. Lonergan.

Nella serie dei Seminari lonerganiani in Italia, già altre volte l'attenzione era stata rivolta al «metodo empirico generalizzato», la prima avvenne proprio da parte di P. Spaccapelo nel 2001. In quella sua lezione magistrale egli incisivamente lo illustrò, paragonandolo all'*Organon* di Aristotele, al *Novum Organum* di Bacone, alla Scienza Nuova di G.B. Vico, per poi approfondirne il fondamento, cioè «l'auto-appropriazione coscienziale», e la struttura, cioè «l'articolazione delle operazioni coscienziali»[6]. Negli anni successivi, al significato di tale

---

[6] Cf. N. Spaccapelo, «L'opera di Bernard Lonergan e la costruzione di un *Novum Organum*», in P. Triani, ed., *Sperimentare, conoscere, decidere. Riflessioni sull'educare a partire da Bernard Lonergan,* Editrice Berti, Piacenza 2001, 19-57.

Prefazione

metodo tornarono individualmente vari relatori nell'economia delle loro tematiche[7]. L'investigazione, benché si misurasse di volta in volta con rilevanti questioni, si fermava tuttavia sulla soglia di percorsi esplorativi mirati a ricostruire le condizioni culturali che portarono Lonergan a enunciare i principi del metodo empirico generalizzato, e quindi a compiere scelte teoretiche all'interno del sapere filosofico, in vista di un orizzonte più generale, universale del sapere umano. Ora quella soglia non solo viene varcata, ma viene maggiormente esplorato il significato di questo orizzonte.

Offriamo il volume agli studenti delle Facoltà universitarie, primi destinatari della sua pubblicazione, e a quanti possano nutrire qualche curiosità per il rapporto realtà/sapere, per l'epistemologia, per le sue connotazioni antropologiche, per il confronto interdisciplinare. La prospettiva entro cui si colloca è quella del pensiero di un filosofo e teologo che, formatosi nel pensiero di Tommaso d'Aquino, ne scoprì l'originalità, ne acquisì fondamentalmente la struttura di pensiero e le opzioni metodologiche di fondo, evitando di isolarle; le pose infatti a confronto con le acquisizioni della modernità e dei saperi contemporanei. Lo spingeva a ciò l'aver vissuto profondamente la contemporaneità. In essa, egli avvertì particolarmente il senso della crisi sociale e il problema storico-culturale, ravvisò come urgente il conoscere, inteso come dispiegamento dei dinamismi coscienziali di ogni soggetto per raggiungere l'auto-appropriazione, non come mero traguardo personale, ma come condizione per realizzare e sviluppare la collaborazione, per umanizzare ogni impresa.

Rosanna Finamore

Università Gregoriana, novembre 2014
XXX anniversario del *dies natalis* di B. Lonergan

---

[7] Cf. R.M. LIDDY, ed., *Generalized Empirical Method: Perspectives from Bernard Lonergan*, The Lonergan Review 1, Seton Hall University, 2009.

Ringrazio personalmente ogni autore per la generosità con cui ha elaborato il proprio testo e per la disponibilità che ha accompagnato la revisione, concorrendo al traguardo del volume.

Non solo doverosa, ma particolarmente sentita è la gratitudine a quanti, in diverso modo, hanno contribuito a questa pubblicazione:

- il Prof. Giovanni Cucci, S.J., e il Prof. Georg Sans, S.J., Direttori della collana *Philosophia*, per aver accolto il volume;
- il Prof. Enrico Cattaneo, S.J., Direttore dell'Edizione italiana delle Opere di B. Lonergan fondata da S. Muratore S.J. e N. Spaccapelo S.J., per i suoi interventi nel Seminario 2013 e per l'incoraggiamento a proseguire la ricerca;
- il Prof. Pierpaolo Triani, per la puntuale programmazione e organizzazione dei lavori seminariali del 2013;
- il Prof. Lucio Guasti, per la feconda iniziativa di aver promosso, in sedi accademiche, seminari di ricerca tra docenti universitari, sul pensiero di B. Lonergan.

CAPITOLO PRIMO

QUALE REALISMO CRITICO?
INTERROGATIVI E CONSIDERAZIONI
PER IL METODO EMPIRICO GENERALIZZATO

ROSANNA FINAMORE

1. Qualche nota introduttiva

Ogni itinerario filosofico inizia col sollevare domande; esse possono essere quelle che sorgono spontanee dallo stupore, dalla meraviglia, come insegna Aristotele nel libro della *Metafisica*, oppure quelle che scaturiscono dall'incontro con gli altri, dal parlare e riflettere insieme in situazione, come insegna Platone nei suoi *Dialoghi*: Socrate strategicamente formulava domande e risposte, e le sollecitava nei suoi interlocutori, perché con il desiderio e la ricerca della $\sigma o\varphi ία$, della «sapienza» fosse raggiunta l'$ἐπιστήμη$, la «scienza».

Con la domanda del titolo, desidererei segnalare un interrogativo di fondo per l'ambito che ricoprirò, a partire da quella stessa indicazione che mi era stata affidata «Il metodo del realismo critico. Le fasi del metodo in Lonergan e in Tommaso: identità e differenze», al fine di aprire i suoi enunciati alla ricerca. Ad una immediata lettura essi potrebbero condurre, nella loro successione, a ritenere che:

- il metodo del realismo critico sia identificabile e unico; che non vi siano incertezze o interrogativi sul termine *realismo* e sulla sua qualificazione di *critico*;

- la questione del metodo in Lonergan debba essere ricondotta *in primis* o esclusivamente al pensiero di S. Tommaso, riscoperto e coltivato nel XX secolo.

Passerò al vaglio i suddetti enunciati, iniziando a problematizzarli. A livello lessicale e speculativo, innanzi tutto, quale significato ha il termine *realismo*? A che cosa si rinvia quando si impiegano i termini *reali-*

smo critico allorché si voglia investigare quel metodo che Lonergan denominò *empirical generalized method*, «metodo empirico generalizzato»? Nel movimento della neoscolastica e più particolarmente del neotomismo è esistita un'unica forma di *realismo critico*? Oppure occorre riconoscere una pluralità di approcci e criteri di riflessione che, in modo differente, si riconducevano a un comune impegno filosofico, globalmente condiviso in quanto filosofi cristiani nel XX secolo, ma al contempo animato da accesi dibattiti, a partire dalla fine degli anni Trenta? I diversi pensatori cattolici del Novecento, all'interno delle loro proposte teoretiche, hanno accompagnato con immancabili riferimenti di carattere metodologico le tematiche che hanno sviluppato. Hanno altresì formulato esplicitamente un metodo con caratteri filosofici peculiari e, al tempo stesso, con proprietà estensibili ad altre aree disciplinari?

Per poter rispondere adeguatamente a queste prime domande occorre occuparsi della riflessione filosofica sul reale nella storia del pensiero occidentale.

Nel presentare i tratti che seguiranno sono guidata dalla convinzione che per comprendere il pensiero di Lonergan, nella sua originalità e statura, si debbano impiegare chiavi di interrogazione che non si leghino preliminarmente e condizionatamente a una particolare corrente o orientamento filosofico sulla cui base leggere le sue proposte teoretiche, ma chiavi che siano in grado di aprire a vasto raggio spazi di esplorazione su problematiche speculative rilevanti nell'intero orizzonte filosofico e culturale. All'interno della riflessione filosofica, l'attenzione per il reale, per tutto ciò che esiste ed è oggetto del pensiero umano, per la realtà esterna indipendente dall'uomo ma pur sempre da lui conoscibile, è senz'altro una di queste.

2. Una vigile attenzione alle precomprensioni

Se la precomprensione è l'atto che nelle varie aree del sapere accompagna domande e nuove indagini, connesse sia a precedenti esperienze di comprensione sia ad attese che predispongono e attivano nuove interpretazioni, con relative attribuzioni di significati, essa non può essere ignorata. Come per ogni altra riflessione filosofica, inoltrarsi in quella sul realismo richiede l'impegno a scoprire, con i significati, le precomprensioni[1].

Il problema del realismo, affrontato nel ventesimo secolo in varie aree disciplinari – dalle scienze economiche alle scienze giuridiche, dalle scienze umane all'arte e alla letteratura –, in filosofia ha radici molto antiche e sviluppi che hanno attraversato la storia del pensiero occidentale, fino a pervenire all'età contemporanea.

Alla domanda su che cosa si intenda oggi per realismo fanno seguito plurime risposte per le molteplici accezioni della nozione stessa di realismo, per il cambiamento di prospettive dell'indagine filosofica non più legata al problema della verità o dell'oggettività, per l'opposizione al realismo diffusa dai filosofi analitici anglosassoni[2] e da alcuni filosofi continentali[3], per il sorgere del contemporaneo «nuovo realismo»[4], come vedremo più avanti. All'interno della cultura cattolica prevalentemente europea e nord-americana, molti pensatori si sono formati sulle proposte della filosofia cristiana e soprattutto su quella di S. Tommaso, hanno aderito al realismo dell'Aquinate, che sono soliti rivisitare mettendo in luce il *realismo cristiano* e affrontando le problematiche filosofiche contemporanee sulla base dell'imprescindibile rapporto tra realismo e istanza metafisica aristotelico-tomista[5]. Non manca anche

---

[1] L'argomentazione filosofica può offrire spunti di riflessione a quanti siano interessati alle dimensioni antropologiche e formative. Come si affronta oggi il problema del rapporto con il reale? Quali concetti di realtà oggi vengono proposti? Vi sono differenze con quelli del passato? Di quali considerazioni le realtà contrapposte diventano oggetto? Quale approccio critico va intrapreso sulla loro differenza? Come leggere la distinzione/opposizione/continuità tra mondo reale e mondo virtuale? Benché non potremo inoltrarci all'interno di queste problematiche, segnaliamo anche per esse il peso che vengono ad avere le precomprensioni.

[2] Cf. M. DEVITT, *Realism and Truth*, Princeton University Press, Princeton 1997.

[3] Cf. M. FERRARIS, *Manifesto del nuovo realismo*, Laterza, Roma-Bari 2012.

[4] Cf. M. DE CARO – M. FERRARIS, *Bentornata realtà. Il nuovo realismo in discussione*, Einaudi, Torino 2012.

[5] Tra gli innumerevoli studi, cf. S. EDWARDS, «The Realism of Aquinas», *New Scholasticism*, LIX (1985) 79-101; R. SPIAZZI, *Il pensiero di S. Tommaso d'Aquino*, Edizioni Studio Domenicano, Bologna 1997, Capitolo 3, «Il realismo cristiano», 71ss; V. POSSENTI, «Realismo diretto e verità», in A. LAVAZZA – V. POSSENTI, *Perché essere realisti. Una sfida filosofica*, Mimesis, Milano 2013,19-49. Per il collegamento con la metafisica classica e con il tomismo di ascendenza maritainiana, V. Possenti propone un'ontologia realista che si oppone alle forme di nichilismo, teoretico e pratico.

chi, come E. Agazzi, ha sentito l'esigenza di coltivare la conoscenza scientifica sul fronte del *realismo scientifico*, dell'epistemologia che non si fonda sulla metafisica, ma sull'«oggettualità» e sull'«intersoggettività», riscrivendo il rapporto tra scienza e filosofia e motivando il rapporto tra scienza e fede[6].

Intorno al realismo si raccolgono in genere gli apprezzamenti per i pensatori del Novecento più noti internazionalmente come E. Gilson[7] e J. Maritain[8], ma al tempo stesso capita che si faccia cadere il silenzio su altri come il gesuita canadese B. Lonergan, inizialmente conosciuto solo in Nord America e poi scoperto anche in Europa attraverso alcune sue opere maggiori. Tra quanti ne hanno coltivato la lettura non sono

---

[6] Nell'area della filosofia della scienza E. Agazzi ha sviluppato un *realismo scientifico*. Cf. E. AGAZZI, *L'epistemologia contemporanea: il concetto attuale di scienza*, in G. GALEAZZI, ed., *Scienza e filosofia oggi*, Editore Massimo, Milano 1980, 7-20. ID., *Scienza e fede*, Editore Massimo, Milano 1983. Cf. anche E. AGAZZI – F. MINAZZI – L. GEYMONAT, *Filosofia, scienza e verità*, Rusconi, Milano 1989. Sul dibattito filosofico riguardante il realismo scientifico cf. F. MINAZZI, «Realismo senza dogmi», in V. TONINI – F. MINAZZI, *La realtà della natura e la storia dell'uomo*, F. Angeli, Milano 1989, 205-256. Per un inquadramento generale sul realismo scientifico cf. V. FANO, *Comprendere la scienza. Un'introduzione all'epistemologia delle scienze naturali*, Liguori Editore, Napoli 2005, 190; sulla differenza tra realismo di senso comune e realismo scientifico, cf. Ivi 147ss. Sul significato dell'intersoggettività nella aree filosofica e scientifica, a partire dal pensiero di Lonergan cf. C. TADDEI FERRETTI, «*Intersubjetctivity in the Thought of Bernard Lonergan and in Cognitive Science*», in C. TADDEI FERRETTI, ed. *Going Beyond Essentialism: Bernard J.F.Lonergan an Atypical Neo-Scholastic*, Istituto Italiano per gli Studi Filosofici, Napoli 2012, 191-213.

[7] Recentemente sono state ripubblicate le due opere che illustrano la sua personale posizione tomistica. Cf. E. GILSON, *Il tomismo. Introduzione alla filosofia di san Tommaso d'Aquino*, a cura di C. e F. Marabelli, Jaca Book, Milano 2011; ID., *Réalisme thomiste et critique de la connaissance*, Librairie Philosophique J. Vrin, Paris 1983; trad. italiana e commento a cura di A. Livi, *Il realismo, metodo della filosofia*, a cura di A. Livi, Introduzione storica di M.A. Mendosa, Leonardo da Vinci, Roma 2008; trad.italiana di M. Paolini Paoletti, ID., *Realismo tomista e critica della conoscenza*, Studium, Roma 2012.

[8] Cf. J. MARITAIN, *De la philosophie crétienne*, «Questions disputées», vol. 9, Desclée De Brower, Paris 1933. G. FIDELIBUS, «Realismo critico e critica della conoscenza nella filosofia di J. Maritain», *Sapienza*, 37 (1984) 1, 3-28. P. VIOTTO, *Introduzione a Maritain*, Laterza, Bari-Roma 2000; l'autore mette in luce il rapporto di convivenza tra realismo critico e ipotesi scientifiche, 139-140.

infrequenti gli interrogativi sul rapporto tra il pensiero di Lonergan e il pensiero dell'Aquinate. Gli interrogativi possono presentare legittimamente diverse curvature a seconda degli interessi che si coltivano e dei punti di vista in cui ci si colloca; di certo vanno vagliati con le rispettive risposte, giacché può capitare di pervenire a elementi interpretativi che, sulla base di un'adeguata documentazione, potrebbero risultare impropri o infondati. Talora, troppo affrettatamente, si connette dapprima il pensiero giovanile di Lonergan al nuovo vigore che ricevette lo studio del pensiero di S. Tommaso nel Novecento, come ulteriore sviluppo del movimento del neotomismo[9] e del più ampio movimento della neoscolastica[10], per poi sottolineare impropriamente l'autonomia del Maestro canadese nelle fasi successive della sua età e il suo presunto allontanamento dall'esclusiva autorità della dottrina aristotelico-tomista, con il risultato di attribuirgli una «epistemologia priva di presupposti metafisici» da cui «si può tecnicamente solo derivare il contenuto di una scienza del possibile che non è una scienza del reale»[11]. Su tale erronea interpretazione, contraddittoria per la sua palese violazione dei testi di Lonergan nel loro significato originario, ci siamo già espressi[12].

In Italia, in anni passati, ma non meno recenti, si è giunti ad accostare o leggere Lonergan esclusivamente a partire dai pensatori tomisti del Novecento, in particolare J. Maritain, E. Gilson, con l'intento di ricondurre la lettura del suo pensiero e la sua valutazione ai paradigmi del neo-tomismo da loro rappresentato. Non mancano coloro che sono propensi a trovare assonanze tali da confermare il loro comune *realismo cristiano* e in modo peculiare il loro *realismo critico*, a prescindere dai caratteri teoretici e dalle differenze metodologiche che li contraddistinguono. È suf-

---

[9] Esso fu avviato con l'enciclica di Leone XIII *Aeterni Patris* già alla fine dell'Ottocento. Cf. A. PIOLANTI, *Il tomismo come filosofia cristiana nel pensiero di Leone XIII*, Libreria Editrice Vaticana, Città del Vaticano 1983.

[10] Cf. G. BONTADINI, «La posizione della neoscolastica nella filosofia contemporanea», *Rivista di Filosofia Neo-Scolastica*, 52 (1960) 2, 115-156.

[11] S. NASH-MARSHALL, *La ricettività dell'intelletto. Lonergan e la ripresa della gnoseologia scolastica nel XX secolo*, Vita e Pensiero, Milano 2002, 45, n. 28.

[12] Cf. R. FINAMORE, «Lonergan incompreso», Nota, *Gregorianum*, vol. 84 (2003) fasc. III, 696-700.

ficiente collegare Lonergan ad altri filosofi cristiani a lui contemporanei esclusivamente per alcune associazioni tematiche di carattere temporale e storico? Vedremo come le opzioni contenutistiche e metodologiche di Lonergan si pongano oltre le suddette correnti filosofiche[13], non solo per quanto riguarda il realismo ma anche per le elaborazioni critiche riguardanti il confronto tra il pensiero di S. Tommaso e il criticismo di Kant, operati dalla scuola della filosofia trascendentale di J. Maréchal[14]. Presunti ancoraggi del pensiero di Lonergan in tale scuola rischiano di tratteggiare molto parzialmente non solo la portata degli studi di Lonergan su S. Tommaso, ma anche le sue opzioni metodologiche.

Esula dall'economia di questo contributo ricostruire mappe del movimento neotomistico, di quello neoscolastico, o della scuola maréchaliana; occorre tuttavia liberare il campo da indebiti luoghi comuni e da confuse attribuzioni provenienti da ipotesi affrettate che non tengono in debito conto quanto fu espresso da Lonergan sia in riferimento a se stesso e al suo pensiero, sia in riferimento alle posizioni del neotomismo, come avremo modo di esplicitare.

Dato che il metodo del realismo critico non ha avuto un'impostazione che seguiva un'univoca direzione, aprirsi al confronto di posizioni filosofiche tra loro differenti potrà consentire di scoprire ciò che teoreticamente gli era sotteso.

Chiaramente Lonergan fu un attento conoscitore di autori e di movimenti di pensiero; le sue istanze metodologiche vollero essere una risposta tanto a problematiche antropologiche, che egli avvertì profondamente in ordine allo sviluppo storico del soggetto umano, quanto a problematiche gnoseologiche ed epistemologiche che egli avvertì acutamente, ponendosi in ascolto dei cambiamenti intervenuti nel corso della storia e particolarmente nel ventesimo secolo sul fronte dei saperi, con cui volle interagire da filosofo e teologo. Non possiamo quindi prescindere da una collocazione di Lonergan nel Novecento,

---

[13] Cf. S. MURATORE, *La filosofia dell'essere*, San Paolo, Cinisello Balsamo (MI) 2006. Già alla fine degli anni Sessanta, in cui il rinnovamento del post-concilio portava nuovi fermenti nei contesti ecclesiali e culturali, in Italia iniziava lo studio e la proposta del pensiero di Lonergan. A questo proposito cf. G.B. SALA, «Oltre la neoscolastica, verso una nuova filosofia. Quale?», *Scuola Cattolica*, 96 (1968) 4, 291-333.

[14] Cf. G.B. SALA, «Coscienza e intenzionalità in Bernard Lonergan» in V. MELCHIORRE, ed., *Studi di filosofia trascendentale*, Vita e Pensiero, Milano 1993, 49-99.

nonché da peculiari risposte a problematiche che appartengono alla storia del pensiero umano qual è quella del nostro rapporto con il reale, e pertanto con ciò che comportò l'assunzione o meno di posizioni che si presentarono con la denominazione di *realismo*, per poi individuare la personale posizione di Lonergan.

Andrà infatti tenuto presente che, nell'orizzonte filosofico, sotto la denominazione di *realismo critico* si raccolgono posizioni teoretiche autonome da quella maturata in ambienti cattolici, legata a forme di rivisitazione neotomista, nella prima metà del Novecento. Un esempio tra gli altri può esser dato dal «realismo critico» di Popper e dalla sua teoria della confutazione, con cui viene denunciato il principio di verificazione e giustificata l'assunzione del principio di falsificabilità da parte delle teorie scientifiche, grazie a una metodologia filosofica che non esclude un «realismo metafisico», che però non si identifica affatto con il realismo metafisico tradizionale[15]. Per poter distinguere tesi diverse, con i significati dei loro termini, sarà opportuno muoversi all'interno di quadri storico-teoretici.

Prima di affrontare la questione del realismo critico in Lonergan, anche in stretto rapporto con la sua proposta metodologica, occorre al-

---

[15] Il principio di falsificabilità si occupa della struttura logica delle asserzioni; sul piano filosofico emerge la rilevanza della discussione razionale che si alimenta di problemi reali e va alla ricerca di verità oggettive. Cf.K.R. POPPER, *Postscript to the Logic of Scientific Discovery*, vol. I, *Realism and the Aim of Science*, London 1983; ed. italiana a cura di A. Artosi e R. Festa, tr. di M. Benzi – S. Mancini, *Poscritto alla Logica della scoperta scientifica. Il realismo e lo scopo della scienza*, Il Saggiatore, Milano 1984. Di particolare importanza risulta l'ampia Introduzione, scritta nel 1982, in cui Popper discute varie questioni sollevate contro le sue tesi; in essa, tra gli altri aspetti, chiarifica il carattere della metodologia: «Non considero la metodologia come una disciplina empirica da controllare, forse, attraverso i fatti della storia della scienza. Essa è piuttosto una disciplina filosofica – metafisica – forse anche in parte una proposta normativa. Essa si basa in gran parte sul realismo metafisico e sulla situazione: quella di uno scienziato che indaga sulla realtà conosciuta che sta dietro le apparenze e che è ansioso di imparare dagli errori». Ivi, 25. Popper si dichiarava un «realista metafisico» e al tempo stesso esponeva le «difficoltà del realismo metafisico»: la sua fede nel realismo non poteva essere menomata dalle suddette contrapposizioni in quanto essa si poneva su un piano del tutto critico e razionale, rimanendo completamente aperta ad accogliere l'errore, ben diversamente dalla rigidità del realismo metafisico tradizionale. Cf. Ivi, 179 ss. La discussione razionale deve farsi carico della realtà e spiegarla con «*leggi strutturali universali*», Cf. Ivi, 187.

lora introdursi al problema del realismo, per non rischiare fraintendimenti; lo faremo, dunque, nell'economia del presente contributo, chiamato a cogliere ciò che è a monte del metodo empirico generalizzato, per enuclearne il significato, scaturito dal confronto con altri autori e dalla loro interpretazione.

Una prima panoramica storico-sistematica consentirà di individuare alcune coordinate speculative sul realismo in generale, mentre una seconda panoramica riguarderà il realismo contemporaneo dei pensatori cristiani.

Esse ci sembrano quanto mai necessarie per cogliere l'originale proposta del metodo empirico generalizzato di Lonergan che, lungi da essere una serie di norme desunte dal realismo neotomista, emerge da una sua articolata riflessione, divenendo la struttura portante della sua metodologia ed epistemologia.

3. Il realismo: un problema contemporaneo dalle radici antiche

Possiamo ravvisare una trasversalità della riflessione filosofica sul reale all'interno della storia del pensiero occidentale a partire dall'antichità, benché occorra attendere il XV secolo per trovare il termine «realismo».

La filosofia greca era già contrassegnata dal concetto di reale e realtà, ossia da differenti riconoscimenti della realtà: l'esistenza delle cose si traduceva nei termini della loro conoscenza. I primi pensatori furono protagonisti di un realismo naturalistico, basti pensare agli eleati che erano intenti a scoprire i principi delle cose nella natura, mentre Platone e Aristotele si caratterizzavano per un realismo ontologico che si volgeva all'essenza delle cose e alla loro conoscenza, sviluppando però epistemologie e metafisiche ben differenti. In Platone le idee, lungi da essere prodotti del pensiero, erano l'oggetto a cui il pensiero doveva conformarsi, l'essere nella sua pienezza. Ogni *res* ha il suo nome e la sua essenza[16], le idee hanno un'assoluta oggettività, sono immutabili, incorporee, sono contraddistinte da unità e intelligibilità, solo l'intel-

---

[16] Cf. PLATONE, *Cratilo* 385 e-386, in ID., *Tutti gli scritti*, a cura di G. REALE, Bompiani, Milano 2000, 136-137.

letto le può cogliere. Il mondo dell'intelligibile, per la sua incorporeità, trascende il sensibile, essendone l'unica vera causa; il sensibile, per la sua molteplicità non può avere in se stesso la ragione del suo essere. Se da una parte Platone sancì tale dualismo, dall'altra ravvisò con esso un'esigenza di unificazione da perseguire: «Che i molti siano uno e che l'uno sia molti è un'affermazione che suscita meraviglia»[17]. La spiegazione delle cose sensibili, per Platone, non poteva avvenire al di fuori di ciò che le unifica; il molteplice del mondo sensibile è, così, sottoposto al mondo delle idee, ma anche il mondo delle idee, per la molteplicità delle idee stesse, deve essere ulteriormente unificato e sottoposto ad un'ulteriore realtà da cui esse derivano: è la realtà dei principi primi; dall'ontologia si approda alla protologia. L'epistemologia platonica si apre così a spiegazioni metafisiche articolate su un duplice livello, nella «seconda navigazione» si scoprono il bello, il buono, il grande in loro stessi e per loro stessi, partendo da essi si scopre l'immortalità dell'anima[18]. Non bisogna dimenticare, inoltre, che per Platone la realtà fosse bipolare[19], anche la protologia non si avvaleva di un unico principio, non c'è solo l'Uno, ma la Diade e ciò fu riletto da Aristotele in termini di causa materiale, mentre le Idee sono cause formali delle cose e l'Uno causa formale delle Idee[20]. Quando in età giovanile Lonergan trascorse un periodo in cui si scoprì platonico, non gli dovette sfuggire l'importanza delle suddette unificazioni come anche il senso del rapporto che si instaurava tra epistemologia e metafisica. Esso fu chiaro a Platone e fu poi confermato da Aristotele, ma con una metafisica ben diversa. Come Lonergan stesso dichiarò, la lettura di Platone, avvenuta

---

[17] PLATONE, *Filebo*, 14 c., in ID., *Tutti gli scritti*, 430.

[18] Deluso sia dall'insegnamento dei filosofi naturalisti, sia dal libro *Sulla natura* di Anassagora, Platone decise di affrontare in prima persona il problema filosofico dell'immortalità dell'anima; comunicò ciò impiegando la metafora della «seconda navigazione», espressione usata dai marinai greci allorché dovevano far forza sulle loro braccia per remare, consentendo così all'imbarcazione di muoversi, anche in assenza del vento, che non giungeva a gonfiare le vele, Cf. PLATONE, *Fedone*, 99d-100c., in PLATONE, *Tutti gli scritti*, 107-108.

[19] Cf. G. REALE, *Per una nuova interpretazione di Platone*, Bompiani, Milano 2010, 225-228.

[20] Cf. ARISTOTELE, *Metafisica*, I, 6, 987 b14-988 b20, G. Reale, ed., Bompiani, Milano 2000, 35-41.

con l'aiuto del libro di J. A. Stewart, *Plato's Doctrine of Ideas*, lo aiutò a superare il suo nominalismo e lo convinse che Platone fosse un «metodologo»[21] per il fatto che le idee sono ciò che si cerca di scoprire nel processo scientifico o filosofico e che ogni scoperta comporta sempre domande e risposte. Inoltre lo studio di Platone è indispensabile per poter comprendere Aristotele[22]. In un'intervista Lonergan rivelò che grazie a Platone poté scoprire il «dinamismo»[23] del pensiero filosofico e al tempo stesso sviluppare seriamente l'interesse per la dimensione morale e sociale proposta da Socrate, che sapeva dialogare con quanti incontrava lungo le strade di Atene.

Se in Platone la realtà sensibile poteva solo imitare la realtà intelligibile, con Aristotele l'essenza delle cose viene in primo piano; ogni cosa sensibile ha immanente la sua forma, fa essere la cosa ciò che è e sarà[24]. Le cose, lungi da imitare le idee, hanno la loro consistenza; la loro realtà sensibile viene colta immediatamente dai sensi, che contribuiscono a costruire l'immagine; la specie viene afferrata dall'intelletto nelle immagini. Lonergan apprezzò talmente il ruolo che aveva l'immagine per l'atto dell'intelletto, l'intellezione, che volle richiamarla nell'esergo di *Insight*[25]. Per Aristotele, tra pensiero, linguaggio e realtà c'è continuità, nel senso di uniformità. Predicati fondamentali della *res*

---

[21] B. LONERGAN, «Insight Revisited», in ID., *A Second Collection*, W.F.J. Ryan – B.J. Tyrrel, ed., University of Toronto Press, Toronto 1996, 264. Gli aspetti metodologici evidenziati da Stewart consentirono a Lonergan di riflettere sulla relazione dei concetti ai dinamismi della mente. Cf. R. M. LIDDY, *Transforming Light. Intellectual Conversion in the Early Lonergan*, Seton Hall University, South Orange (NJ), 2008, 43.
[22] Cf. P. LAMBERT, C. TANSEY, C. GOING, ed., *Caring about Meaning. Patterns in the Life of Bernard Lonergan*, 50.
[23] Ivi, 49.
[24] Cf. ARISTOTELE, *L'anima*, III, 8, 432 a, R. Laurenti, ed., Laterza, Roma-Bari 2007.
[25] Cf. B. LONERGAN, *Insight. A Study of Human Understanding*, E. Crowe – R. M-Doran, CWL 3 University of Toronto Press, Toronto 1992, III; ed. italiana a cura di S. Muratore – N. Spaccapelo, *Insight. Uno studio del comprendere umano*, OBL 3, Città Nuova, Roma 2007, V. La citazione è quella ben nota di ARISTOTELE, *De anima*, III, 7, 431 b 2. Per l'astrazione della specie intelligibile dal fantasma, operata dell'intelletto, S. Tommaso conferma la necessità di rivolgersi ai fantasmi; l'intelletto concepisce la natura delle cose nell'universale, ma la conosce nei fantasmi. Cf. anche TOMMASO D'AQUINO, *Somma Teologica*,1, q.85, a.1, ad 5.

sono le categorie, che esprimono i modi di predicazione[26] e affermano i significati dell'essere[27]. Allorché si parla, ci si riferisce a *res* particolari, ciò che viene detto costituisce il predicato essenziale che giunge a dire «che cos'è» quel particolare oggetto, ossia la sua specie, ma è possibile riferirsi anche al suo genere o indicare i suoi accidenti, che sono qualità che appartengono casualmente alla *res*, non cadono nella sua essenza, sebbene possano esserci anche determinazioni causate dalla cosa stessa[28]. Con Aristotele il mondo sensibile e il mondo intelligibile trovano una più compiuta definizione nelle loro differenti caratteristiche, e al tempo stesso nel loro collegamento. Le cose sensibili hanno una forma immanente che è principio, causa della materia, in forza della quale vengono spiegati il loro essere e il loro divenire.

Al realismo metafisico platonico e a quello aristotelico subentrò il neoplatonismo, nella particolarità della riflessione di Plotino e del suo realismo metafisico. l'Uno è la fonte primaria di tutta la realtà, il molteplice è emanato da esso e ad esso ritorna; non solo l'uomo raggiunge l'intelligibilità del reale, ma ne coglie l'essenza. Se da una parte non è garantita l'autonomia della sfera sensibile, dall'altra lo stretto rapporto tra l'Uno, il *Nous* (intelletto, mente), e l'anima assicura tre ordini di realtà che il pensiero è tenuto ad accogliere, a distinguere, a riconoscere come ciò che è oltre se stesso. Il pensiero non può fermarsi al molteplice, nella sua dinamicità esso riconduce tutto all'Uno.

4. L'autonomia della *res* nel pensiero cristiano

Dalla struttura metafisica della realtà plotiniana si passò poi al realismo della patristica e quello della scolastica; la dottrina creazionistica cristiana, che contrassegnò le due maggiori declinazioni platonico-agostiniana e aristotelico-tommasiana, sancì un realismo del tutto nuovo che segnò la cultura dell'Occidente europeo. In particolare, S. Agostino spiegò l'origine della realtà con l'azione creatrice di Dio, affermatasi

---

[26] Cf. ARISTOTELE, *Categorie*, 1 b 25 ss, in ID., *Organon*, G. Colli, ed., Adelphi, Milano 2003.
[27] Cf. ARISTOTELE, *Metafisica*, V, 7, 1017 a 23 ss.
[28] Cf. Ivi, V, 7, 1017 a 25.

mediante il Verbo; il mondo viene ricondotto alle idee eterne divine, in cui si trovano unicamente la ragione esemplare e quella formale della sua esistenza[29], benché si differenzi da esse per la sua contingenza. Tutte le cose si sono sviluppate grazie alle ragioni seminali, presenti nella materia informe[30].

S. Tommaso rielaborò la proposta aristotelica, sviluppò la nozione di essere e quella di ente, applicandola analogamente sia a Dio che al mondo. Dio è l'Essere sussistente, ha l'essere per se stesso, è ente per essenza, a differenza degli altri enti creati che hanno l'essere per partecipazione[31]; il mondo è un ente reale e, relativamente alla condizione di mondo creato, gode di una sua autonomia. L'intelletto divino creatore va distinto dall'intelletto umano creaturale; quest'ultimo è ordinato al suo oggetto, alla conoscenza di ciascuna cosa: vi è una *ratio entis* che, mentre gli consente di conoscere ogni *res* nelle sue proprietà e differenze, gli consente di non cambiare, di essere se stesso[32].

Tutto ciò che esiste al di fuori di Dio può esistere in quanto è posto nell'essere da Dio, è Dio che chiama all'esistenza; ogni *res* che esiste è in relazione reale con Lui e viene per così dire donata a se stessa, ha un'essenza che la contraddistingue ed un'esistenza reale.

Dalle opere di Tommaso d'Aquino e dai successivi sviluppi da parte di altri pensatori si sviluppò la filosofia scolastica; nella filosofia medievale si affermò quindi il tomismo con il suo realismo, con la sua caratterizzazione filosofico-teologica, sorta dall'assunzione e nuova

---

[29] Cf. AGOSTINO D'IPPONA, *Ottantatre questioni diverse*, 46.2, in ID., *La vera religione*, Introduzioni, trad. e note di G. Ceriotti – L. Alici – A. Pieretti, *Opera omnia* vol. VI/2, Città Nuova, Roma 1995.
[30] Cf. AGOSTINO D'IPPONA, *La Trinità*, 3.13-16, Introduzioni di A. Trapè – M.F. Sciacca, trad. e note di G. Beschin, *Opera omnia*, vol IV, Città Nuova, Roma 1987.
[31] Cf. TOMMASO D'AQUINO, *Somma Teologica*, I, q.4, a.3, Edizioni Studio Domenicano, Bologna 1992. Sono simili le cose che hanno in comune la forma; tuttavia, nessuna cosa può essere simile a Dio nella forma, solo in Dio l'essenza s'identifica con l'essere.
[32] Cf. Ivi, I, q.79, a.7. L'intelletto è ordinato al suo oggetto secondo l'aspetto universale dell'ente; l'intelletto possibile è la facoltà che è in grado di «divenire tutte le cose» (*De anima*, 3, 5), per quanto possano essere differenti le cose, esse non possono causare alcuna differenza nell'intelletto possibile. Le uniche distinzioni che intervengono sono quelle tra intelletto possibile e intelletto agente.

elaborazione della filosofia antica, soprattutto dell'aristotelismo. Non si può, tuttavia, pensare alla filosofia medievale come uniforme, raccolta cioè esclusivamente intorno al pensiero di Tommaso; molte e diversificate furono infatti le posizioni filosofiche nel Medioevo. Per i limiti del presente contributo, richiamiamo, tra le altre, quella del realismo di matrice platonico-agostiniana, essa si riaffermò con Duns Scoto che motivò la struttura intelligibile della realtà riconducendola alle idee eterne di Dio. Egli spiegò la creazione come l'effetto della volontà libera di Dio e il mondo creato come contrassegnato dalla contingenza, avvolto dal mistero della decisione di Dio, incomprensibile all'uomo[33]. Nel creato, la materia ha la potenzialità di comporsi con la forma, dando origine all'individuale, ben distinto dall'universale[34]. A differenza di Tommaso che dava spazio alle sensazioni e alle immagini, per poi individuare le attività dell'intelletto che ha un oggetto adeguato alla sua natura, l'essenza di una realtà materiale colta attraverso i sensi[35], Scoto non limitò l'intelletto alle essenze materiali; l'unico oggetto ad esso adeguato è «l'ente in quanto ente», non quindi l'essenza di una realtà materiale, legata alla mera contingenza storica, ma l'essere, generale o universale[36]. Nessun essere, compreso quello di Dio, può essere escluso dall'orizzonte dell'intelletto umano, la cui intelligibilità ha una diretta coincidenza con la realtà. In modo puntuale Lonergan sottolineò le conseguenze del rifiuto dell'intellezione nel fantasma da parte di Scoto; egli, contrariamente a S. Tommaso, faceva precedere la concettualizzazione alla comprensione[37].

Nella Scolastica medievale si svilupparono pertanto le eredità di S.Agostino e S.Tommaso con varietà di accenti, così ci furono un realismo plato-

---

[33] Cf. DUNS SCOTUS, *Ordinatio vel Opus oxoniense*, IX, 1, XXV, II, d.III q.6, n°.15; IX,1,XXV, q. unica, n°. 32, in ID., *Opera Omnia*, cura Commissionis Scotisticae ad fidem codicum edito, Civitas Vaticana 1950.

[34] Cf. *Ibidem*.

[35] Cf. TOMMASO D'AQUINO, *Somma Teologica*, I, q. 80, a. 2,2.

[36] Cf. I. DUNS SCOTUS, *Ordinatio vel Opus oxoniense*, I, d. III, q. 1, n°. 126, n°. 137 n°. 186.

[37] Cf. B. LONERGAN, *Verbum: Word and Idea in Aquinas*, ed., F.E. Crowe – R.M. Doran, CWL 2, University of Toronto Press, Toronto 1997; ed. italiana. a cura di N. Spaccapelo – S. Muratore, *Conoscenza e interiorità. Il Verbum nel pensiero di S. Tommaso*, OBL2, Città Nuova, Roma 2004, 64.

nico-agostiniano e un realismo aristotelico-tomista. Di fondo, con il termine realismo ci si riferì ad ogni posizione filosofica che assumesse la realtà come sussistente in sé e autonoma dal pensiero. Un'accesa controversia fu quella sugli universali, ossia sul rapporto tra l'universale e individuale, sul carattere reale degli universali in quanto presenti nell'essenza dell'individuale e, tra gli altri aspetti, sull'universale concepito dall'intelletto.

Oltre che dai Domenicani, Tommaso d'Aquino fu scelto dapprima dai Gesuiti quale maestro a cui risalire per la filosofia e la teologia; mentre i Francescani seguirono preferibilmente Duns Scoto, benché anche il pensiero di Bonaventura e quello di altri Dottori fossero ampiamente insegnati nelle scuole.

Nella seconda scolastica, in età moderna, il gesuita spagnolo F. Suarez, teologo e filosofo vissuto tra il XVI e XVII secolo, elaborò una posizione in cui sinteticamente ricompose i tratti provenienti dal tomismo, dallo scotismo e dal nominalismo[38]. Quale illustre maestro del Collegio Romano, nelle sue lezioni commentava i testi della *Summa Theologiae* di Tommaso d'Aquino, come peraltro era ben indicato dalla *ratio studiorum* che richiedeva di seguire Tommaso per la teologia e Aristotele per la filosofia, assicurando, al contempo, una personale attività ermeneutica di quanto ricevuto dalla tradizione. L'intento che mosse Suarez a scrivere le sue *Meditationes metaphysicae* era quello di proporle con un metodo che fosse «più adatto alla comprensione delle cose stesse»[39]. Dopo un'attenta analisi riguardante l'oggetto della metafisica, Suarez pervenne alla definizione «dell'unico ente ad esso adeguato», quella dell'«ente reale»[40], cioè «dell'ente in quanto tale»[41], così come pervenne all'esigenza di una nuova teoria del concetto che formulò nei termini di *concetto oggettivo,* rife-

---

[38] Il nominalismo proveniva da Ockham. Suarez condivise l'attenzione di Ockham per il singolare, ma non accettò l'attribuzione di un valore nominalistico ai concetti universali; inoltre ritenne fermamente che i contenuti delle rappresentazioni espresse concettualmente fossero corrispondenti alla realtà oggettiva: le cose si universalizzano mediante l'operazione dell'intelletto che coglie la natura comune di più cose, comparandole tra loro. Cf. C. Esposito, «Introduzione», in F. Suarez, *Disputazioni metafisiche*, a cura di C. Esposito, Bompiani, Milano 2007, 32.
[39] F. Suarez, «Proemio» in *Disputazioni metafisiche*, p. 61.
[40] Ivi, I,1,26.
[41] Ivi, I,1,28.

rito alla cosa conosciuta, che veniva rappresentata tramite il *concetto formale*, il *verbum* con cui l'intelletto concepisce una cosa: esso è frutto della mente, è l'atto mentale del conoscente[42]. Con Suarez veniva a cadere la *distinzione reale* tra l'essenza di una cosa e la sua esistenza, difesa da altri scolastici; per il filosofo spagnolo l'esistenza non è altro che l'essenza attuale, un modo dell'essere essenziale. Questo divenne un problema molto dibattuto tra gli studiosi del XX secolo[43]. Per Suarez, la nozione di ente aveva un unico contenuto oggettivo, comune per tutti gli enti, che sono «in qualche modo simili tra di loro e convengono nell'essere»[44]; egli aprì la via al trascendentale moderno: la realtà è contraddistinta da un carattere trascendentale[45]. Non possiamo soffermarci sui vari apporti del pensiero moderno; va comunque detto che per l'uomo moderno il mondo preesiste ed egli può averne accesso; pensatori quali Descartes, formatosi sui testi di Suarez nel collegio La Flèche dei padri gesuiti, li impiegò nella composizione della sua opera *Meditazioni di filosofia prima*. La terza Meditazione metafisica di Descartes è quella in cui si riscontra direttamente l'influenza della teoria suareziana del concetto formale e del concetto oggettivo, in particolare quando è esposta la concezione

---

[42] Cf. Ivi, II, 1,1.
[43] Cf. J.J. HELEN, *The Thomist Spectrum*, Fordham University Press, New York, 1966.
[44] F. SUAREZ, *Disputazioni metafisiche*, II, 2, 8. A sostegno della tesi vengono citati S. Tommaso ed Aristotele. Per S. Tommaso il concetto di ente è il più semplice ed è il primo di tutti (cf. TOMMASO D'AQUINO, *Sulla verità*, 1; q. XXI, a. 1); esso si esprime in uno dei modi dell'ente; si determina in sostanza, quantità e qualità (cf. TOMMASO D'AQUINO *Somma Teologica*, I, q. 5. a. 3 ad 1); il riferimento è qui al concetto oggettivo. Per Aristotele, la metafisica si interessa dell'ente in quanto ente, sotto il quale tutti gli altri generi vengono compresi (Cf. ARISTOTELE, *Metafisica*, IV, 7); segue poi l'ulteriore richiamo a S. Tommaso: la filosofia prima tratta dell'ente comune e delle sue proprietà. Per Suarez, allora, il concetto formale si afferma con tutta la sua chiarezza: «è necessario che il concetto formale di ente abbia un oggetto adeguato; ma questo non può essere un aggregato di diverse nature di enti, secondo alcune loro determinate ragioni, per semplici che possano essere: e dunque , bisogna che quel concetto sia uno, secondo una qualche convenienza e similitudine degli enti tra loro». F. SUAREZ, *Disputazioni metafisiche*, II, 2, 8.
[45] Cf. W.M. NEIDI, *Der Realitätsbegriff des F. Suarez nach den Disputationes Metaphysicae*, Hueber, München 1966.

delle idee «innate», «avventizie», «fattizie»[46]. Ciò non fu propriamente quello che Lonergan apprezzò di Descartes, ma la consapevolezza espressa dal *cogito* e l'attenzione per il metodo furono stimate. L'ontologia e la gnoseologia suareziane travalicarono l'ambito cattolico, raggiungendo quello accademico protestante, contribuendo alla formazione di pensatori della scuola razionalista tedesca[47]. Tuttavia, in Germania, la tradizione suareziana lasciò i suoi segni anche in ambito cattolico, nel XIX secolo ci furono gesuiti tedeschi di impostazione suareziana, la cui influenza giunse fino a Roma[48]. Alcuni testi di gesuiti scolastici tipicamente suareziani circolavano in Europa; anche Lonergan a Heytrop sarebbe venuto in contatto con un volume scritto dal gesuita J. J. Urràburu[49], che fu professore di filosofia all'Università Gregoriana negli anni 1878-1887.

In opposizione alla corrente razionalistica, accusata di apriorismo e dogmatismo, si affermò quella empiristica, che enfatizzava ogni tipo di esperienza sensoriale, percettiva, contestando, come fece D. Hume, il valore di ogni principio o legge che non accogliesse i dati empirici nella loro concreta spazio-temporalità, che non provenisse da fatti particolari e da associazioni di pensiero all'interno di contesti strettamente esperienziali.

Restringere la conoscenza ai meri dati sensibili costituisce un grave limite che porta a sacrificare l'intelligenza e la consapevolezza umane; oltre i dati sensibili, come ci ricorda Lonergan, ci sono i dati della coscienza, costitutivi del metodo empirico generalizzato[50].

---

[46] Cf. R. CARTESIO, «III Meditazione», in *Meditazioni metafisiche* a cura R. De Biase – S. Principe, Prefazione e Introduzione di F. Lomanaco, Fridericiana Editrice Universitaria, Napoli 2010, 96 ss. Cf. T.J. CRONIN, *Objective Being in Descartes and in Suárez*, Gregorian University Press, Rome 1966.

[47] Wolff fu tra questi.

[48] Cf. G.A. MCCOOL, *Catholic Theology in the Nineteenth Century*, Seabury Press, New York 1977; l'Autore si riferisce in particolare a J.B. Franzelin per i decreti del Vaticano I e a J. Klentgen, per la scrittura dell'*Aeterni Patris*.

[49] Si tratta del V volume in latino, *Psychologiae, Pars Secunda*, pubblicata nel 1896. Cf. R.M. LIDDY, *Trasforming Light. Intellectual Conversion in the Early Lonergan*, 11.

[50] B. LONERGAN, *Insight. Uno studio del comprendere umano*, 122.

5. Posizioni dell'idealismo e risposte contemporanee ad esso

Kant professò un idealismo trascendentale; la conoscenza è quella dei fenomeni di cui si ha intuizione sensibile, accompagnata dalla facoltà di pensarli che è quella dell'intelletto: «senza sensibilità nessun oggetto ci sarebbe dato, e senza intelletto nessun oggetto pensato»[51]. Ciascuna delle due facoltà ha le proprie funzioni e la conoscenza proviene dalla loro unione. Kant, dunque, ammetteva la realtà esterna delle cose, che esistono indipendentemente dal conoscente, ma inseguiva la loro universalità e necessità, riconducendole alla soggettività. Non sono gli oggetti a regolare la nostra conoscenza, ma è questa che li regola; la conoscenza a priori riesce a stabilire norme, principi sugli oggetti «prima ancora che ci siano dati»[52]. Egli distinse il «realista trascendentale» dall'«idealista trascendentale»; il primo rappresenta i fenomeni come cose in sé, indipendenti da noi; il secondo può anche essere un «realista empirico» che ha le caratteristiche del «dualista»: fa esperienza della realtà, dell'esistenza di ciò che è materiale, e al tempo stesso della coscienza di sé che vale di più della semplice rappresentazione della certezza[53]. Lonergan registrò in *Insight* varie differenze tra la propria posizione e quella di Kant[54], una delle quali è proprio relativa alla coscienza, intesa dal filosofo di Königsberg come «senso interno» corrispondente alla consapevolezza degli atti di sentire, che a sua volta rinviava necessariamente a un'unità sintetica di appercezione come condizione a priori per tutti gli atti conoscitivi.

Nelle successive configurazioni dell'idealismo tedesco si ebbero altre accentuazioni teoretiche. Per Fichte la realtà era l'effetto degli atti dell'io e la dottrina della scienza non poteva essere che «realistica»[55], perché

---

[51] I. KANT, *Critica della ragion pura*, Logica trascendentale I, trad. italiana di G. Gentile – G. Lombardo-Radice, Editori Laterza, Roma-Bari 2007, 78.

[52] I. KANT, *Critica della ragion pura*, Prefazione alla seconda edizione, 17. Per una introduzione e guida al significato dell'*a priori*, a partire dalle condizioni della conoscenza in Kant, cf. G. SANS, *Sintesi a priori. La filosofia critica di Immanuel Kant*, Edizioni Scientifiche Italiane, Napoli 2013.

[53] Cf. I. KANT, *Critica della ragion pura*, Appendice, II. Paralogismi della ragion pura, «Critica del quarto paralogismo della psicologia trascendentale», 555.

[54] Cf. B. LONERGAN, *Insight. Uno studio del comprendere umano*, 444-447.

[55] Cf. J.G. FICHTE, *Fondamento dell'intera dottrina della scienza*, trad. italiana a cura di G. Boffi, Bompiani, Milano 2003, §5, II.

spiega la coscienza delle nature finite ammettendo una forza indipendente da cui esse dipendono nella loro esistenza empirica. Per Schelling vi era identità del soggetto con l'oggetto, idealismo e realismo trattano dello stesso problema, per cui si può individuare sia un *Real-Idealismus*, sia un *Ideal-Realismus*[56]; la realtà può essere pensata sia come oggetto assoluto, sia come soggetto assoluto, l'identità dell'uno e dell'altro sono una condizione assoluta (realismo), ma sono anche un compito infinito (idealismo). Per Hegel lo Spirito era la sorgente di tutta la realtà; nella sua assolutezza, il soggetto non fa spazio ad altre realtà; nella rappresentazione dell'Assoluto come Spirito si raggiunge la forma più elevata dell'idealismo, coincidente con la forma più piena del realismo[57].

In reazione all'idealismo, sorsero a partire dalla fine dell'Ottocento e all'inizio del Novecento rivendicazioni del realismo, oltre che nella riscoperta della metafisica tradizionale come vedremo, nella forma del naturalismo[58] e in quella empiristico-positivistica; basti pensare a J.F. Herbart[59], filosofo e pedagogista, che riabilitò l'esistenza degli oggetti e quindi di tutti gli enti, che godono di una loro realtà autonoma rispetto a qualsiasi trasformazione concettuale da parte del conoscente.

Varie forme di realismo si susseguirono; possono essere richiamati il «realismo trasfigurato» di H. Spencer[60], che considerava l'esistenza oggettiva della realtà, indipendente da quella che il soggetto conosce, e che è comunque corrispondente e uniforme alla realtà stessa, reale

---

[56] Cf. W.F. SCHELLING, *Sistema dell'idealismo trascendentale*, ed. italiana a cura di G. Semerari, Editori Laterza, Roma-Bari 1990.

[57] Cf. F.G. HEGEL, *Fenomenologia dello Spirito*, trad. italiana di E. De Negri, Edizioni di Storia e Letteratura, Roma 2008.

[58] Il realismo può esprimersi come naturalismo allorché speculativamente parte dal mondo della natura e può pertanto giungere a formulare una cosmologia. Cf. N. ABBAGNANO, «Realismo e naturalismo», in ID., *Storia della filosofia*, vol. III, UTET, Torino 1982, 632-671.

[59] Cf. J.F. HERBART, *Einleitung in die Philosophie*, Reimer, Berlin 1831; trad. italiana di G. Marpillero; *Introduzione alla filosofia. Preliminari e logica*, Principato, Milano 1936. È compito della filosofia elaborare concetti, a partire dall'esperienza, e al tempo stesso portarli a forma di chiarezza e distinzione, fino alla loro più completa esplicitazione nel giudizio.

[60] Cf. H. SPENCER, *First Principles*, Williams and Norgate, London 1862.

come quella; il «realismo ragionato» di G. H. Lewes [61], che rielaborò la tesi spenceriana, riconoscendo l'esistenza di ciò che va oltre ogni tipo di esperienza possibile, il metaempirico, e che la mente umana deve costantemente legittimare con l'indagine filosofica; il «realismo naturale» di Hamilton[62] per il quale ogni oggetto va considerato per se stesso, per quello che è; benché sia relativo a noi non si esaurisce in relazione a noi, non è una rappresentazione o modificazione dell'io, ma è e rimane pur sempre non-io. Un'accentuazione del realismo in chiave scientifica fu quella di Külpe[63]: ogni oggetto è indipendente dal pensiero; nella sua origine, nelle sue proprietà, nel suo attuarsi è unicamente se stesso e come tale si propone al pensiero senza rimanerne influenzato; ciò che è assiomatico per le scienze naturali inizialmente non è altro che un'ammissione del mondo esterno, un'espressione della sua realtà.

Nel ventesimo secolo, il problema è stato diversamente affrontato, ha ricevuto altre interpretazioni. Non più inteso come quello dell'esistenza del mondo esterno e dell'io, in Europa è stato posto e risolto, all'interno di altri fronti, come vedremo: quello fenomenologico, quello logico-linguistico, quello semantico, quello della ricerca del senso di ciò che esiste, con molteplici sfumature.

All'interno delle teorizzazioni nord-americane, invece si rinvengono posizioni ed espressioni particolari, quali «realismo ingenuo» e «realismo critico»; sono stati tali termini impiegati da Lonergan, che li inserì nel contesto della sua riflessione personale, dando così una risposta diretta alle problematiche culturali del suo tempo.

Propositore dell'espressione *naive realism*, «realismo ingenuo», fu W. Schüppe[64], che denominò in tal modo la posizione di G.E. Moore. Schüppe elaborò una filosofia dell'immanenza, negò ogni tipo di separazione o indipendenza tra soggetto e oggetto; ogni oggetto è in-

---

[61] Cf. G. H. LEWES, *Problems of Life and Mind*, Trüber & Company, London 1874.
[62] Cf. W. HAMILTON, *Lectures on Metaphysics and Logic*, Blachwood, Edinburg 1859.
[63] Cf. O. KÜLPE, *Die Realisierung: Ein Beitrag zur Grundlegung der Realwissenshaften*, drei vol., Teubner, Leipzig 1912-1923.
[64] Cf. W. SCHÜPPE, *Grundriss der Erkenntnistheorie und Logik*, Weidmannsche Buchhandlung, Berlin 1910.

fatti immanente alla coscienza, è contenuto della coscienza, ma si distingue dall'essenza stessa del pensiero. Alla base di ogni attività del soggetto vi è una coscienza generica, su cui si fonda la coscienza individuale. Moore, in opposizione all'idealismo, ossia alla concezione dell'oggetto come contenuto di coscienza, rivalutò il valore dell'oggetto nella sua indipendenza dal soggetto, propose il valore dell'esperienza a cui si connette ogni pensiero vero. Il soggetto e l'oggetto vanno conosciuti per loro stessi e per la relazione che hanno l'uno con l'altro, senza che questo dia luogo a identificazione. Il realismo ingenuo nega ogni trascendenza della realtà e, al tempo stesso, si rivolge alla coscienza per giustificare il fatto che soggetti diversi possano concordare sui contenuti, sulla base della loro esperienza e dei loro pensieri. Nel contesto angloamericano l'apertura al realismo fu data proprio da Moore[65], che difendeva il senso comune, il linguaggio comune, le credenze del senso comune, assunte anche come criteri di giudizio di alcune tesi filosofiche.

Proseguendo la pista inaugurata da Moore, sorse il cosiddetto *new realism* «nuovo realismo» alimentato da un gruppo di pensatori americani[66] impegnati a combattere la gnoseologia idealistica e a valorizzare le percezioni con i loro dati essenziali. La verità viene distinta dall'errore allorché, dopo le percezioni, negli stati mentali l'intuizione giunge ad attribuire un'essenza ai dati reali. «I nuovi realisti» aderivano soprattutto alla logica matematica, sulla cui base andavano lette le relazioni esistenti tra tutti gli oggetti pensabili. Pensiero e realtà non vengono più considerate come due realtà, ma come due differenti raggruppamenti di entità semplici, secondo quanto aveva già teorizzato E. Mach[67], che elaborò un'interpretazione sensista della realtà, escludendo qualsiasi differenza tra fisico e psichico.

Non possiamo dimenticare che, nel frattempo, in Europa, ad opera di E. Husserl si inaugurò la corrente filosofica della fenomenologia,

---

[65] Cf. G.E. MOORE, «Refutation of Idealism», *Mind*, 12 (1903) 433-453. Cf. A. GRANESE, *G.E. Moore e la filosofia analitica inglese*, La Nuova Italia, Firenze 1970.

[66] E.B. HOLT – W.T. MARWIN – W.P. MONTAGUE – R.B. PERRY – W. PITKIN – E. GLEASON SPAULDING, *The New Realism*, Macmillann Co., New York 1912.

[67] E. MACH, *Die Analyse der Empfindungen und das Verhältnis des Physischen zum Psychischen*, G. Fischer, Jena 1886.

comprensiva di una nuova teoria del soggetto, della coscienza intenzionalmente correlata all'oggetto, ritenuta dal suo autore un vero e proprio realismo.

In connessione con la fenomenologia e distante dal *new realism* di cui individuarono i limiti, un gruppo di pensatori[68] in America dette vita a un nuovo indirizzo denominato *critic realism*, «realismo critico». Essi rimproveravano ai *nuovi realisti* di esser caduti in una rinnovata forma di idealismo per il peso che attribuivano alla intuizione, a cui gli oggetti sono immediatamente presenti. La conoscenza è un processo in cui si attua una mediazione tra soggetto e oggetto; l'attribuzione delle essenze non ha nulla di immediato, di intuitivo, ma è un procedimento dell'intelletto e al tempo stesso è una risposta pratica dell'uomo al suo ambiente, con il fine di integrarsi sempre più favorevolmente in esso.

I suddetti *realisti critici* si sono ulteriormente diversificati tra loro sulla base di un significato più spiritualistico o all'opposto più naturalistico dato al proprio indirizzo. Tra i primi va ricordato Durant Drake per il valore dato all'introspezione.

In Europa si era invece sviluppato il cosiddetto neo-empirismo, divenuto poi positivismo o empirismo logico; Wittgenstein nella sua teoria del linguaggio[69] riconobbe gli oggetti e la loro immutabilità nel mondo; l'ammissione della loro esistenza avviene per necessità logica e per la possibilità che gli oggetti hanno di combinarsi tra di loro. L'esistenza degli oggetti dipende dagli enunciati, dalla possibilità della loro intersoggettività, dalle procedure che li giustificano, dalle condizioni di verità che non escludono il confronto con la realtà. Posizioni più radicali nell'ambito dell'empirismo logico furono invece quella di M.

---

[68] D. DRAKE – A.O. LOVEJOY – J.B. PRATT – A.K. ROGERS – G. SANTAYANA – R.W. SELLARS – C. A. STRONG, *Essays in Critical Realism. A Cooperative Study of the Problem of knowledge*, Mac Millan & Co, London-New York 1920.

[69] L. WITTGENSTEIN, *Tractatus logico-philosophicus*, trad. italiana. a cura di A.G. Conte, Einaudi, Torino 1964. Per una ricostruzione del dibattito epistemologico nel ventesimo secolo, a partire da Wittgenstein e dal Circolo di Vienna cf. R. FINAMORE, «Ritratti e prospettive speculative per una razionalità aperta, dialogica, creativa», in C. TADDEI FERRETTI, ed., *Scienza cognitiva. Un approccio interdisciplinare*, Il Pozzo di Giacobbe, Trapani 2011, 203-244.

Schlick[70], autore del principio di verificazione, secondo cui il significato di una proposizione dipende dalla sua verificabilità, e quella di Carnap[71], che rifiutò il principio di verificabilità per quello di confermabilità. Tale rifiuto si accentuò con Neurath[72], che escludeva ogni accertamento empirico della verità o falsità; il linguaggio scientifico si avvale di proposizioni protocollari (contenenti un nome di persona) e non protocollari (riferiti a eventi, tempi e luoghi), per ricercare la coerenza di un'asserzione tra le altre asserzioni.

All'interno della filosofia analitica, infine, si indaga sul problema della verità, non più individuata nella corrispondenza tra linguaggio e realtà, ma nel valore semantico degli enunciati; condizioni di verità e significato vengono in prima linea, si è dunque di fronte a un «realismo semantico», ma ancora una volta cambiano le modalità con cui i significati vengono teorizzati. I due maggiori indirizzi sono quelli del cosiddetto «realismo metafisico», che non richiede alcun accertamento di verità nella relazione tra gli enunciati e le cose; tale indirizzo è anche denominato non epistemico; all'opposto vi è il «realismo sistemico» che vincola la verità al suo accertamento (ferme restando le differenze di modalità a seconda dei pensatori). Nel primo indirizzo incontriamo S.A. Kripke[73]: gli oggetti sono in relazione tra loro, ma risultano del tutto indipendenti dalla mente umana, i nomi designano rigidamente

---

[70] M. SCHLICH, «Positivism and Realism», *Philosophical Review*, 7 (1948) 1, 478-505, già pubblicato in Germania in *Erkenntnis*, drei vol., 1932-1933; presente anche in A. J. AYER, ed., *Logical Positivism*, The Free Press, New York, 1959, 82-107; trad. italiana di E. Picardi, in M. SCHLICH, *Tra realismo e neo-positivismo*, Introduzione di L. Geymonat, Il Mulino, Bologna 1974, 81-111. ID., «Meaning and Verification», *Philosophical Review*, 45 (1936) 4, 339-369.

[71] R. CARNAP, «Testability and Meaning», *Philosophy of Science*, 3 (1936) 420-471; 4 (1937) 2-40; trad. italiana in ID., *Analiticità, significanza, induzione*, a cura di A. Meotti e M. Mondadori, Il Mulino, Bologna 1972.

[72] O. NEURATH, «Soziologie im Physikalismus» *Erkenntnis* II, (1931-1932) 393-431; ID., «Protokolsatz», *Erkenntnis* III, (1932-1933) 204-214; Engl. translation «Protocol Sentences», in A.J. AYER, ed., *Logical Positivism*, The Free Press, New York 1959, 199-208.

[73] S.A. KRIPKE, *Naming and Necessity*, Harvard University Press, Cambridge (Mass.), 1972; trad. italiana di M. Santambrogio, *Nome e necessità*, Boringhieri, Torino 1982. ID., *Wittgenstein on Rules and Private Language*, Harvard University Press, Cambridge (Mass.) 1982; trad. italiana di M. Santambrogio, *Wittgenstein su regole e linguaggio privato*, Boringhieri, Torino 1984.

le cose sulla base di un accordo implicito e rispettato dai parlanti, confermato nel loro uso continuo nel tempo; c'è una profonda relazione tra linguaggio, mente e mondo, la logica è unica, non ci sono logiche differenti, ma vi sono differenti sistemi formali. Nel secondo indirizzo incontriamo W.V.O Quine[74], che propone un approccio naturalistico dell'epistemologia; l'epistemologia della matematica può considerarsi l'epistemologia della conoscenza naturale, le questioni epistemologiche sono fattuali. Egli non esclude che vi siano oggetti esterni alla mente, ma esige che ogni teoria si impegni a livello ontologico. La verità viene quindi accertata nei limiti degli oggetti e dei loro singoli nomi, vi è una «relatività ontologica», non vanno quindi ricercati in ogni teoria oggetti che godono di un'oggettività assoluta; ciascuna teoria è soltanto interpretabile o reinterpretabile.

6. Il realismo contemporaneo dei pensatori cristiani tra XIX e XX secolo

Arriviamo ora a quella particolare forma di realismo che appartiene alla neoscolastica, che ebbe il suo centro in Europa ma che poi si diffuse a livello mondiale. Il movimento neoscolastico ebbe la sua spinta propulsiva nell'enciclica di Leone XIII *Aeterni Patris* (1879): alla filosofia medievale veniva riconosciuto un ruolo metodologico così primario da divenire irrinunciabile per affrontare e arginare le derive positivistiche, scientiste, razionalistiche, soggettivistiche della cultura del tempo. All'interno nella neoscolastica prese forma in particolare il neotomismo: lo studio del pensiero di S. Tommaso divenne il modello più efficace della filosofia perenne; il realismo tomista divenne l'unico pensiero ritenuto in grado di garantire la giustificazione razionale della

---

[74] W.V.O. QUINE, «*Two dogmas of Empiricism*» Philosophical Review, 60 (1951) 20-43; pubblicato nuovamente in ID., *From a Logical Point of View*, Harvard University Press, Cambridge (Mass.) 1953; trad italiana di E. Mistretta, *Il problema del significato*, Astrolabio- Ubaldini, Roma 1966. ID., *Epistemology Naturalized*, in ID., *Ontological Relativity and Other Essays*, Columbia University Press, New York 1969; trad. italiana di M. Leonelli, *La relatività ontologica e altri saggi*, Armando, Roma 1986. ID., *Word and Object*, MIT Press, Cambridge (Mass.) 1960; trad. italiana a cura di F. Mondadori, *Parola e oggetto*, Il Saggiatore, Milano 1970.

verità, esso fu assunto come il sistema della verità stessa. La filosofia neoscolastica si affermò in modo diverso nei secoli XIX e XX, altre differenze si delinearono sempre di più nelle varie aree geografiche e linguistiche.

Sul piano metodologico ed epistemologico, la riflessione teorica si innervava su un duplice ordine: l'ordine dell'essere e l'ordine del conoscere; l'esercizio della razionalità naturale dà luogo ad un incontro e assunzione costante della realtà, naturale e soprannaturale. Occorreva far rivivere l'eredità scolastica: l'esperienza conoscitiva, radicata nell'essere, metteva in primo piano la ragione illuminata, fecondata dalla fede, e al tempo stesso favoriva l'applicazione della ragione alle verità rivelate, un avvicinamento e, per quanto possibile, una comprensione dei contenuti di fede. Il movimento neoscolastico guardava a una promozione del soggetto umano nella sua realtà e non meno nella sua ulteriorità; ciò comportava un'analisi critica dei sistemi di pensiero, e dapprima anche un rifiuto delle posizioni filosofiche moderne e contemporanee. Ogni sana filosofia non poteva che essere «aristotelica e cristiana, dunque neoscolastica»[75] e ciò comportava allora un'aspra critica di tutte le altre filosofie ritenute protagoniste di una «rivoluzione anticristiana che mette l'uomo al posto di Dio», come ebbe a dire Maritain nel 1922[76], sulla scia di quella incompatibilità del pensiero modernista con il messaggio cristiano denunciata da Leone XIII e Pio X a difesa dell'interpretazione cattolica della fede.

Il rifiuto di tutto ciò che è moderno in Francia, Inghilterra, Italia alimentò una profonda crisi tra quanti proponevano un realismo critico alimentato dall'intellettualismo scolastico e quanti tentavano nuove vie, pensiamo ad esempio a H. Bergson M. Blondel, L. Laberthonnière.

---

[75] L'affermazione è di Franz Ehrles, citato da H.M. SCHMIDINGER, «"Scolastica" e "neoscolastica" storia di due concetti», in E. CORETH – W.M. NEIDL – G.PFLIGERSDORFFER, ed., *La filosofia cristiana nei secoli XIX e XX*, vol. II, Città Nuova, Roma 1994, 70.

[76] J. MARITAIN, *Antimodern. Reflections sur le temps présent*, in J. et R. MARITAIN, *Œvres Complètes*, vol. II, Editions Universitaires, Fribourg Suisse - Editions Saint-Paul, Paris 1930, p.1083. Il riferimento è alla filosofia kantiana e post-kantiana. ID., *Antimoderno. Rinascita del tomismo e libertà intellettuale*, trad. italiana di O. Orlandi, Premessa di L. Castiglione, Logos, Roma 1979.

È chiaro che nell'ambito della cattolicità si ebbero diverse forme di realismo. Il realismo di E. Gilson, di M. D. Chenu, di J. Maritain, di J. Maréchal nell'ambito del pensiero neoscolastico di lingua francese si differenziò da quello di Lonergan, appartenente all'area anglosassone, i cui Paesi parteciparono esiguamente al movimento della Neoscolastica[77].

Come i pensatori medioevali erano stati uniti dalla stessa fede, ma avevano prodotto teologie e filosofie diverse, così i pensatori cristiani contemporanei condividevano la fede e la loro attenzione per la realtà e la sua conoscenza, ma il loro realismo si esprimeva con modalità filosofiche differenti.

Per Maritain l'essenza delle cose nella loro esistenza reale viene colta dall'intuizione dell'essere ad opera dell'intelligenza, che quindi è in grado di accedere alla realtà. Ciò avviene mediante il concetto; tuttavia vanno distinti il modo di essere della realtà nel concetto e il modo di essere della realtà nella cosa. Egli rifiutava così l'identificazione idealistica dell'essere con il pensiero, nonché la posizione fenomenologica della relazione soggetto/oggetto. Maritain affermava: «Nel momento in cui intravedo che per una *stessa cosa* si danno diversi modi di esistere, diverse maniere di essere posta fuori dal nulla, un modo d'esistere della cosa insiste in *se stessa*, e un modo d'esistere per cui essa esiste in un'anima, allora comincio a entrare nel problema della conoscenza. (...) *L'oggetto è nel soggetto secondo il modo di esistere del soggetto*»[78]. L'oggettività si ricomponeva con la soggettività.

Va ricordato che il problema della soggettività e dell'oggettività

---

[77] Cf. H.M. SCHMIDINGER, *L'eco della rinascita della scolastica in Gran Bretagna e in Nordamerica*, in E. CORETH – W.M. NEIDL – G.PFLIGERSDORFFER, ed., *La filosofia cristiana nei secoli XIX e XX*, Vol. II, 336 ss. Al di là di questo, tuttavia, Lonergan scoprì l'interesse per il pensiero di Tommaso d'Aquino all'Università Gregoriana, con il corso del P. Leeming sul *De Verbo incarnato* e con i dialoghi con un suo compagno di studi, gesuita greco, Stephanos Stephanou, che aveva studiato a Lovanio. Cf. F.E. CROWE, *Bernard J.F. Lonergan. Progresso e tappe del suo pensiero*, trad. italiana G. Bonetti, revis. di L. Armando e N. Spaccapelo, Città Nuova Editrice, Roma 1995, 57-58.

[78] J. MARITAIN, *Réflexions sur l'intelligence et sur vie prope*, in J. et R. MARITAIN, *Œvres Complètes*, vol. III, p. 23-24; trad. italiana di L. Frattini, ed., *Riflessioni sull'intelligenza e la sua vita propria*, Massimo Editore, Milano 1987.

viene affrontato da Maritain all'interno della sua adesione al tomismo, da lui stimato nei termini di *realismo critico*. Noi conosciamo l'essenza delle cose in quanto l'intelligenza, fattasi intelletto, coglie l'intelligibile; il concetto con cui conosciamo oggettivamente la realtà non è un'immagine della cosa, ma l'esistenza della cosa nel soggetto. La dimensione critica di tale realismo è assicurata dalla riflessione metafisica che distingue l'essere ontologico dall'essere logico; essa è ancorata ad una riflessione antropologica che riguarda l'uomo interamente materiale e spirituale, caratterizzato da sussistenza, avente cioè la struttura di persona che lo qualifica in tutta la sua originalità e irripetibilità. Ciò che noi chiamiamo soggetto – ci ricorda Maritain – S. Tommaso lo chiamava *suppositum*; il soggetto è «chi ha un'essenza, chi esercita l'esistenza e l'azione, chi sussiste»[79].

Altra posizione teoretica si riscontra in Gilson, studioso di filosofia medievale e pensatore teoretico di una metafisica dell'esistenza; egli ricopre una posizione realistica a partire dall'esistenza in atto degli enti, che vuole essere critica del soggettivismo e dell'idealismo. Gli enti esistono, sono plurimi e la riflessione metafisica scopre due dimensioni della realtà[80]: l'essenza che è esprimibile in concetti, grazie alla modalità razionale, e l'atto di essere, che non è concettualizzabile, ma viene appreso dall'esistenza di fatto degli enti. Contro l'essenzialismo, che concettualizza tutta la realtà in un sistema, lasciando fuori la contingenza, la libertà e la storia, e contro l'esistenzialismo, che insegue e giustifica l'esistenza del singolo ma sfugge alla comprensione razionale della realtà, Gilson propone di non limitare la conoscenza umana al concetto, in quanto è il giudizio il principale atto della conoscenza. Il giudizio può essere di attribuzione e di esistenza; quest'ultimo è un atto di composizione fra soggetto e atto di essere, atto compiuto dalla mente, con cui riusciamo a cogliere l'essere in atto, che pure è presente nella percezione sensibile dell'ente concreto. Tommaso aveva concepito la realtà come atto di esistere determinato da un'essenza intelligibile. La cono-

---

[79] J. MARITAIN, *Court traité de l'existence et de l'existant*, in J. et R. MARITAIN, *Œvres Complètes*, vol. IX, p.65; trad. italiana di L. Vigone, *Breve trattato dell'esistenza e dell'esistente*, Morcelliana, Brescia 1998.
[80] Cf. E. GILSON, *L'être et l'essence*, Vrin, Paris 1948; trad. italiana di. L. Frattini-M. Roncoroni, ed. , *L'essere e l'essenza*, Editore Massimo, Milano 1988.

scenza emerge da un'interazione di due atti: l'atto conoscitivo del soggetto che esiste e l'atto di esistere dell'oggetto. La posizione di Gilson si differenzia da quella di altri neotomisti contemporanei, soprattutto da quella del Card. D. Mercier e del suo discepolo L. Noël della scuola di Lovanio, rappresentanti di un realismo critico che si opponeva all'idealismo e al tempo stesso a posizioni più conservatrici della scuola neotomista, proponendo un recupero del realismo in chiave metodologica cartesiana o in chiave trascendentale kantiana[81]. Per Gilson il realismo è indubbiamente un metodo, ma vanno cambiate le modalità di considerarlo, per lui il modo più giusto è quello di partire dal fatto che «le cose sono» e quindi partire da un realismo spontaneo naturale, che è quello del senso comune, andando oltre le critiche dell'idealismo, che accusava il realismo scolastico di ingenuità, ritenendolo un realismo «non filosofico».

Ovviamente per la scolastica il termine realismo non esisteva; S. Tommaso dava per certa l'esistenza reale degli oggetti e del mondo, ciò comportava la distinzione tra soggetto conoscente e oggetto conosciuto; l'oggetto da conoscere è il dato primitivo raggiunto dal soggetto che è in grado di conoscere. Gilson confuta il realismo critico della scuola di Lovanio, dibatte i limiti della posizione filosofica cartesiana e di quella trascendentale kantiana e propone un rinnovato realismo che non sia più «critico», ma semplicemente realismo. L'unica ipotesi valida di realismo per Gilson è quella secondo cui «il pensiero assimili progressivamente, con la ricerca scientifica, le dimensioni intelligibili di un mondo che gli è davanti»[82]. La conoscenza non causa l'esistenza del reale; la filosofia della conoscenza, come tale, studia il possesso intenzionale di un oggetto reale attraverso il conoscere. Gilson, quindi, distingue tra realisti metodici e realisti critici: i primi impiegano il metodo del realismo di Tommaso d'Aquino, quello dell'intelligibilità di un mondo reale. Questo comporta che ogni oggetto di conoscenza richieda il proprio metodo; i vari livelli di realtà non possono essere conosciuti con un solo metodo, infatti non può es-

---

[81] Cf. E. GILSON, *Le réalisme méthodique*, Pierre Tèqui, Paris 1935; trad. ital. di A. Livi – A. Mendosa, *Il realismo. Metodo della filosofia*.
[82] Ivi, 117.

sere ignorato il progresso delle scienze e parimenti va preservata la metafisica come scienza dell'essere.

7. B. Lonergan. Dalle prime opzioni metodologiche in *Verbum* al metodo empirico generalizzato in *Insight*

Lonergan studiò S. Tommaso a partire dalla sua dissertazione teologica per il dottorato in Teologia, scritta alla fine degli anni trenta sotto la direzione di P. Charles Boyer; essa tematizzava la grazia nella sua distinzione di grazia *operans* e *cooperans*. Il giovane Lonergan non era interessato agli obiettivi e alle proposte dei neotomisti, a cui preferiva la frequentazione e lo studio personale dei testi dell'Aquinate. Maturò da essi una duplice convinzione riguardante sia la speculazione teologica che la conoscenza umana nella sua generalità: esse hanno un carattere dinamico ed evolutivo; il conoscere non si può identificare soltanto con l'impiego di concetti universali, né con quello delle deduzioni sillogistiche.

La seconda profonda esperienza di studio su S. Tommaso fu quella sul concetto di *verbum* che culminò nella pubblicazione di articoli tra il 1946 e 1949 in *Theological Studies* ora presenti in *Verbum*, nella traduzione italiana *Conoscenza e interiorità*. In questa opera troviamo una ricerca pienamente filosofica sulla teoria della conoscenza di S. Tommaso, congiuntamente agli elementi dottrinali sull'anima e alle implicazioni riguardanti la metafisica. Con questa ricerca sul *verbum* si compie una svolta fondamentale per tutto il cammino intellettuale di Lonergan, è «la svolta al soggetto» che egli poté compiere grazie alla scoperta delle implicazioni agostiniane dell'analogia trinitaria[83].

Studiando S. Tommaso, Lonergan passò dalla dottrina metafisica dell'anima alla teoria del soggetto, essa diverrà in lui un fondamento

---

[83] Sull'importanza di tale scoperta cf. G.B. SALA, «L'analogia psicologica trinitaria nel pensiero di B. Lonergan», *La Scuola Cattolica*, 92 (1964) 6, 517-536. Per un approfondimento cf. N. SPACCAPELO, «La funzione del Verbo nell'analogia psicologica trinitaria secondo Bernard Lonergan», *Science et Esprit*, 23 (1971) 1, 37-48.

del proprio edificio teoretico e metodologico. Alla conclusione del primo capitolo già diceva con convinzione: «L'ipotesi in base alla quale abbiamo lavorato è la seguente: la mente umana offre un'analogia alle processioni trinitarie perché è razionale nelle sue concettualizzazioni, nei suoi giudizi, nei suoi atti di volontà. (...) Ho cominciato non dalla struttura metafisica ma dal contenuto psicologico della teoria tomista dell'intelletto: la logica potrebbe favorire la procedura opposta ma, dopo averla tentata in vari modi, l'ho trovata impraticabile. (...) Il concetto tomista di parola interiore è ricco è sfumato: esso non è una semplice condizione metafisica di un tipo di conoscenza; esso voleva essere affermazione di fatti psicologici e la natura precisa di questi fatti può essere accertata solo accertando il significato di *intelligere*»[84]. Lonergan legge S. Tommaso con un approccio diverso da quello dei tomisti del suo tempo e da quelli di altri padri gesuiti che pure si erano interessati delle operazioni conoscitive umane, come K. Rahner e J.B.Lotz. L'approccio di Lonergan fa leva innanzitutto sui dati psicologici a partire da quella operazione della mente che è un *intelligere in sensibilibus*, «il fantasma è l'oggetto dell'intelletto», e al tempo stesso raccorda l'intellezione nel fantasma ai risultati di alcuni studi scientifici contemporanei come quelli di J. C. Maxuell[85]. Comprendere è infatti avere avvertenza dei dati di senso non solo come si presentano, ma soprattutto nelle possibili relazioni tra loro; è ricondurre la molteplicità dei dati all'unità. Quando ciò avviene, la mente pronuncia la parola interiore, ossia il concetto. Questo è un prodotto dell'intelligenza, vi è una causalità che risale allo spirito, e S. Tommaso infatti la chiama «emanazione intelligibile» che è «l'auto-espressione del capire»[86]. Lonergan sottolinea inoltre l'acutezza di S. Tommaso nel cogliere la dinamica psicologica dell'intellezione: «S. Tommaso era pienamente consapevole del fatto psicologico che le intellezioni sono tutt'altro che atomi irrelati: esse si sviluppano, si fondono, costituiscono delle unità superiori. Egli parlava ripetuta-

---

[84] B. LONERGAN, *Conoscenza e Interiorità*, 83-84,
[85] Ivi, 66. Il riferimento è a J.C. MAXUELL, *A Commemoration Volume 1831-1931*, Cambridge University Press, Cambridge 1931.
[86] B. LONERGAN, *Conoscenza e Interiorità*, 80.

mente di un *intelligere multa per unum*: un solo intelletto non può avere simultaneamente molti atti di capire; ma un solo atto di capire può afferrare molti oggetti»[87].

A questo proposito Lonergan non poté fare a meno di denunciare l'errore del concettualismo risalente a Scoto[88], per il quale la prima attività della mente è quella che dà all'intelletto contenuti universali mediante un'astrazione spontanea, annullando così l'importanza del pre-concettuale. Inoltre rilevò che la seconda operazione della mente in Tommaso termina nel giudizio, che è un atto di intelligenza riflessiva, diversa dall'intelligenza diretta che perviene all'intelligibilità dei dati. La mente non può solo assicurarsi la relazione tra il concetto e i dati, ma avanza verso il giudizio razionale, dando compimento ad uno stadio critico. Si tratta in fondo di distinguere tra il punto di vista platonico del conoscere, che si fonda sul dualismo di conoscente e conosciuto, e il punto di vista aristotelico che si fonda sull'atto, ossia sul sensibile in atto, sull'intelligibile in atto. La consapevolezza dell'intelletto negli aristotelici fu ripresa e sviluppata da S. Tommaso; oltre alla ben nota distinzione di potenza e atto; vi è anche quella di abito intellettuale che non comporta concetti o giudizi o inferenze già fatte, quelle che possiamo per esempio incon-

---

[87] Ivi, 90. Sul ruolo centrale del comprendere e sui significati dell'intellezione cf. R. FINAMORE, «*Insight* o dell'intellezione: un atto-evento da scoprire», in P. TRIANI, ed., *L'antropologia di Bernard Lonergan*, AIMC, Roma 2012, 169-185. L'atto del comprendere, quale atto dell'intelletto, è un atto che unifica; le molte cose che comprendiamo vanno scoperte nelle loro relazioni interne e questo non solo facilita la possibilità di pensarle, cogliendone i principi, ma consente successivamente di riflettere e giudicare, che è proprio della sapienza. L'intelletto e la sapienza sono collegati tra loro, afferma Lonergan, come «l'atto di capire diretto e l'atto di capire riflessivo»; cf. B. LONERGAN, *Conoscenza e Interiorità*, 105. Unificare è proprio dell'intelletto, la ragione di ciò – commenta P. Gilbert – è nell'affinità tra l'intelletto e l'uno: «È precisamente perché l'intelletto è affine all'uno e penetra la cogitativa che quest'ultima intraprende il proprio cammino di discernimento delle significazioni razionali delle realtà e di ciò che fa di queste realtà delle realtà per noi e a un tempo appartenenti al reale. In ciò l'intelletto esercita un lavoro sapienziale». P. GILBERT, «L'inventio della quaestio tra la cogitatio e l'intellectio», in P. GILBERT – N. SPACCAPELO, *Il Teologo e la storia. Lonergan's Centenary (1904-1984)*, Editrice Pontificia Università Gregoriana, Roma 2006, 215.

[88] Cf. Ivi, 63-64.

trare in tutti i libri, ma richiede la libertà di ogni soggetto che si impegna a comprendere in modo personale, ponendo in atto la propria intelligenza[89].

Questo valse per Lonergan in prima persona: comprendere ciò che S. Tommaso aveva compreso fu il suo esplicito obiettivo in *Verbum.Word and Idea in Aquinas*; ciò doveva significare raggiungere il «S. Tommaso reale» ponendo attenzione a non inseguire «qualche ideale astratto di coerenza teoretica, che potrebbe davvero essere chiamata l'idea platonica di S. Tommaso»[90] moltiplicatasi in svariate forme nel Novecento e in un numero tale che Lonergan non esitava a definire «inquietante». Egli, di fatto, si preoccupò maggiormente dell'unicità del S. Tommaso reale, e pur riconoscendo la possibilità dei molti sviluppi tomistici, si mostrò assai vigile sulla compresenza in essi di forme genuine con altre contraffatte ed auspicò in tal senso una rinnovata ricognizione dei *vetera*[91].

Non possiamo qui richiamare i traguardi filosofico-teologici raggiunti da Lonergan in *Verbum*, ci limitiamo ad alcune sue affermazioni particolarmente significative nell'Epilogo, che sembrano costituire una feconda premessa al significato del comprendere connesso al metodo, a quanto egli sviluppò successivamente in altre opere: «solo con il lavoro lento, ripetuto, circolare di esaminare più volte i dati; afferrando qui una piccola comprensione e lì un'altra; seguendo false piste approfittando di molti errori; operando continue correzioni e cumulativi cambiamenti delle proprie supposizioni, prospettive e concetti iniziali, uno può sperare di raggiungere un tale sviluppo del proprio capire da poter sperare di capire ciò che S. Tommaso capiva e voleva significare. È questo il metodo che ho impiegato (...). L'importanza di questo metodo consiste nel fatto che esso unisce gli ideali del manuale vecchio stile scritto *ad mentem Divi Thomae* all'ideale dello studio storico contemporaneo. Capire il testo, capire il significato del testo, capire il significato di S. Tommaso e capire

---

[89] Cf. Ivi, 222-223.
[90] Ivi, 260.
[91] Cf. *Ibidem*.

come S. Tommaso capiva, non è che una serie di specificazioni differenti dello stesso atto»[92]. Non si creda, quindi, che il metodo possa sostituire o escludere il capire; vi sono infatti due errori da evitare: la lettura metodico-positivistica dello storico e quello del manualista che cede alla «illusione concettualista», consistente nel «pensare che per interpretare S. Tommaso egli debba solo citare e poi arguire».[93]

Lonergan continuò ad operare scelte metodologiche nella composizione di *Insight*, le intraprese con la consapevolezza del profondo rapporto che personalmente aveva stabilito con Aristotele e S. Tommaso, e delle differenze che comunque aveva maturato rispetto ad essi [94]. Esse riguardavano:

a) il problema della priorità teoretica, in termini di importanza e preminenza, tra il conoscitivo o l'ontologico;

b) la finalizzazione della nozione di essere;

c) la conoscenza dell'esistenza concreta e attuale.

In *Insight* vi è certamente la priorità della riflessione gnoseologica, rispetto a quella metafisica. Mentre in Aristotele e S. Tommaso la teoria della conoscenza si esprimeva soprattutto in termini metafisici e a partire da principi metafisici, com'è riscontrabile nella loro dottrina sull'anima, in *Insight* la riflessione sugli elementi e sul metodo della metafisica si avvale di atti conoscitivi che rinviano ai dinamismi della coscienza; con nuovi guadagni teoretici rispetto alla nozione di scienza di Aristotele e alla logica del tomismo, che si era soffermato molto sulla metafisica dell'anima e poco sulla dimensione psicologica del soggetto. In Tommaso, tuttavia, si può rinvenire anche una preziosa attenzione per ciò che è psicologico: «l'anima umana comprende se stessa attraverso il suo comprendere, che è il suo proprio atto, dimostrando perfettamente il suo potere e la sua natura»[95]. L'atto del comprendere, l'atto di *intelligere* che è proprio dell'anima, è dunque un atto psicologico che presiede le entità metafisiche del potere e della

---

[92] Ivi, 255-256
[93] *Ibidem*.
[94] Cf. B. LONERGAN, «*Insight*. Preface to a Discussion», in ID., *Collection*, F.E. Crowe – R.M. Doran, ed., CWL 4, University of Toronto Press, Toronto1988, 142-152. È questo un *paper* preparato e inviato per una conferenza del 1958, che non tenne personalmente; esso fu letto in sua assenza.
[95] Ivi, 143.

natura che la contraddistinguono. D'altra parte, tanto Aristotele che S. Tommaso avevano elaborato dottrine della conoscenza che rivelavano un intrinseco ordine per quanto riguarda le priorità; dice infatti Lonergan: «la conoscenza degli oggetti precede la conoscenza degli atti, la conoscenza degli atti precede la conoscenza delle potenze, la conoscenza delle potenze precede la conoscenza dell'essenza dell'anima»[96]. Occorre allora distinguere ciò che è «primo per sé» *quoad se*, e ciò che è «primo per noi», *quoad nos*; sulla base di ciò, l'ontologico e il conoscitivo non sono alternativi in quanto incompatibili tra loro, ma sono «procedure interdipendenti»[97]. Tale interdipendenza non appartiene solo a casi particolari, ma è universale; la sua universalità è data dalla natura del razionale e dalla conoscenza oggettiva, così come alla cause ontologiche corrisponde la ragione cognitiva, il giudizio di esistenza. Infatti, se l'Aquinate ha completato Aristotele aggiungendo l'*actus essendi* alle cause ontologiche, Aristotele non potè affermare le cause ontologiche senza le ragioni conoscitive. Oltre all'interdipendenza, Lonergan mette in evidenza lo sviluppo, che inizia da ragioni conoscitive. Tanto Aristotele che l'Aquinate hanno contribuito ad accrescere la conoscenza; il primo la conoscenza della forma, il secondo la conoscenza dell'esistenza. Quando seguiamo entrambi, contribuiamo a sviluppare il comprendere umano nella seguente gerarchizzazione: la comprensione delle cose materiali, la comprensione del comprendere, nonché la comprensione della spiegazione delle ragioni conoscitive e delle cause ontologiche. In relazione al nostro tempo, occorre

---

[96] *Ibidem*. Queste le citazioni di Lonergan: «ARISTOTELE, *De anima*, II, 4, 415a 16-22; TOMMASO D'AQUINO, *Sententia libri de anima*, 2, lect. 6 § 304; ID., *Summa theologiae*, I, q. 87, aa 1-3».

[97] *Ivi*, 144. Per Lonergan c'è una circolarità tra il conoscitivo e l'ontologico; possiamo iniziare dall'uno o dall'altro, purché si ricopra l'intera circolarità. L'ontologico, espresso anche come metafisico, insegue il conoscitivo, così come il conoscitivo insegue il metafisico. Cf. «Editorial Notes» in *Collection*, 286. In *Comprendere ed Essere*, Lonergan spiegherà i caratteri dell'«analisi metafisica» congiuntamente a «l'integrazione metafisica» come due approcci diversi alla metafisica; il secondo approccio si occupa dell'essere nella sua totalità, dell'essere in quanto universo, con una particolare attenzione all'uomo. Cf. B. LONERGAN, *Understanding and Being*, E. A Morelli – M.D. Morelli, ed., CWL 3, University of Toronto Press, Toronto 1990, 200-224; ediz. italiana a cura di N. Spaccapelo – S. Muratore, *Comprendere ed Essere*, OBL 3, Città Nuova, Roma 1993, 249-277.

comunque non solo conoscere il metodo aristotelico e tomista e attuarli, ma incrementare il comprendere del comprendere, impiegare il comprendere così sviluppato finalizzandolo a «portare ordine, luce e unità alla totalità delle discipline e modalità di conoscenza altrimenti esse rimarranno senza rapporti, oscure senza le loro fondazioni e incapaci di essere integrate dalla regina delle scienze, la teologia»[98].

Sulla dimensione finalistica della nozione di essere va tenuto presente che noi non conosciamo immediatamente l'*ens per essentiam*; la nostra attuale conoscenza è degli enti per partecipazione, ma questo non significa che non possiamo avere nozioni e concetti intellettuali, conoscenze intellettuali dell'ente, le cui essenze materiali vengono da noi conosciute in modo per lo più imperfetto. Tuttavia, il problema della conoscenza delle essenze non è certamente il più importante per Lonergan, quello che maggiormente conta sono i dinamismi, i processi, le finalità perseguite dall'intelletto nella vita e quindi anche il carattere essenzialmente dinamico della nozione di essere.

Occuparsi di ciò comporta anche una riflessione sull'universo dell'essere come *mondo reale*, la cui conoscenza è concreta in quanto esiste effettivamente, non è cioè un *universo essenzialista*. Affermare che l'universo dell'essere è un mondo reale comporta che esso sia conosciuto con giudizi veri, e solo con essi. In un senso diverso, mondo reale è anche la vita di ciascuno, caratterizzata, come diceva Heidegger, dalla *Sorge*, dagli interessi del proprio, privato mondo reale. Universo dell'essere è quello conosciuto concretamente in tutta la sua concretezza, cioè in ogni cosa attraverso le presentazioni sensibili, le intellezioni, i giudizi; è questa la via percorsa in *Insight*, per prendere le distanze dall'essenzialismo. La nostra conoscenza sarà quella del mondo reale solo con giudizi che non siano sintesi astratte, cioè con giudizi che esprimano il prendere posizione o rigetterla in situazioni concrete, dopo aver soddisfatto tutte le condizioni che consentono di raggiungere il virtualmente incondizionato. Divenendo giudizi concreti di fatto, la nostra conoscenza sarà quella del mondo reale.

---

[98] Ivi, 145.

8. Il dialogo con la cultura contemporanea

Lonergan distinse sempre tra S. Tommaso e le varie proposte dei commentari; non volle essere tra coloro che ripetevano e commentavano i testi del Dottore Angelico guardando al passato; preferì volgersi al presente, coltivando l'esigenza di guardare all'uomo e alla storia umana, e mantenendo la convinzione della validità che il tomismo avrebbe continuato ad avere[99]. Il motto di Leone XIII «*Vetera novis augere et perficere*» lo condusse a esplorare nella cultura occidentale, per approfondire la ricerca sul conoscere. Se la ricera su S. Tommaso aveva condotto a rilevare il rapporto tra ontologia e gnoseologia, come risulta in *Verbum*, la nuova opera *Insight*. *Uno studio del comprendere umano* doveva tematizzare l'esercizio del conoscere attraverso ben individuate operazioni, che sono coscienti e quindi verificabili da ogni soggetto, con la proposta di un metodo valido per ogni conoscente.

Lonergan volle dialogare con la cultura contemporanea a livello scientifico e umanistico e giunse a individuare un «isomorfismo» tra il pensiero di S. Tommaso e quello scientifico, che presentò al IV Congresso Tomistico internazionale[100]. La verificabilità delle operazioni non si limitano alla verificabilità dei dati sensoriali ma raggiunge i dati della coscienza; il metodo empirico generalizzato è comprensivo degli uni e degli altri. Le operazioni conoscitive, nel momento in cui sono sperimentate, non possono che essere coscienti, ma questo non basta; esse vengono intraprese rispondendo ad un principio normativo, appartenuto già a S. Tommaso, qual è quello dell'intenzionalità. Il tendere a conoscere, esprimibile come *intentio*

---

[99] Cf. B. LONERGAN, «The Future of Thomism», in ID., *A Second Collection*, 43-53.

[100] Il congresso si svolse a Roma nel 1955; la conferenza di Lonergan mirava a rilevare un'estesa analogia di proporzione, ossia una «somiglianza strutturale tra pensiero scientifico e pensiero di S. Tommaso, a prescindere totalmente dai contenuti disciplinari che entrano nelle loro strutture». Cf. B. LONERGAN, «Isomorphism of Thomist and Scientific Thought» in ID., *Collection*, 133-141. Sulla vigilanza di Lonergan circa l'apporto della rivoluzione scientifica e la riflessione critica della filosofia, cf. D. TRACY, *The Achievement of Bernard Lonergan*, Herder and Herder, New York 1970.

intendens, motiva e accompagna il conoscente che va distinto dal contenuto conoscitivo, esprimibile come *intentio intenta*, allorché tale contenuto venga raggiunto, benché esso sia ancora trasformabile in una nuova *intentio intendens*, allorché il conoscente attivi nuovamente il suo processo conoscitivo. Lonergan aveva ampliato con sensibilità del tutto contemporanea il significato dell'intenzionalità[101], confrontandosi con Husserl e altri autori del XX secolo.

Pertanto, non scrisse *Insight* per agganciarsi al sistema neotomistico e per riproporne una personale versione; il piano dell'opera ruotava intorno al conoscente e affrontava questioni ben mirate nell'orizzonte filosofico, come Lonergan stesso dichiarò. Egli aveva scritto quell'opera «per trattare tre questioni collegate: che cosa faccio quando conosco? Perché fare ciò è conoscere? Che cosa conosco quando faccio ciò? La prima è una questione di teoria conoscitiva, la seconda è questione di epistemologia, la terza è questione di metafisica»[102]. Le tre domande, corrispettive di fondamentali riflessioni filosofiche, possono considerarsi espressioni del realismo critico di Lonergan in quanto sono alla base della sua concezione della realtà, che è quella che si raggiunge conoscendo e comprendendo correttamente. Il suo realismo è critico, è metodologicamente contrassegnato da attività conoscitive che sono verificabili da ogni soggetto umano, chiamato a raggiungere personalmente un «punto di vista critico»[103] della realtà all'interno di un processo di auto-comprensione e di auto-affermazione, che è una legge immanente del soggetto[104].

Occorre entrare nella composizione dei capitoli di *Insight* per cogliere l'itinerario speculativo da cui prende corpo il metodo empirico generalizzato. Lonergan non intende scrivere un trattato, in cui sistematizzare i contenuti secondo un prefissato proce-

---

[101] Cf. R. FINAMORE, «Intentionality, Constitutive Dimension of Knowledge in Bernard Lonergan», in, C. TADDEI FERRETTI, ed., *Going Beyond Essentialism: Bernard J.F.Lonergan an Atypical Neo-Scholastic*, 57-79.

[102] B. LONERGAN, «Theories of Inquiry: Responses to a Symposium», in ID., *A Second Collection*, 37.

[103] B. LONERGAN, *Insight. Uno studio del comprendere umano*, 330.

[104] Cf. Ivi, 432.

dimento logico, che insegue la loro formalizzazione all'insegna di un'irrevocabile dimostrazione, non contraddittoria per il rigore della deduzione. Egli era ben consapevole che la significatività delle teorie non si basa unicamente su ciò a cui rinviano e su cui poggiano, ma alla potenzialità che hanno di far intravedere ciò che è incompiuto e che sarà raggiunto da un'altra teoria. Non deve meravigliare che già nell'Introduzione Lonergan richiami la rilevanza del teorema di Gödel, che apre definizioni e postulati matematici a domande sempre ulteriori, a cui non si può rispondere con le definizioni e i postulati già noti, ma solo raggiungendo nuovi contesti[105]. Il suddetto teorema va a sostegno delle sue opzioni metodologiche nello scrivere *Insight*: non tanto proporre contenuti di conoscenza nella loro completezza, ma la «struttura del conoscere», affinché non ci si fermi a conoscenze esistenti, a enunciazioni remote e consolidate, ma ci si apra a nuove enunciazioni, attraverso la dinamicità delle domande nella concretezza dello sviluppo conoscitivo del soggetto. È in vista di ciò che il libro è stato scritto «da un punto di vista in movimento»[106], l'unico che consenta inizialmente piccoli passi, graduali ma costanti, grazie al susseguirsi delle domande e alla conquista di nuovi punti di vista. È questo il metodo che coinvolge il soggetto chiamato a raggiungere l'auto-appropriazione, a sviluppare se stesso in se stesso, con una fatica del tutto personale, richiesta come condizione che garantisca solidità e fecondità al suo sviluppo. Non si creda, tuttavia, che ciò valga a ricoprire uno spazio unicamente individuale, soggettivo, o che la ricerca da eseguire si perimetri ristrettamente in esso; l'allargamento del punto di vista e del contesto mirerà a «raggiungere il punto di vista universale e il contesto completamente concreto che abbraccia ogni aspetto della realtà»[107]. Tutto ciò potrà avvenire all'interno di un'esperienza concreta che sa andare oltre i confini

---

[105] Cf. Ivi, 23.
[106] Ivi, 21.
[107] Ivi, 22.

del particolare, per raggiungere ciò che è generale; di qui l'individuazione e la formulazione di un metodo empirico generalizzato[108]. Conviene, dunque, delineare con ordine, da intendersi secondo un criterio che si attiene al metodo genetico[109], l'investigazione proposta nella Parte Prima di *Insight*, che ha per titolo propositivo «Intellezione in quanto attività», e che sul piano ermeneutico si presenta come la Parte legittimatrice delle implicazioni metodologiche di base del percorso in essa proposto.

9. Il contesto speculativo del metodo empirico generalizzato

I primi cinque capitoli dell'*opus magnum* di Lonergan possono rappresentare il primo banco di prova della capacità del lettore a lasciarsi provocare sull'esperienza del comprendere a partire da contenuti scientifici e matematici, per il contributo che essi possono dare non solo nell'avvicinare speculativamente la nozione di intellezione, ma nel passare a coglierla con esperienze in prima persona, attraverso una serie di proposte da assumere operativamente. È appena il caso di aggiungere che Lonergan ritenne necessario confrontarsi e accogliere la sfida proveniente da altri saperi, fornendo ai lettori una guida non a raggiungere conoscenze di varia natura, ma ad iniziare a scoprire operativamente in se stessi la possibilità e la realtà di quell'atto dell'intelletto, all'interno del personale processo conoscitivo. Il capitolo primo, ispirandosi alle *Regulae ad directionem ingenii* di Descartes, che non disdegnava attenzione per problemi che potessero sembrare di scarsa importanza o addirittura banali, ma che erano invece rilevanti per acquisire una padronanza intel-

---

[108] Il lettore dovrà assicurarsi più di trecento pagine per coglierne l'enunciazione e dovrà poi completarne il senso in almeno altri tre Capitoli, l'ottavo, il nono e il decimo.

[109] Lonergan distingue il metodo genetico da quello classico; a differenza di quello classico che procede a ridurre in leggi gli eventi che accadono regolarmente, il metodo genetico si occupa di sequenze in cui si registrano i cambiamenti di ciò che si presenta come correlato e regolare. Cf. *Insight. Uno studio del comprendere umano*, 591. Se il metodo classico si fonda sul principio che i simili si comprendono con i simili, il metodo genetico punta sulla comprensione di ciò che è dissimile, riconducendo i dissimili, nelle loro storie, a principi genetici comuni. Cf. *Insight. Uno studio del comprendere umano*, 610.

lettuale nei campi della matematica[110], della scienza, della filosofia, illustra con vari esempi il significato dell'intellezione in riferimento a problemi e fatti concreti, in esperienze vissute. L'intellezione, allorché accade, rimane nella mente del soggetto e sarà promotrice di ulteriori intellezioni; è inevitabile che ogni processo d'apprendimento segni il movimento dall'oscurità alla luce[111]. Le domande e gli indizi sono necessari alla soluzione di un problema; il confronto con le immagini, le considerazioni, le formulazioni, le definizioni, l'impiego di concetti già noti, congiunti a nuove supposizioni, concorrono a un atto di intellezione. Tali dinamiche non si spengono con tale atto, infatti le intellezioni non sono inerti, si sviluppano, sia se accadono isolatamente, sia in connessione con altre della stessa area o di aree tra loro connesse; il loro combinarsi, raggrupparsi, correlarsi determinano la padronanza, ma anche l'esplorazione di campi più ampli o nuovi, attraverso cui si conquistano «punti di vista superiori»[112]. Non si creda, tuttavia, che le intellezioni abbiano sempre uno sviluppo nel senso anzidetto, sulla base di intellezioni che si siano direttamente presentate in modo coerente, che siano sempre in linea con la soluzione di un problema, giacché vi sono anche intellezioni non destinate alla soluzione, ma alla scoperta di un'intelligibilità diversa da quella che inizialmente si attendeva. Esse sono le «intellezioni inverse», *inverse insigts*, che accadono allorché si riescono a formulare domande differenti, contrastanti altre domande, che in modo parziale o erroneo conducono ad anticipazioni che spontaneamente l'intelligenza pone per cercarne le risposte. Le intellezioni inverse non correggono intellezioni precedenti, ma spostano l'asse delle domande e della successiva attenzione, arrivando a comprendere qualcosa di diverso rispetto a un'iniziale intelligibilità spontanea. Quelle gran-

---

[110] Per l'impiego teorico delle esemplificazioni matematiche e scientifiche da parte di Lonergan e per la loro applicazione cf. P. PIZZAMIGLIO, «Method in Mathematics», *The Lonergan Review. The Journal of the Bernard J. Lonergan Institute*, 1(2009)1, 104-117.

[111] Cf. B. LONERGAN, *Insight. Uno studio del comprendere umano*, 41. Cf. anche B. LONERGAN, *Understanding and Being*, E.A. Morelli – M.D. Morelli, ed. CWL 5, University of Toronto Press, Toronto 1999; ediz. italiana, *Comprendere e Essere*, a cura di N. Spaccapelo – S. Muratore, OBL 5, Città Nuova, Roma 1993, 11.

[112] B. LONERGAN, *Insight. Uno studio del comprendere umano*, 49.

dezze che già gli antichi denominavano incommensurabili e i moderni definiscono numeri irrazionali sono esempi di intellezione inversa[113]. Assicurati gli elementi che hanno iniziato a delineare la natura dell'intellezione, Lonergan propone un percorso non solo introduttivo ad istanze metodologiche, ma caratterizzato dall'opzione per un preciso metodo, che sarà quello empirico, in ottemperanza alla «scienza empirica» da cui saranno tratti i contenuti esemplificativi. Ciò consente di passare da una presentazione statica dell'intellezione ad un'altra che è dinamica, ossia sollecita a scoprire e far proprio il dinamismo che appartiene fecondamente all'intelligenza umana. Il Capitolo secondo e il Capitolo terzo si occupano entrambi della scienza empirica, in particolare del metodo empirico, sia per individuare rispettivamente le modalità strutturali, «strutture euristiche» che contrassegnano la ricerca matematica e scientifica, caratterizzate da somiglianze e dissomiglianze delle intellezioni matematiche e scientifiche, sia per presentare i «canoni», ossia le regole che sostengono l'intelligenza, guidandola nelle sue operazioni. Non si tratta di una deviazione, non viene abbandonata la via filosofica per intraprendere quella matematica, né viene intrapresa la via matematica per entrare in quella filosofica, ma si compie una scelta specificamente filosofica a livello metodologico. Teoreticamente si predilige affrontare il significato dell'attività intellettiva non fermandosi alla via risalente direttamente all'Aquinate, ma impiegando una mediazione che giunga tanto a chiarificare quell'attività con esemplificative operazioni concrete[114], quanto ad aprire un varco per l'accoglienza di modalità che potenzialmente non creino barriere, ma facilitino il confronto su ciò che è in fondo comune a filosofi,

---

[113] Ivi, 58. Altri esempi sono quello della prima legge del moto di Newton, secondo cui un corpo si muove in modo rettilineo e uniforme fintanto che non venga colpito da una forza esterna che ne cambi lo stato di quel moto (cf. Ivi, 59), e l'altro relativo al postulato fondamentale della teoria della relatività, per il quale l'espressione matematica di principi e di leggi fisiche non varia sotto trasformazioni inerziali (cf. Ivi, 61).

[114] Cf. P. LAMBERT – C. TANSEY – C. GOING, ed., *Caring about Meaning. Patterns in the Life of Bernard Lonergan,* 50. La risposta di Lonergan all'intervistatore non lascia spazio ad interpretazioni fuorvianti: «la matematica aiuta a chiarificare ciò che fai sulla terra quando stai facendo qualcosa». Lonergan aveva coltivato fin da giovane studente la propensione a coniugare contenuti filosofici con modalità matematiche, lo attestano due suoi saggi scritti all'Heytrop College e pubblicati nei *Blandyke Papers* nel 1928: «The Form of Mathematical Inference» e «The Syllogism», ora presenti in B. LONERGAN, *Shorter Papers,* R. C. Croken – R. M. Doran – H. D. Monsour, ed. CWL 20, University of Toronto Press, Toronto 2007, 3 -12; 13 -33.

teologi, matematici, scienziati: l'esperienza del comprendere, a partire dal loro essere soggetti umani[115]. Questa è una basilare affermazione di realismo; soffermarsi su esempi tratti dall'esperienza e dalla riflessione filosofica e scientifica è aprire una via per un'originale interpretazione del realismo a partire dal comprendere[116]. Ciò non significa, in tutta evidenza, che Lonergan abbia messo da parte S. Tommaso, ma che egli volle essere totalmente un pensatore del ventesimo secolo. Come sappiamo, Lonergan scrisse *Insight* tra il 1949 e il 1953, ma tale opera fu preceduto da scritti che *in nuce* già contenevano alcuni tratti che sarebbero poi stati sviluppati in essa[117]. Infatti, proprio negli anni tra il 1946 e il 1949, Lonergan era impegnato a scrivere gli articoli sul *Verbum*[118], in cui continuava a maturare una personale investigazione sui testi di S. Tommaso, che peraltro era iniziata scientificamente negli anni 1938-1940 con la sua tesi di dottorato[119]. Su queste basi, progrediva sviluppando egli stesso nuovi *insight* in ordine alla riflessione sul reale, come dimostrano alcune sue conferenze: quella data al Thomas More Institute di Montreal, «Thought and Reality» nel 1945-1946 e l'altra al Regis College di Toronto, «Intelligence and Reality» nel 1951[120]. Nella prima, Lonergan affrontò il problema del rapporto mente/mondo, spiegò il significato della parola *insight*, già impiegata plurime volte in *Verbum*, si soffermò sul duplice significato di realismo – quello dell'animale e quello del soggetto umano – che ritroveremo anche in *Insight*[121], illustrò la domanda come punto di partenza della scienza, ben ravvisabile nella scienza empirica

---

[115] Cf. E.A. MURRAY, «The Self of Critical Realism», in C. TADDEI FERRETTI, ed. *Going Beyond Essentialism: Bernard J.F.Lonergan an Atypical Neo-Scholastic,*123-137.

[116] Cf. P.H. BYRNE, «Lonergan's Philosophy of the Natural Sciences and Cristian Faith in *Insight*», in C. TADDEI FERRETTI ed., *Going Beyond Essentialism: Bernard J.F.Lonergan an Atypical Neo-Scholastic,* 81-99.

[117] Cf. A.W. MATHEWS, *Lonergan's Quest: A Study of Desire in the Authoring of Insight,* University of Toronto Press, Toronto 2005.

[118] B. LONERGAN, «The concept of *Verbum* in the Writings of St. Thomas Aquinas», *Theological Studies* 7 (1946) 349-392; 8 (1947) 35-79, 404-444, 10 (1949) 3-40, 359-393.

[119] Fu pubblicata dapprima in forma condensata e ristretta con una serie di articoli in *Theological Studies,* che raggiunsero la pubblicazione in volume nel 1971, ora consultabile in B. LONERGAN, *Grace and Freedom: Operative Grace in the Thought of St. Thomas Aquinas,* F.E. Crowe – R.M. Doran, ed., CWL 1, University of Toronto Press, Toronto 2000. La *Part One* riporta il testo originale in lingua latina.

[120] A Crowe non sfuggì l'importanza dei due titoli e il cambiamento intervenuto nel secondo. Cf. F.E. CROWE, *Bernard J. F. Lonergan. Progresso e tappe del suo pensiero,* 90.

[121] Cf. B. LONERGAN, *Insight. Uno studio del comprendere umano,* 26-27; 537; 547.

degli anni quaranta, che esprimeva vivacemente il domandare e l'imparare in azione. L'*insight* non è fine a se stesso, ma è per l'azione; l'azione, d'altra parte, senza la comprensione, è cieca. Il comprendere è la via che abbiamo per rispondere alla domanda su che cosa sia la realtà e cosa comporti agire in essa; giungere alla risposta ed esprimere il concetto di realtà è l'unico modo per non rimanere prigionieri di un «realismo ingenuo», *naive realism*, interpretato da Lonergan come quello che si ferma al sensibile e alla sensazione, senza pervenire all'atto intellettivo. Pensiero e realtà non possono, inoltre, essere indagati isolatamente, occorre individuare tra essi una relazione e questa è rinvenuta da Lonergan nella nozione di verità, raggiungibile se accettiamo le leggi del nostro pensiero. Non può passare inosservato il fatto che a distanza di sessant'anni lo stesso titolo di questo saggio sia tornato alla ribalta con M. Dummett[122]; le prospettive teoretiche sono certamente differenti, ma Lonergan con quella sua conferenza colse indubbiamente uno dei più antichi e rilevanti nuclei filosofici che suscita ancora l'attenzione dei pensatori contemporanei.

Nella seconda conferenza, «Intelligence and Reality», viene esplicitato sotto vari aspetti il rapporto che il conoscente stabilisce con il reale. Viene così messa in rilievo la proprietà relazionale dell'*insight*; questo non è un atto semplicemente interiore, personale, soggettivo, ma un atto che stabilisce relazioni, così come anche i giudizi, che avvengono in relazione a fatti e che non sono isolati, sono *insight* riflessivi, accrescono la relazione collegandoci all'evidenza[123].

Le riflessioni di tali conferenze preparavano il terreno per *Insight*. É quasi all'inizio del Capitolo terzo che Lonergan presenta il metodo empirico generalizzato, prima di proporre la sequenza dei canoni. Egli non intende descrivere l'attività e il metodo degli scienziati, né delimitare un orizzonte occupato dalla storia dell'attività scientifica, ma condurre il lettore ad un traguardo personale: «Il nostro scopo è tuttora un'intelle-

---

[122] M. DUMMETT, *Thought and Reality*, Oxford University Press, Oxford 2006.

[123] Un'altra considerazione già presente era la modalità diversificata del comprendere, da cui provengono le leggi con cui pensiamo e conosciamo il mondo: noi possiamo sperimentare e comprendere in modo sistematico e non sistematico; nel primo caso il mondo viene conosciuto come governato da leggi classiche, nel secondo da leggi statistiche.

zione nella natura dell'intellezione»[124]. Occuparsi del metodo empirico rispondeva ad un interesse prioritariamente investigativo-teoretico sul suo perché. È proprio qui che avviene una prima eloquente dichiarazione sui peculiari interessi teoretici e metodologici dell'autore di *Insight* e sull'intento che lo ha condotto a scriverlo: «E il nostro interesse nel ricercare la ragione del perché non consiste nell'ampliare la metodologia, ma nell'unificarla, non unificarla affinché la metodologia possa essere migliorata, ma unificarla nella speranza di mostrare ancora più chiaramente e in modo convincente il fatto e la natura dell'intellezione»[125].

Ampliare la metodologia avrebbe comportato l'opzione per particolari aree di ricerca quali la filosofia generale della scienza o la filosofia di scienze applicate, ciò avrebbe condotto a inseguire molteplici scienze affermatesi nella prima metà del ventesimo secolo, per vagliarne le impostazioni metodologiche. Lonergan si rivela invece molto più coinvolto in questioni epistemologiche generali di carattere filosofico; a partire dal suo interesse per una metodologia di base comune. Indubbiamente i suoi vivacissimi interessi culturali lo conducevano a essere aggiornato in questioni filosofico-scientifiche, ad occuparsi soprattutto dei cambiamenti intervenuti in molteplici campi della ricerca scientifica e quindi alle svolte che erano avvenute nell'orizzonte contemporaneo del pensiero.

A questo punto va ricordato che il Novecento fu segnato dai neopositivisti[126] e successivamente da coloro che svilupparono posizioni for-

---

[124] B. LONERGAN, *Insight. Uno studio del comprendere umano*, 120.

[125] *Ibidem*.

[126] Coloro che appartennero al neopositivismo (filosofi, logici, matematici, fisici, sociologi) in realtà ricoprirono teoreticamente posizioni diverse, i loro orientamenti filosofici furono denominati *positivismo logico, empirismo logico, empirismo razionale, secondo Circolo di Vienna*, da distinguersi da quello originario d'inizio secolo. Cf. F. BARONE, *Il neopositivismo logico*, Laterza, Roma-Bari 1986; F. BARONE, ed., *Neopositivismo e filosofia analitica*, in *Grande Antologia Filosofica*, vol. XXVII, Marzorati, Milano 1983, 1-71. Al secondo Circolo di Vienna appartennero M. Schlick, R. Carnap, H. Feigl, F. Waismann; spinti dai comuni interessi per la visione scientifica del mondo, si unirono a questi i membri della *Gesellschaft für Empirische Philosophie* di Berlino, tra essi si possono richiamare H. Reichenbach, C.G. Hempel, D. Hilbert. I due gruppi sancirono la loro unità di intenti con la nascita di una nuova rivista *Erkenntnis. Zugleich Annalen der Philosophie* uscita a Lipsia fino al fascicolo 1 del volume VII, e poi sotto il nuovo titolo di *The Journal of Unified Science*. (*Erkenntnis*), all'Aja, diretta da R. Carnap e H. Reichenbach, con fascicoli 2-6 del volume VII, (1938-1939). La rivista fu interrotta nel 1940.

temente critiche nei loro confronti[127]. I neopositivisti erano impegnati a rinviare l'intera conoscenza alle scienze empiriche, l'unico criterio valido era quello della significanza connessa alla verifica empirica. Nel contesto filosofico culturale statunitense si affermò la presenza di un gruppo di pensatori che si trasferì dall'Europa negli Stati Uniti, essi confermarono le loro opzioni per logica della scienza e svilupparono epistemologie ben lontane dalla gnoseologia dei trattati tradizionali. Essi dettero vita alla *International Encyclopedia of Unified Science*[128]; una seconda edizione del libro contenenti le monografie elaborate era già pronta nel 1952[129]. Chicago era divenuta dal 1937 il centro della filosofia scientifica, ossia dell'empirismo logico, il centro del movimento dell'unità della scienza, in cui collaboravano scienziati e filosofi; un congresso internazionale si era tenuto annualmente dal 1935 al 1940. Dopo la sua iniziale affermazione e sviluppo nel Nord America negli anni 1940-1950, il progetto incontrò varie difficoltà, fino a fallire[130]. È nota la rilevanza che nell'orizzonte scientifico della prima metà del Novecento ebbero i significati controllabili[131]. Si può ragionevolmente ipotizzare che Lonergan fosse al corrente del suddetto movimento e delle sue attività proprio negli anni in cui scriveva *Insight*; riteniamo anzi che si possano ravvisare in quest'opera alcuni segni di tale confronto. Oltre alla suddetta istanza di unificazione che Lonergan avvertì profondamente a livello

---

[127] Tra essi K. Popper.

[128] Cf. C. MORRIS, «On the History of the International Encyclopedia of Unified Science», in *Synthèse*, XII (1960) 517-521; O. NEURATH – R. CARNAP – C. MORRIS, ed., *Foundations of the Unity of Science. Towards an International Encyclopedia of Unified Science*, Chicago-London 1970, 2 vol. Il contratto per la realizzazione del nuovo progetto fu firmato nel 1937; il comitato organizzativo era composto da O. Neurath, che ne era stato l'ideatore, R. Carnap, P. Frank, J. Jorgensen, C. Morris, L. Rougier.

[129] Cf. O. NEURATH – R. CARNAP – C. MORRIS, ed., *International Encyclopedia of Unified Science*, University of Chicago Press, Chicago 1955^2.

[130] Per una ricognizione storica del progetto e delle sue difficoltà interne, cf. G.L. HARDCASTLE, A.W. RICHARDSON, ed., *Logical Empiricism in North America*, Minnesota Studies in the Philosophy of Science XVIII, University of Minnesota Press, Minneapolis (MN) 2003.

[131] R. CARNAP, «Testability and Meaning», *Philosophy of Science*, III (1936) 420-471; IV (1937) 1-40; trad. italiana «Controllabilità e significato», in R. CARNAP, *Analiticità, significanza, induzione*, di A. Meotti e M. Mondadori, ed., Bologna 1971, 151-261. Cf. anche R. CARNAP, *Logical Foundations of Probability*, Chicago 1950, 1962^2.

metodologico-epistemologico, anche se in modo differente dalle scienze empiriche, ci sono ben precisi riscontri in ordine al criterio di confermabilità in *Insight*. Considerati i limiti del criterio di verificabilità – la verifica non può mai essere completa, definitiva proprio sulla base delle stesse leggi scientifiche –, si passò allora a formulare il criterio di confermabilità, che porta ad esprimersi in termini di probabilità. Risulta indubbiamente interessante rilevare in *Insight* la puntuale presenza della problematica dei giudizi probabili[132], riguardanti quei procedimenti razionali che, pur costituendo una conoscenza incompleta, si avvicinano al raggiungimento della completezza. Lonergan spiega il perché le scienze empiriche siano contraddistinte dalla probabilità: esse procedono da correlazioni che sono astratte e si avvalgono continuamente del ritorno al concreto, in cui sorgono domande ulteriori, richiedenti nuove indagini e revisioni. Tanto la generalizzazione di leggi classiche, quanto la generalizzazione di leggi statistiche risultano «non più che probabili»[133], sebbene siano fondate in fatti particolari che richiedono giudizi concreti.

I successivi due Capitoli, il sesto e il settimo, sono quelli in cui viene tematizzato, o meglio problematizzato, il senso comune nella dimensione soggettiva e oggettiva. Tra i molteplici rilievi teoretici del Capitolo sesto, vi è una precisa sottolineatura del valore liberatorio del non sistematico che favorisce il procedere verso nuovi contesti, aprendo alla successione dei livelli della ricerca scientifica, contrariamente alla morsa del determinismo del meccanicista. Il riconoscimento del non sistematico non avvalla, tuttavia, alcuna situazione di stallo, quale il vagare in un'incerta o approssimativa conoscenza del reale, ma è la premessa per l'ulteriore sistematizzazione che avviene impiegando creativamente le nostre capacità intellettive e razionali. Come rileva P. Triani, «Ponendo in risalto il tratto della creatività, Lonergan mette in luce la distanza tra un metodo e la semplice applicazione di regole e sottolinea come la produttività di uno schema normativo di operazioni sia inscindibile dalla potenzialità del soggetto di percorrere strade nuove e comprendere nuove soluzioni»[134].

---

[132] Cf. B. LONERGAN, *Insight. Uno studio del comprendere umano*, 398-403.
[133] Ivi, 401.
[134] P. TRIANI, «Metodo e formazione in Bernard Lonergan», in ID. *Sperimentare, conoscere, decidere. Riflessioni sull'educare a partire da Bernard Lonergan*, Editrice Berti, Piacenza 2001, 149.

In un'ottica del tutto interdisciplinare, Lonergan esprime una particolare forma di realismo critico riguardante la ricerca scientifica e con essa diversi ambiti del sapere. Pertanto, riteniamo alquanto restrittive e infondate quelle valutazioni del realismo critico di Lonergan che si limitassero a verificare l'impianto aristotelico-tomista, per quanto riguarda il tipo di realismo, o che leggessero la sua dimensione critica legandola ad implicazioni di tipo kantiano[135]. Il realismo critico di Lonergan si avvale notevolmente dei contributi dell'area scientifica, che in *Insight* vengono frequentemente inseriti nella riflessione filosofica, come può risultare dal seguente passo, a proposito del riconoscimento della successione dei livelli nella ricerca scientifica: «Se il non sistematico esiste al livello della fisica, allora a quel livello ci sono molteplicità casualmente coincidenti che possono essere sistematizzate da un più alto livello chimico senza violare alcuna legge fisica. Se il non sistematico esiste a livello della chimica, allora a quel livello ci sono molteplicità casualmente coincidenti che possono essere sistematizzate da un più alto livello psichico senza violare alcuna legge biologica. Se il non sistematico esiste a livello della psiche, allora a quel livello ci sono molteplicità casualmente coincidenti che possono essere sistematizzate da un più alto livello di intellezione e riflessione, deliberazione e scelta, senza violare alcuna legge della psiche»[136]. Per Lonergan il reale non appartiene solo all'investigazione dell'area filosofica, ma è ciò che viene costantemente raggiunto e verificato in diverse altre aree: «Il chimico è tanto reale quanto il fisico; il biologico tanto reale quanto il chimico, e l'intellezione tanto reale quanto lo psichico. Ad un tempo, lo psicogenico cessa di essere meramente un nome, poiché la psiche diviene una reale fonte di organizzazione che controlla le molteplicità sottostanti in una maniera che va al di là della portata delle loro leggi»[137]. Il guadagno teorico di tale affermazione è duplice. Lonergan rivendica la realtà dell'atto intellettivo, che non è qualcosa di meramente mentale, ma

---

[135] Tale valutazione rivela quanto possano gravare le precomprensioni allorché non siano sottoposte a verifiche e revisioni. Cf. S. NASH-MARSHALL, «Lonergan», in *Enciclopedia Filosofica*, FONDAZIONE CENTRO STUDI FILOSOFICI DI GALLARATE, Bompiani, Milano 2006, Vol. 7, 6775-6777.
[136] B. LONERGAN, *Insight. Uno studio del comprendere umano*, 280-281.
[137] Ivi, 281.

è parziale e ristretto rispetto all'ampiezza e complessità dello psichico, sebbene ne condivida la valenza. Al tempo stesso riabilita lo psichico: di fronte a quanti preferiscono trattare di essenze, Lonergan gli attribuisce spessore, consistenza filosofica, profondità; di fronte a quanti disattendono i contributi della psicologia che studia l'origine e lo sviluppo delle funzioni psichiche, perché positivisticamente si attengono a risultati e leggi, egli ricorda la superiorità reale e organizzatrice della psiche.

Poiché il metodo empirico si fonda sull'osservazione e sulla sperimentazione, e Lonergan, come abbiamo visto, era stato ben motivato a parlare di scienza empirica, si cadrebbe in un'interpretazione erronea pensare che egli abbia ridotto la sua impresa filosofica in una pedissequa assunzione di ciò che si limita al sensibile, seppure nobilitato in forma scientifica. Chi si fermasse al Capitolo quinto di *Insight* potrebbe anche incorrere nella suddetta interpretazione, ma i Capitoli sesto e settimo sul senso comune hanno portato ad analizzare altre componenti del soggetto, della sua vita di relazione e in essa i limiti del senso comune, al fine di far emergere l'importanza dell'intellezione e dell'intero processo conoscitivo in ordine ai ruoli esercitati dalla coscienza. Non sono i meri dati empirici ad interessare la riflessione filosofica di Lonergan, ma la coscienza dei dati, sebbene possa stabilirsi una proporzione tra i due metodi, essa non può che far emergere la differenza proporzionale che li caratterizza: «il metodo empirico generalizzato sta ai dati di coscienza come il metodo empirico sta ai dati di senso»[138]. Pertanto, la natura di questo metodo non si esaurisce affatto nell'operare a livello empirico, nell'inseguire le mere esperienze, in quanto richiede un'applicazione coscienziale finalizzata a cogliere relazioni di intelligibilità, e quindi ad essere in grado di unire i dati e spiegarli. Sua funzione è di «determinare strutture di relazioni intelligibili»[139] non solo da parte di una singolo soggetto cosciente, ma da vari soggetti coscienti posti in relazione tra loro, nei loro contesti ambientali. Ciò richiederà l'attivazione della dialettica che potenzierà, nelle diverse aree,

---

[138] Ivi, 328-329.
[139] Ivi, 329. La coscienza non è una generica consapevolezza, ma è caratterizzata da atti, operazioni di cui si avvarrà il metodo. Cf. R. FINAMORE, «The Centrality of Consciousness», *The Lonergan Review*, vol.I, 2009, 1, 44-63.

il dispiegamento di principi che possano essere collegabili, sebbene si presentino opposti; quel che più conta è che si accumulino e che, nella loro accumulazione, giungano a modificarsi. Non si tratterà, tuttavia, di divagare nelle varie forme di teoresi e perdersi in esse, ma di procedere con metodo; il metodo è «una nozione pratica» e pertanto richiede di applicare concretamente «cinque precetti generali applicabili a tutte le scienze», essi sono: «1. Comprendi. 2. Comprendi sistematicamente. 3. Rovescia le controposizioni. 4. Sviluppa le posizioni. 5. Accetta la responsabilità del giudizio»[140].

10. Rilievi conclusivi

Nell'odierno contesto storico-culturale, il dibattito sul realismo verte sul realismo scientifico, sull'opposizione tra realisti e antirealisti appartenente alla filosofia e all'epistemologia contemporanee e a quella della filosofia della scienza[141].

Che esista una realtà e che accediamo ad essa è l'ipotesi di partenza di pensatori come Putnam[142], che considera la realtà un'ipotesi scientifica da verificare con i metodi con cui verifichiamo le altre ipotesi, elaborando teorie scientifiche. La sua iniziale prospettiva è stata quella di un *realismo metafisico* costruito attorno alle asserzioni della scienza, a partire da un *realismo empirico* che leggeva l'inferenza come la spiegazione migliore all'interno delle esperienze quotidiane.

Contro di essa sono sorte le opzioni teoretiche degli antirealisti come

---

[140] B. LONERGAN, «De Intellectu et Methodo», *Notae collectae et ordinatae ad aliquis auditoribus*, F. Rossi de Gasperis – P. J. Cahill, ed., Romae 1959; ora in ID., in *Early Works on Theological Method II*, «De Intellectu et Methodo» / «Understanding and Method» R.M. Doran – H.D. Monsour, ed., CWL 23, University of Toronto Press, Toronto 2013, 116-119.

[141] F. D'AGOSTINI, *Realismo? Una questione non controversa*, Bollati Boringhieri, Torino 2013. Il titolo rivela la personale posizione dell'autrice, ma il libro documenta ampiamente i vivaci e controversi dibattiti contemporanei sui vari tipi di realismo.

[142] H. PUTNAM, *Reason, Truth, and History*, Cambridge University Press, Cambridge1981; trad. italiana di A. N. Radicati di Brozolo, a cura di S. Veca, *Ragione, verità e storia*, Saggiatore, Milano 1985.

L. Laudan e N. Cartwright. Non mancano pensatori come M. Dummett che, affrontando il problema della teoria del significato, argomenta sulla forza persuasiva delle tesi antirealiste[143]. Da filosofo analitico, egli si è interessato degli atti mentali e dei problemi di linguaggio che sono risolvibili attraverso un'analisi del significato dei termini, un'analisi linguistica. Tuttavia nella tradizione analitica ci sono stati filosofi come R. Chisholm, J. Searle, che hanno contribuito in modo più significativo a spostare l'attenzione sugli atti consci e intenzionali[144]. L'anti-realismo di Dummett, che in fondo rimane nell'orbita del pensiero dell'ultimo Wittgenstein, si contrappone al realismo critico di Lonergan, sebbene si possa tentare di rinvenire qualche punto di convergenza tra i due[145].

Nonostante le varie teorizzazioni, permangono le domande.

Che cosa possiamo dire oggi della realtà? È una questione di fenomeni e di fenomenismo? È una questione di ciò che sta dentro di noi o fuori di noi? Come possiamo sapere se essa è una questione solo per noi o anche per altri? Come possiamo non rimanere prigionieri del campo dell'esperienza personale? Lo scetticismo non appartiene solo al passato e «il pensiero del fuori» può ancora risultare «metodologicamente escluso»[146]. Escludendolo, si esclude anche che vi sia un conoscente, o meglio che vi sia un soggetto che si ponga la domanda che Lonergan poneva alla base della sua riflessione sul conoscere: – Sono un conoscente? –, e al tempo stesso si esclude che quel soggetto sappia rispondere affermativamente ad essa. Non è sufficiente avere consa-

---

[143] Cf. M. DUMMETT, *Truth and the Past*, Columbia University Press, New York 2004; trad. italiana di E. Paganini, *Verità e passato*, Raffaello Cortina Editore, Milano 2006.

[144] Cf. M. DUMMETT, *Origins of Analytical Philosophy*, Gerald Duckorth, London-New York, 1988; tr. italiana di E. Picardi, *Le origini della filosofia analitica*, Einaudi, Torino 2001. R. CHISHOLM, «The Structure of Intention», *The Journal of Philosophy*, 67 (1970) 633-647. J.R. SEARLE, *The Mistery of Consciousness*, New York Review of Books, New York (NY) 1997; trad. italiana di E. Carli, Il *mistero della coscienza*, Raffaello Cortina, Milano 1998.

[145] Cf. A. BEARDS, *Insigt and Analysis*, Continuum, New York-London 2010,Chapter 5.

[146] F. D'AGOSTINI, *Realismo? Una questione non controversa*, 133.

pevolezza o coscienza dei propri atti; è necessario pervenire all'affermazione della propria conoscenza con tutto ciò che essa comporta, cioè dare il proprio assenso alla domanda[147].

L'accelerazione che contraddistingue i movimenti di pensiero attuali è tale che al *realismo post-moderno* è succeduto il *realismo post-post-moderno*; accanto ad un ulteriore «nuovo realismo» e «postmodernismo metodologico» c'è chi invoca di «normalizzare la filosofia[148], perché la questione metodologica richiede il superamento del declino della filosofia. Di fronte al vortice filosofico-epistemico del post-modernismo, c'è chi rimane confuso a tal punto da affidarsi solo alla scienza, optando per il realismo scientifico[149]; c'è poi chi rimpiange le fondazioni del passato e preferisce trovare rifugio nei grandi autori della tradizione o in coloro che li hanno riproposti, nutrendosi solo di essi per avere acquisizioni definitive; c'è chi rincorre le interpretazioni nel loro susseguirsi proponendo un «realismo negativo»[150], un realismo in cui la negazione venga a smantellare l'affermazione, per far spazio solo all'interpretazione. La realtà, nella sua mobilità e molteplicità, potrebbe al massimo essere ordinata dal linguaggio, come affermava Nietzsche, che considerava la verità «"un mobile esercito di metafore, metonimie, antropomorfismi" elaborati poeticamente, e che poi sono irrigiditi in sapere»[151]. A differenza dell'epistemologia che costruisce saperi ben caratterizzati, l'ermeneutica spazia, senza asservire a norme; le stesse interpretazioni non sono nulla di definitivo; di un'interpretazione «si può sempre dire quando è sbagliata», mentre «non si può mai dire definitivamente se un'interpretazione sia giusta»[152]. Una nuova porta all'anti-epistemologia è ormai aperta; il pen-

---

[147] Lonergan aveva letto fin da giovane Newmann, ed aveva interiorizzato il valore teoretico-riflessivo dell'assenso. Cf. J.H. NEWMANN, *La grammatica dell'assenso*, trad. italiana di L. Erbifori, B. Gallo, a cura di B. Gallo, Jaca Book, Milano 2005.

[148] F. D'AGOSTINI, *Realismo? Una questione non controversa*, 59-78.

[149] Cf. C. ROVELLI, *La realtà non è come ci appare. La struttura elementare delle cose*, Raffaello Cortina Editore, Milano 2014; ID., *Quantum Gravity*, Cambridge University Press, Cambridge (UK) 2004.

[150] U. ECO «Di un realismo negativo» in M. DE CARO – M. FERRARIS, *Bentornata realtà. Il nuovo realismo in discussione*, 91-112.

[151] Ivi, 100.

[152] Ivi, 105.

siero non può che confermarsi debole, incapace di dire l'essere. Il suo indebolimento è ferita[153].

Il panorama filosofico, e quello specificamente epistemologico, oggi risulta molto più frastagliato, di quanto non fosse al tempo di Lonergan, d'altra parte il suo realismo critico l'aveva in vario modo previsto. Se vivesse oggi, non ne avrebbe però sgomento, continuerebbe a percorrere le strade del mondo da realista critico, confrontandosi con gli altri, incontrandoli nelle lande anti-epistemologiche, alla ricerca dell'inesplorato, per comprenderlo e scoprirlo nelle sue eventuali recondite risorse, rinnovando dinamicamente la proposta del suo metodo empirico generalizzato, e quindi del suo metodo trascendentale che ha messo in luce la funzione della dialettica non solo come «problema», ma come «metodo», per poi affrontare «la dialettica dei metodi»[154].

Lonergan sviluppò una filosofia generalista[155], con caratteristiche metodologiche e critiche, estensibili a ogni esperienza umana e a ogni sapere; il metodo empirico generalizzato ne è l'espressione eloquente. Esso costituisce un vitale nucleo metodologico da cui scaturirono ulteriori elaborazioni riguardanti il metodo, come «il metodo trascendentale» e le sue «funzioni», esposti in *Il Metodo in Teologia*[156], che è certamente il più conosciuto. Occorre, tuttavia, confrontarsi con testi precedenti ad esso: quello di *Insight. Uno studio del comprendere* umano e altri provenienti dai suoi corsi all'Università Gregoriana o da cicli di conferenze estive, per poter cogliere il perseverante interesse di Lonergan per le questioni me-

---

[153] Non giunge a pensare l'essere come «pienezza, presenza, fondamento», può solo pensarlo come «frattura, assenza di fondamento, in definitiva travaglio e dolore» come aveva affermato Vattimo. Cf. G. VATTIMO, *Le avventure della differenza*, Garzanti, Milano 1981, 84.

[154] B. LONERGAN, *Method in Theology*, University of Toronto Press, Toronto 1990, 247-249; 251-253; 253-265; ediz. italiana a cura di N. Spaccapelo – S. Muratore, *Il Metodo in Teologia*, OBL 12, Città Nuova, Roma 2001, 278-280; 281-284; 284-297.

[155] Cf. S. MURATORE, «Lonergan, Bernard Joseph (1904-1984)» in G. TANZELLA - NITTI – A. STRUMIA, *Dizionario Interdisciplinare di Scienza e Fede: cultura scientifica, filosofia e teologia*, Urbaniana University Press – Città Nuova Editrice, Roma 2002, vol.2, 1918-1922.

[156] B. LONERGAN, *Method in Theology*, 13ff.; ed. italiana, *Il Metodo in Teologia*, 44ss. Per non incorrere in erronee interpretazioni sul significato del titolo di questa opera e sulle sue proposte, cf. N. SPACCAPELO, «Method in Theology and Theological Methodology», in *The Lonergan Review The Journal of the Bernard J. Lonergan Institute*, 1(2009)1, 185-199.

todologiche e il metodo che ha personalmente elaborato[157]. In essi ben frequenti sono i riferimenti al soggetto, alle operazioni fondamentali del suo conoscere, agli oggetti a cui esse si rivolgono, all'importanza delle considerazioni metodologiche per lo sviluppo di ogni scienza. Il suddetto interesse si coniugava costantemente con una personale propensione critica, che divenne negli anni una componente esplicativa del suo pensiero, sia in ordine alle questioni del metodo, sia ai caratteri della sua globalità. Tali tratti accompagnarono la composizione di *Insight* e vengono preventivamente proposti al lettore di quest'opera. Come Lonegan ebbe a dichiarare, la sua filosofia in quest'opera è «ad un tempo metodica, critica e globale. Sarà globale perché abbraccia in una singola visione qualsiasi affermazione in qualsiasi filosofia. Sarà critica perché discrimina tra i prodotti del distaccato e disinteressato desiderio di comprendere e, dall'altra parte i prodotti della fuga dal comprendere. Sarà metodica perché traspone le affermazioni dei filosofi e dei metafisici alle loro origini dell'attività cognitiva e stabilisce se quell'attività sia o non sia aberrante facendo appello non ai filosofi né ai metafisici, ma alle integrazioni, ai metodi e alle procedure di matematici, degli scienziati e gli uomini di senso comune»[158].

Se tutto ciò, nell'intenzione del suo Autore, doveva essere *Insight. Uno studio del comprendere umano*, si può dire che esso trova la sua sintetica e incisiva formulazione operativa nel metodo empirico generalizzato. Esso non si ferma alla filosofia per la filosofia, né si limita alla filosofia per la teologia, benché *Insight* sia stato scritto per costituire un'introduzione allo studio della teologia, ma scaturisce da una poderosa e critica investigazione della realtà del conoscente, nella globalità e generalità delle sue attività. Come tale, è espressione del suo realismo, a cui concorrono la sua teoria della conoscenza, la sua epistemo-

---

[157] Cf. B. LONERGAN, «Operations, the Subject, Objects, Method», in ID., *Early Works on Theological Method 1*, R.M. Doran – R.C. Croken, ed., CWL 22, University of Toronto Press, Toronto 2010, 3-29; B. LONERGAN, « De Methodo Theologiae/The Method of Theology », in ID., *Early Works on Theological Method 2*, R.M. Doran – H.D. Monsour, ed., CWL 23, University of Toronto Press, Toronto 2013, 358-589; B. LONERGAN, «The Method of Theology. Spring 1963: Editorial reconstruction», in ID., *Early Works on Theological Method 3*, R.M. Doran – H. D. Monsour, ed., CWL 24, University of Toronto Press, Toronto 2013, 3-86.

[158] B. LONERGAN, «Prefazione» in *Insight. Uno studio del comprendere umano*, 6-7.

logia e la sua metafisica, da distinguere tra loro ma da non separare; la criticità di questo realismo, diffuso in tutto *Insight*, trova la sua più compiuta espressione nell'intersezione dei suddetti tre fondamentali campi investigativi. Il realismo critico di Lonergan, non rinvenibile solo in *Insight*, si dispiega con varietà di accenti in altre opere, ma è in *Insight*, che ha i suoi più espliciti fondamenti teoretici. In tale opera Lonergan esprime la sua profonda fiducia nel soggetto umano, affinché giunga all'appropriazione della struttura dinamica delle proprie attività cognitive. Sostenuto dal *desiderio puro di conoscere*, il conoscente formulerà «domande per intelligenza e per riflessione»[159], giungerà ad accogliere varie forme di conoscenza attinenti alla realtà del soggetto umano nel mondo, ad affrontare criticamente i contenuti del conoscere stesso, ad incontrare altri conoscenti, a scorgere negli uni e negli altri istanze di ulteriorità e trascendenza. A questo proposito, nel penultimo capitolo di *Insight* Lonergan si sofferma sui significati di «metodo critico» e di «pensatore critico». Per il metodo critico egli offre una delucidazione contrassegnata dalla sua filosofia generalista, e quindi dalla sua esigenza di dialogare con altri saperi, anche in ordine alla proposta della conoscenza trascendente generale, scaturita dal metodo stesso e dalle sue istanze di comprensione. A questo punto, merita citare il particolare significato di avvicinamento e mediazione che in Lonergan assume il termine *generalista*: «il generalista che sia un mediatore intelligente parla non solo il linguaggio della propria mente, ma anche il linguaggio del suo interlocutore»[160]. La mediazione, volta a favorire il rapporto, è chiamata a farsi carico di quelle componenti comuni chiamate a sostenere la possibilità del rapporto stesso e, al tempo

---

[159] B. LONERGAN, *Insight. Uno studio del comprendere umano*, 456.

[160] B. LONERGAN, «Questionnaire on Philosophy», *Method. Journal of Lonergan Studies*, 2, (1984) 2, 33. Il significato di generalista oggi viene ancora attribuito all'epistemologo, ma all'«epistemologo generalista» viene opposto «l'epistemologo professionista», che lavora affianco agli scienziati. Cf. M. GIORDANO, *I riduzionismi anti-conoscitivi e anti-scientifici. Il ruolo dell'epistemologo professionista nella ricerca sul campo*, Franco Angeli, Roma 2011. Va precisato che oggi l'epistemologo generalista si occupa della forma logica degli asserti, dei paradigmi, mentre l'epistemologo professionista lavora con gli scienziati condividendone il contesto di ricerca. Le incongruenze e la frammentazione che oggi si attribuiscono all'epistemologo generalista non sono invece riscontrabili nella filosofia generalista di Lonergan, per il carattere metodico, critico, globale che la contraddistingue.

stesso, ad aprirsi alle loro differenti espressioni, per cogliere in esse risposte differenziate ad istanze che possono essere comuni, o, se anche non fossero comuni in tutto, derivano pur sempre da quelle fondamentali attività dell'esperire, del comprendere e del giudicare che caratterizzano tutti i soggetti umani.

Con un approccio e un linguaggio nuovo, che risultano peraltro esplicativi di un'esperienza che si generalizza a livello critico, così si esprime Lonergan: «Proprio come il metodo scientifico non ripudia la nozione di natura, ma la rende esplicita e precisa come la funzione determinante da determinare, come la frequenza ideale da cui le frequenze reali non possono divergere sistematicamente, come l'operatore genetico, come la tensione e l'opposizione dialettiche tra il desiderio puro e la sensibilità umana, così il metodo critico non ripudia la nozione di Dio, ma la formula come l'atto non ristretto di comprendere ed elabora i suoi attributi generali»[161]. Lungi da essere un'affermazione totalizzante sui risultati del nostro comprendere, essa intende essere una conferma dell'ampio, dialogico, interdisciplinare orizzonte del metodo empirico generalizzato; essa non comporta alcuna pretesa di comprendere in modo superiore ad altri, ma sa riconoscere, apprezzare, parlare il linguaggio degli altri, s'impegna a livello critico nel costruire ponti di comprensione. La nozione di Dio riesce allora a liberarsi da formule difficilmente comunicabili e comprensibili, per assumere la via che le consente di essere collocata nel contesto esperienziale dello scienziato, del metafisico, del pensatore che non si isola, ma sa interagire criticamente.

«Proprio come il metodo scientifico non confonde la conoscenza del metodo con i suoi frutti, così il metodo critico non confonde la nostra formulazione del comprendere non ristretto con una pretesa che noi comprendiamo ogni cosa riguardo ogni cosa. Proprio come lo scienziato è pronto ad abbandonare ogni ipotesi e teoria scientifiche senza perdere confidenza nella correttezza del metodo scientifico, così il metafisico afferma la realtà di ciò che lo scienziato cerca di conoscere e il pensatore critico non consente che gli sviluppi della nozione di Dio ge-

---

[161] B. LONERGAN, *Insight. Uno studio del comprendere umano*, 851.

nerino alcun dubbio che esso è un unico e medesimo essere a cui tutti gli uomini si riferiscono, sia che essi abbiano più o meno successo nel concepirlo sia che, correttamente, affermino la sua esistenza o, erroneamente la neghino»[162].

Si raggiunge allora il realismo critico, così come inteso da Lonergan, soltanto se si sfugge al realismo ingenuo, all'empirismo, all'idealismo critico e assoluto. In particolare, il realista ingenuo, come l'idealista, pensa in modo figurato; per il primo la conoscenza oggettiva della realtà si fonda sul guardare, per il secondo l'intuizione stabilisce una relazione immediata con gli oggetti, essi inseguono in maniera diversa l'*Anschauung*, una visione con cui raffigurano il mondo. Essi non ravvisano l'universo dell'essere, non stabiliscono alcuna relazione tra questo e le attività conoscitive[163]. Per illustrare la differenza tra realista ingenuo e realista critico, Lonergan impiega una chiave esplicativa piuttosto suggestiva, semplice e concreta: i realisti ingenui assomigliano al mondo dei bambini che ancora non parlano, fatto di immediatezza, di luci, suoni, sorrisi, gioie dolori, mentre i realisti critici sono rappresentati dagli adulti; essi parlano molto, grazie al linguaggio vivono nella realtà del mondo mediato dal significato. In essi il significato immediato non scompare, ma sono guidati dai criteri per la comprensione valida e per il giudizio corretto.

Il realismo critico per Lonergan è anche espressione del realismo cristiano, ossia di quel realismo che contrassegna la fede cristiana, che egli aveva analizzato nelle sue origini e nelle sue varie modificazioni[164], comprese quelle contemporanee. Sul realismo cristiano Lonergan rileva che il cristianesimo è una realtà e come tale non può prescindere dai problemi del realismo[165]. Essi hanno riguardato il passato e non possono che riguardare anche il presente; in entrambi c'è il mondo del-

---

[162] *Ibidem*.
[163] Cf. B. LONERGAN, «Cognitional Structure», in ID., *Collection*, 205-221; trad. italiana di G.B. Sala, «La struttura della conoscenza», in B. LONERGAN, *Ragione e fede di fronte a Dio*, Giornale di Teologia 102, Queriniana, Brescia 1992, 79-103.
[164] Cf. B. LONERGAN, «The Origins of Christian Realism», in ID., *A Second Collection*, 239 ss.
[165] Cf. Ivi, 244.

l'immediatezza e il mondo mediato dal significato, cioè il mondo in cui si pongono le domande per intelligenza e le domande per riflessione. Oltre alle comprensioni e ai giudizi corretti ci sono gli errori e la loro correzione, si elaborano gradualmente «procedure sempre più elaborate e raffinate in una lunga serie di crisi, dibattiti, deliberazioni, decisioni»[166]. Tali parole sollecitano a non rinchiudersi in un realismo critico già tutto codificato, a confrontarsi costantemente con la realtà, a leggere le molteplici relazioni che i soggetti stabiliscono con essa, perché le domande possano sempre aver luogo e con esse la ricerca di risposte, individuali e in collaborazione. La promozione di dinamiche di consapevolezza potrà far fronte sia alle problematiche che sorgono in ogni presente, sia alle varie forme di ambiguità che, pure, il realismo nelle sue declinazioni storiche può avere.

---

[166] Ivi, 261.

CAPITOLO SECONDO

SIGNIFICATO E STORIA IN B. LONERGAN

GIUSEPPE GUGLIELMI

1. Le fonti storiche del mondo del significato in Lonergan

Affrontare il mondo mediato dal significato, nella sua genesi, sviluppo e avvicendamento implica una prospettiva di ricerca storica e sistematica. Nel corso degli anni diversi studi sul significato, sulla differenziazione della coscienza e più in generale sull'ermeneutica che Lonergan propone all'interno del suo metodo trascendentale o empirico generalizzato hanno ampiamente messo in rilievo la tematica del significato da un punto di vista sistematico. Più circoscritti appaiono invece gli studi da un punto di vista storico[1]. Un'analisi prevalentemente sistematica e diretta all'opera di un autore, di certo importante, presenta però il limite della sola ricostruzione interna del pensiero dell'autore, in quanto tiene conto solo delle sue opere. Questa opzione di ricerca rischia di non favorire il necessario confronto con le fonti (pensatori, opere) da cui l'autore ha attinto; una opportuna valutazione della modalità di recezione e interpretazione di tali fonti; un pronunciamento critico che uno studioso è chiamato, nei limiti del possibile, ad evidenziare. Un siffatto modo di procedere, nel caso di Lonergan, creerebbe una scollatura tra la sua vicenda, i suoi interessi, le sue circostanze, la sua produzione, e quelle che sono state le istanze e le problematiche del XX secolo, dimenticando quindi che anche il suo pensiero ha avuto una storia e, come tutte le vicende degne di essere studiate, ha conosciuto percorsi acci-

---

[1] Cf. TH.J. MCPARTLAND, *Lonergan and the Philosophy of Historical Existence*, University of Missouri Press, Columbia-London 2001, 76-107; ID., *Lonergan and Historiography. The Epistemological Philosophy of History*, University of Missouri Press, Columbia-London 2010.

dentati assieme a visioni più nitide. Di conseguenza, contro le intenzioni e lo stile dello stesso Lonergan, emergerebbe la figura di un pensatore per tutte le stagioni; sarebbe sufficiente ripetere e sintetizzare quanto egli ha scritto senza problematizzazioni e confronti ulteriori.

Nel presente lavoro si preferirà optare dunque per una ricostruzione storica, in chiave critico-problematica, del tema del significato attraverso il confronto con quegli autori che maggiormente hanno influito sul pensiero di Lonergan a proposito del significato e della storia. Al termine di questo confronto, si porranno due generi di considerazioni: la prima ha a che fare con le conseguenze che, nell'ambito del mondo mediato dal significato, la storia ha comportato in ordine alla questione dell'oggettività affrontata da Lonergan; la seconda concerne una rivisitazione del senso comune che, nel presente contesto, sembra andare oltre le caratteristiche che Lonergan evidenziava nei suoi scritti.

2. Critica della ragione storica: W. Dilthey

F. Crowe ha indicato la relazione tra la critica della ragione storica di W. Dilthey (1833-1911) e il metodo trascendentale di Lonergan a partire dal confronto tra la prima fase speculativa del filosofo canadese e la successiva svolta esistenziale. Egli sostiene che se «*Insight* può essere definito nei confronti di Kant come una correzione e un completamento del suo lavoro, così la nuova fase può essere meglio definita in riferimento a Dilthey»[2]. Questa sottolineatura va letta nel quadro dell'attenzione che Lonergan riserva, dopo *Insight*, al mondo del significato e alla sua interpretazione. Secondo Lonergan la novità di Dilthey risiede nell'aver considerato lo spirito oggettivo di Hegel non all'interno del suo pensiero idealistico ma come «totalità dell'oggetti-

---

[2] F. Crowe, ed., *Spirit as Inquiry: Studies in Honor of Bernard Lonergan*, St. Xavier College, Chicago 1964, 26. Sul confronto tra Dilthey e Lonergan si vedano i due studi di M. Lamb, «Wilhelm Dilthey's Critique of Historical Reason and Bernard Lonergan's Meta-methodology», in Ph. McShane, ed., *Language, Truth, and Meaning. Papers from International Lonergan Congress 1970*, Gill & McMillan, Dublin 1972, 115-166; Id., *History, Method and Theology: A Dialectical Comparison of Wilhelm Dilthey's Critique of Historical Reason and Bernard Lonergan's Meta-methodology*, Scholars Press, Missoula 1978.

vazione effettuata nella vita umana concreta»³. Perciò egli insiste sull'espressione diltheyana secondo cui «la vita interpreta se stessa», *das Leben legt sich aus*, al fine di evidenziare il fatto che le oggettivazioni della vita storica non vanno semplicisticamente intese come dati inermi che necessitano di una successiva comprensione, bensì come fattori che «da se stessi, anteriormente a qualsiasi interpretazione, sono espressioni, manifestazioni, oggettivazioni della vita umana»⁴. Si può perciò ritenere che dalla lettura di Dilthey il filosofo canadese abbia ricavato notevoli stimoli per lo studio della categoria del «significato», *meaning*, che per certi aspetti può considerarsi come l'appropriazione lonerganiana dell'idea di «oggettivazione della vita» formulata dal filosofo tedesco⁵. Inoltre, la peculiare fisionomia del mondo spirituale scoperto da Dilthey – si veda in particolare il legame tra *Erlebnis*, oggettivazione e intendere – rese Lonergan molto più consapevole della differenza tra natura e storia⁶. Lonergan comprese infatti che solo lo spirito poteva

---

³ B. LONERGAN, *Il Metodo in Teologia*, a cura di N. Spaccapelo – S. Muratore, Città Nuova, Roma 2001, 241.

⁴ *Ibidem*.

⁵ A proposito dell'oggettivazione della vita, Dilthey scrive: «tutto è qui sorto dall'attività spirituale e reca quindi il carattere di storicità, inserendosi, come prodotto della storia, nello stesso mondo sensibile. Dalla partizione degli alberi in un parco, dall'ordine delle case in una strada, dallo strumento del lavoratore manuale fino alla sentenza in tribunale, tutto è intorno a noi, a ogni ora, storicamente divenuto».W. DILTHEY, «La costruzione del mondo storico», in ID., *Critica della ragione storica*, trad. italiana di P. Rossi, Einaudi, Torino 1954², 236. Lonergan sembra fare eco alla posizione di Dilthey quando, riferendosi al mondo mediato dal significato, scrive: «I pionieri che per primi giunsero nel nostro continente, trovarono spiagge e terraferma, montagne e pianure; ma ricoprirono il paese di città, lo allacciarono con strade, lo sfruttarono con le loro industrie, fino al punto che ora tra noi e il mondo anteriore della natura si frappone il mondo fatto dall'uomo. Ora tutto questo mondo aggiunto, fatto dall'uomo, artificiale, è il prodotto complessivo, ora pianificato ora caotico, di atti di significato». B. LONERGAN, «Dimensioni del significato», in ID., *Ragione e fede di fronte a Dio. Il rapporto tra la filosofia di Dio e la specializzazione funzionale "sistematica"*, trad. italiana di G. B. Sala, Queriniana, Brescia 1977, 106.

⁶ Grazie alla distinzione diltheyana tra «scienze della natura», *Naturwissenschaften*, e «scienze dello spirito», *Geisteswissenschaften*, Lonergan giunse a specificare meglio la nozione di «dato» che differisce nelle scienze umane rispetto alle scienze naturali. A questo proposito egli scrive: «il fisico, il chimico, il biologo verificano le loro ipotesi in ciò che è dato in quanto solamente dato. Lo scienziato delle scienze umane può compiere la sua verifica solo in dati che oltre a essere dati hanno un significato. Un fisico, un chimico, un ingegnere possono entrare in un tribunale, ma dopo

considerarsi realtà significativa a se stessa; anzi, per meglio dire, che la realtà dello spirito costituiva il suo stesso senso. La natura, al contrario, era intelligibile all'uomo ma non a se stessa[7].

Al tempo stesso occorre aggiungere che una valutazione del rapporto di Lonergan con Dilthey deve tenere anche conto del fatto che Lonergan legge Dilthey principalmente per mezzo della presentazione e interpretazione che H.-G. Gadamer offre in *Verità e Metodo*[8]. Gadamer interpreta la posizione di Dilthey all'interno dell'ermeneutica del XIX secolo, scorgendo nello storicismo due orientamenti spesso contrastanti: da una parte una tendenza a riflettere sulla possibilità dell'esperienza storica, dall'altra l'esigenza metodica di stampo positivistico di fondare le scienze dello spirito sulla linea delle scienze naturali. Allineandosi su questa interpretazione[9], Lonergan sostiene che nonostante nella sua filosofia dello spirito Dilthey abbia riservato centralità alla vita, egli avrebbe voluto comunque superare l'insicurezza della vita mediante la ricerca di un punto di appoggio e lo avrebbe fatto rivolgendosi alla scienza. Da ciò

---

aver eseguito tutte le loro misure e fatti i loro calcoli, non sarebbero in grado di dichiarare che si tratta di un tribunale». B. LONERGAN, «Existenz and Aggiornamento», in ID., *Collection: Papers by Bernard Lonergan*, F.E. Crowe – R.M. Doran, ed., CWL 4, University of Toronto Press, Toronto 1988[2], 225-226.

[7] Un minerale sotto l'indagine del chimico, ad esempio, rivela una struttura intelligibile immanente; questa intelligibilità però è intelligibilità per il chimico, non per il minerale stesso. Cf . B. LONERGAN, *Il Metodo in Teologia*, 209-210.

[8] H.-G. GADAMER, *Verità e Metodo*, trad.italiana di G. Vattimo, Bompiani, Milano 1989[6], 260-287; ID., *Il problema della coscienza storica*, intr. di V. Verra, Guida, Napoli 1974[2]. Lonergan rimanda anche a R.E. PALMER, *Hermeneutics: interpretation theory in Schleiermacher, Dilthey, Heidegger, and Gadamer*, Northwestern University Press, Evanston 1969, 98-123. Per quanto riguarda invece Dilthey, Lonergan cita la raccolta di alcuni saggi in trad. inglese: W. DILTHEY, *Pattern and Meaning in History*, H.P. Rickman, Harper & Row, ed., New York 1962. Oltre però all'influsso di Gadamer, Lonergan si accosta allo storicismo tedesco mediante i lavori di R. ARON, *La philosophie critique de l'histoire. Essai sur une théorie allemande de l'histoire*, Vrin, Paris 1938; ID., *Introduction à la philosophie de l'histoire. Essai sur les limites de l'objectivité historique*, Gallimard, Paris 1938; K. HEUSSI, *Die Krisis des Historismus*, Mohr, Tübingen 1932; P. HÜNERMANN, *Der Durchbruch geschichtlichen Denkens im 19. Jahrhundert*, Herder, Freiburg-Basel-Wien 1967; E. ROTHACKER, *Logik und Systematik der Geisteswissenschaften*, Oldenburg, München 1965[2].

[9] B. LONERGAN, *Il Metodo in Teologia*, 242.

ne sarebbe conseguita una contrapposizione tra vita e scienze, e, di rimando, non sarebbe più riuscito a tenere fede all'unità di vita e sapere da cui era partito[10].

3. La scoperta dello spirito: B. Snell

Nel suo approfondimento della coscienza entro la categoria di «significato», Lonergan si richiama spesso al celebre lavoro *Die Entdeckung des Geistes* (1946)[11] del filologo tedesco B. Snell (1896-1986). Questi sostiene che fu proprio la cultura greca a determinare la «scoperta dello spirito»[12] inteso come il passaggio dalla coscienza mitica a quella del senso comune e della teoria.

Snell permise a Lonergan di giungere ad alcune importanti acquisizioni. In primo luogo, l'attenzione al linguaggio (e alla letteratura) quale ambito in cui era possibile rintracciare il grado di consapevolezza che l'uomo andava acquisendo di sé nel corso della storia. In secondo luogo, lo studio di Snell sembra aver contribuito – assieme ad autori quali Cassirer, Eliade, Malinowski, Progoff, Ricoeur, Voegelin, etc. – ad incrementare la considerazione di Lonergan per la conoscenza mitica e per quegli aspetti che la distinguevano dalla conoscenza intellettuale e scientifica.

Snell traccia le fasi principali dello sviluppo storico dello spirito greco a partire dalla letteratura dell'età arcaica (poemi omerici, lirica post-omerica) – con particolare attenzione alla componente mitica – fino all'età classica della tragedia, della commedia e della filosofia. Da

---

[10] «La fondazione vitalistica data peraltro da Dilthey alle scienze dello spirito, e la sua critica a ogni dogmatismo, anche a quello empiristico, aveva proprio voluto far valere questo principio. Ma il cartesianesimo gnoseologico che lo dominava si rivelò alla fine più forte, sicché la storicità dell'esperienza storica finì per non avere in lui un peso determinante». H.-G. GADAMER, *Verità e Metodo*, 286.

[11] B. SNELL, *Entdeckung des Geistes*, Claassen und Goverts, Hamburg 1948; trad. italiana di V. Degli Alberti – A. Solmi Marietti, *La cultura greca e le origini del pensiero europeo*, Einaudi, Torino 1963. In realtà il titolo della trad. italiana non lascia trasparire il carattere storico-evolutivo di questo celebre lavoro.

[12] Lonergan parla piuttosto di «scoperta della mente» in quanto si rifà alla traduzione inglese dell'opera di Snell; cf. B. SNELL *The Discovery of Mind: in Greek and Philosophy and Literature*, Herper & Row, New York 1960².

uno studio per così dire diacronico delle opere letterarie Snell pone in evidenza alcuni mutamenti grammaticali e di stile che egli ritiene rappresentino delle conquiste senza precedenti che determinarono radicali cambiamenti nel modo di vivere e di concepire la vita da parte del mondo occidentale europeo.

La lettura dell'opera del filologo tedesco risultò di grande utilità per Lonergan, in quanto accrebbe in lui la consapevolezza del carattere storico-diveniente dell'uomo e, di conseguenza, la messa in discussione di quelle concezioni razionalistiche del passato le quali tendevano ad individuare e considerare astrattamente le formazioni spirituali nel quadro di una immutabilità predefinita. In realtà, nota Snell, «il mondo di Omero è fondamentalmente diverso dal nostro»[13] e quindi un termine lontano nel passato ha e, insieme, non ha, nella lingua di chi interpreta, il medesimo significato. E così, mediante lo studio della lingua nello stadio, per così dire, ancora indifferenziato, Snell individua la presenza di un contenuto semantico determinato il quale conoscerà diverse fasi di evoluzione grazie alla continua cernita tra le molteplici formulazioni che esso assumerà nel corso della storia. Questo spiega, da una parte, che la formazione dei concetti scientifici non sorge dal nulla, dall'altro, che i concetti scientifici non esistono bell'e pronti nella lingua prescientifica ma che è necessario un lavoro per liberare gli elementi scientifici in essa presenti. «Nella lingua si trova in germe la struttura dello spirito umano che si dispiega completamente solo nello sviluppo del discorso e infine nel pensiero filosofico»[14]. Ma solo il greco, aggiunge Snell, attraverso la «scienza naturale, ha saputo liberare il *logos* della lingua»[15]. Commentando perciò il nucleo del lavoro di Snell, Lonergan sostiene che fu proprio l'accrescimento del feed-back linguistico a determinare il sorgere della logica, della filosofia e della scienza antica. Il primo stadio della differenziazione del mondo del significato, che è il mondo propriamente umano, consistette perciò in una «rivelazione letteraria dell'uomo a se stesso»[16], come testimonia la successiva tradizione da

---

[13] B. SNELL, *La cultura greca e le origini del pensiero europeo*, 9.
[14] Ivi, 333.
[15] Ivi, 334.
[16] B. LONERGAN, *Il Metodo in Teologia*, 123.

Socrate a quella umanistica in cui «ricevere un'educazione linguistica e diventare uomini sono ritenuti equivalenti»[17].

Con queste premesse si può anche comprendere il senso della domanda con la quale Snell inizia la sua ricerca: «che cosa conoscevano i Greci di se stessi e che cosa non conoscevano ancora?»[18]. Non si tratta di un semplice pungolo metodologico quanto di una palese dichiarazione d'intenti che accomuna Snell e Lonergan: abbandonare la prospettiva del «classicismo» – termine che entrambi gli autori utilizzano per indicare una certa prospettiva metafisica – che aspirava «a scoprire un'umanità perfetta, e quindi non legata alla storia» per «ricercare il valore storico di ciò che i Greci hanno compiuto»[19].

4. Simboli ed esperienze equivalenti: E. Voegelin

Nel seminario sulla filosofia dell'educazione tenuto a Cincinnati nel 1959 Lonergan affrontò per la prima volta la questione dell'emergenza della coscienza storica nei termini di un processo di differenziazione della coscienza da una fase più condensata ad una più differenziata. I suoi due interlocutori principali furono il filosofo E. Cassirer (1874-1945) e il filosofo e storico delle idee politiche E. Voegelin (1901-1985)[20]. Lonergan si confrontò con le due celebri opere di Cassirer: *Filosofia delle forme simboliche*[21] e *Saggio sull'uomo*[22]. Della prima opera egli ne richiamò in particolare la questione della coscienza mitica e alcuni aspetti legati ai disturbi del linguaggio e del-

---

[17] Ivi, 130.
[18] B. SNELL, *La cultura greca e le origini del pensiero europeo*, 17.
[19] Ivi, 15.
[20] B. LONERGAN, *Sull'Educazione. Le lezioni di Cincinnati del 1959 sulla «Filosofia dell'Educazione»*, a cura di N. Spaccapelo – S. Muratore, Città Nuova, Roma 1999, 95; 123; 182. Si veda anche la nota 21 dei curatori a p. 92. Cf. anche, ID., «The Philosophy of History», in ID., *Philosophical and Theological Papers 1958-1964*, R.C. Croken – F.E. Crowe – R.M. Doran, ed., CWL 6, University of Toronto Press, Toronto 1996, 66. Accanto ai nomi di Voegelin e Cassirer, Lonergan menziona in questi testi anche il filosofo della religione M. Eliade.
[21] E. CASSIRER, *Filosofia delle forme simboliche*, voll.1-3, trad.italiana di E. Arnaud, La Nuova Italia, Firenze 1996.
[22] ID., *Saggio sull'uomo*, trad. italiana di C. D'Altavilla, Armando, Roma 2005[7].

l'azione, mentre si riferì alla seconda opera a proposito della caratterizzazione dell'uomo come *animal symbolicum*. Da una più attenta lettura delle due opere di Cassirer – una lettura cioè che non si soffermi solo sugli espliciti rimandi di Lonergan alla produzione di Cassirer a proposito del mito e del linguaggio[23] – si ha l'impressione che il filosofo e teologo canadese abbia liberamente rielaborato le acquisizioni di Cassirer sulle forme simboliche all'interno della sua riflessione sul significato che, come è noto, egli maturò a partire dal riconoscimento di un ulteriore e distinto livello della coscienza – oltre a quello esperienziale, intellettuale e razionale –, il livello esistenziale del soggetto che decide e agisce dentro un mondo mediato dal significato e motivato dal valore. Nel presente lavoro s'intende però dare più risalto ad un autore come Voegelin, il quale, almeno nel nostro contesto accademico, non è molto conosciuto rispetto a Cassirer. Ovviamente per ragioni di spazio, non sarà possibile entrare nel merito di alcune nozioni di Voegelin che qui si presenteranno. Dalla lettura degli scritti principali di Voegelin è possibile individuare il tema della progressiva differenziazione dei simboli e delle esperienze equivalenti da una loro primordiale compattezza ad una successiva differenziazione. In questa tematica vi sono delle tracce di quello che in Lonergan diventerà poi lo studio della differenziazione della coscienza in distinti «ambiti di significato», *realms of meaning*, e degli equivalenti «tipi di esperienza», *patterns of experience*, che sottostanno ad una tale differenziazione.

Prima però di entrare nel vivo del confronto, si può notare che già da un punto di vista biografico le vicende di questi due autori hanno delle convergenze. Entrambi, infatti, avevano studiato e insegnato in due diversi continenti, quello europeo e quello nordamericano; entrambi si co-

---

[23] Cf B. LONERGAN, *Insight. Uno studio del comprendere umano*, a cura di N. Spaccapelo – S. Muratore, Città Nuova, Roma 2007, 672; ID., *Il Metodo in Teologia*, 118-119; 125. Circa la storia, non vi sono invece riferimenti ai lavori di Cassirer, eccetto un rimando alla traduzione inglese di *Das Erkentnisproblem in der Philosophie und Wissenschaft der neuren Zeit*. Cf E. CASSIRER, *Storia della filosofia moderna*, vol. 4, trad. italiana di A. Pasquinelli, Einaudi, Torino 1968, 406-428, in cui Lonegan cita Cassirer a proposito della concezione storiografica di Burckhardt; cf. B. LONERGAN, *Il Metodo in Teologia*, 280, n.10.

noscevano ed ebbero modo di confrontarsi pubblicamente in alcuni convegni, spesso con la presenza dello stesso Gadamer[24]; entrambi s'interessavano a tematiche comuni quali i simboli, la coscienza, la dialettica, l'esperienza religiosa e la storia. Ma ancora più in profondità, entrambi avevano avvertito la crisi intellettuale del loro secolo, una crisi che aveva provocato il sorgere di numerosi conflitti tra i diversi orientamenti filosofici, storici e teologici. Lonergan si concentrò sulle origini epistemologiche di tale crisi, mentre Voegelin ravvisò le origini in quelle opinioni, immagini e sentimenti dell'infrastruttura culturale che spesso operano sotto la superficie delle idee che vengono esplicitamente formulate.

Da una puntuale lettura delle posizioni di Voegelin e Lonergan emergono anche le inevitabili differenze tra i due studiosi riguardo al tema che è qui oggetto di studio. Per Lonergan, ad esempio, il primo cambiamento epocale della differenziazione della coscienza provocato dall'indagine teoretica della filosofia greca (in particolare Aristotele) e il secondo cambiamento provocato dall'interiorità e dalla storicità si pongono in un quadro differente rispetto all'idea della differenziazione di Voegelin. Anche Voegelin richiama due differenziazioni (noetica e pneumatica), tuttavia egli le considera come differenziazioni sincroniche dato che avvengono fondamentalmente all'interno dello stesso periodo di tempo[25]; per Lonergan, invece, sono diacroniche, e tra di esse vi è un divario di oltre un millennio. Le posizioni dei due autori divergono dun-

---

[24] Si veda il simposio al Thomas More Institute a cui parteciparono sia Voegelin che Lonergan: E. CAHN – C. GOING, ed., *The Question as Commitment: A Symposium*, Thomas More Institute, Montreal 1977. Per il simposio organizzato al Boston College da F. Lawrence a cui presero parte Gadamer e Voegelin (Lonergan non potette partecipare per motivi di salute), cf. F. LAWRENCE, ed., *The Beginning and the Beyond: Papers from the Gadamer and Voegelin Conferences*, Scholars Press, Atlanta 1984.

[25] Tuttavia, dato che Voegelin risolve la temporalità nell'eterno presente di una tensione che non può essere definita attraverso l'ipostatizzazione di oggetti contrapposti, è necessario non considerare i fenomeni storici come eventi successivi nel processo del tempo. In altri termini, la storia non è definibile mediante un paradigma di linearità che la fonda o una descrizione logica, proprio perché il soggetto della storia, scrive Voegelin, è in definitiva l'essere stesso, mentre gli eventi storici non sono altro che eventi nello spazio dell'essere. Cf. E. VOEGELIN, «Configurazioni della storia», in ID., *Trascendenza e Gnosticismo*, saggio introduttivo di G.F. Lami, Astra, Roma 1979, 134-135.

que proprio perché la differenziazione noetica di Voegelin è una ricerca spirituale mentre la filosofia greca per Lonergan è piuttosto un tentativo di controllo del significato. Inoltre, la differenziazione pneumatica di Voegelin non ha direttamente a che vedere con l'ambito dell'interiorità di Lonergan, quanto piuttosto con l'espressione religiosa e l'ambito della trascendenza[26]. A proposito poi dell'ambito di significato dell'interiorità, Voegelin «non ha classificato un tale fenomeno storico come una differenziazione, e nemmeno lo avrebbe potuto fare dato che egli con "differenziazione" intende in primo luogo la differenziazione della trascendenza»[27]. Non va però dimenticato che queste differenze sono dovute anche al fatto che Voegelin scrive una storia dei simboli mentre gli interessi di Lonergan erano prevalentemente metodologici. Da ciò si comprende più chiaramente perché Lonergan elabori un significato molto più circoscritto e tecnico di coscienza rispetto a Voegelin.

Con questi doverosi rilievi, ci si può volgere a esaminare alcuni settori d'indagine in cui entrambi gli studiosi si richiamano a vicenda. Nell'ambito dell'ermeneutica del messaggio religioso cristiano, ad esempio, emergono interessanti punti di incontro tra quanto Voegelin scrive a proposito della relazione tra simboli originali e riflessione razionale susseguente, e quanto Lonergan scrive a proposito della relazione tra esperienza religiosa (e suoi linguaggi) e successiva riflessione dogmatica[28].

Entrambi gli autori si soffermano inoltre sulle deformazioni, distorsioni e riduzionismi causati da quelle personalità e correnti di pensiero che hanno voluto spiegare l'esistenza attraverso la progettazione, come scrive Voegelin, di una «seconda realtà». La seconda realtà è il sistema ideologico (filosofico, storico, politico, scientifico) che pretende di rivelare la verità dell'esistenza una volta per tutte, precludendo ogni ulteriore indagine sull'ordine dell'esistenza ed eclissando

---

[26] Lonergan menziona le tradizioni spirituali di Israele e del cristianesimo principalmente quando discute su come i teologi devono utilizzare la teoria per riflettere sul contenuto di queste tradizioni. Cf. B. LONERGAN, *The Way to Nicea: the Dialectical Development of Trinitarian Theology*, DLT, London 1976.

[27] TH.J MCPARTLAND, «Equivalence of Meaning», in ID., *Lonergan and the Philosophy of Historical Existence*, 263.

[28] Cf E. VOEGELIN, *Che cos'è la storia?*, trad. italiana di G. Rossi, Medusa, Milano 2007, 202; B. LONERGAN, *Ragione e fede di fronte a Dio*, 73-74.

così la costitutiva dimensione tensionale dell'essere umano[29] ben rappresentata dall'*in-between*, dal *metaxy* platonico. Se Voegelin dedicò molte delle sue energie intellettuali a rintracciare e studiare quei movimenti immanenti e assoluti da lui denominati «gnostici»[30], anche Lonergan affrontò nei suoi studi il tema delle «deformazioni», *biases*[31]. Nelle sue pagine sulla dialettica si possono scorgere diverse affinità linguistiche con il pensiero di Voegelin. In primo luogo anche in Lonergan compare il linguaggio della *tensione* sia per far emergere la distinzione tra conoscere elementare e spontaneità intellettuale[32], sia per indicare l'emergenza di conflitti fondamentali che pongono il soggetto in permanente bilico tra autenticità e inautenticità[33]. Sempre a propo-

---

[29] Decisa è la critica di Voegelin sia alla storia universale di Schiller, definita come un'illusione ottica a cui si aggrappa colui che spera così di guadagnare quell'immortalità che come individuo dispera di raggiungere, sia allo spirito assoluto di Hegel che, fagocitando ogni realtà nel suo movimento dialettico, detta al singolo individuo le condizioni ultime del suo destino: «scegliere se essere hegeliano o se correre il rischio di essere bollato come *faule Existenz*, frammento di un'esistenza spezzata che ha rinunciato a far parte della ragione della storia». E. VOEGELIN, *Che cos'è la storia?*, 165.

[30] Cf. Ivi, 177-204. Voegelin individua sei caratteristiche che, a suo parere, definiscono un movimento gnostico: l'insoddisfazione per la situazione presente; la convinzione che le difficoltà della situazione siano da attribuire al fatto che il mondo ha una struttura intrinsecamente deficiente; il credere che sia possibile salvarsi dal male di questo mondo; la persuasione che nel processo storico emerga, da un mondo cattivo, uno buono; il convincimento che l'emergenza di un mondo buono e quindi di un mutamento dell'ordine dell'essere dipenda dagli sforzi umani; il dovere che lo gnostico ha di ricercare la ricetta atta a determinare tale mutamento. Cf. ID., *Il mito del mondo nuovo. Saggi sui movimenti rivoluzionari del nostro tempo*, trad. italiana di A. Munari, Rusconi, Milano 1970, 26-28.

[31] Cf. B. LONERGAN, *Insight. Uno studio del comprendere umano*, 263-282; 298-330.

[32] Ivi, 603 ss.

[33] «L'auto-trascendenza dell'uomo è sempre precaria. Da sé l'auto-trascendenza importa tensione tra l'io in quanto trascende e l'io in quanto trasceso. Per cui l'autenticità umana non è mai un possesso puro, sereno, sicuro. È sempre un ritirarsi dall'inautenticità. Il nostro progresso nell'intelligenza è al tempo stesso eliminazione di fraintendimenti e incomprensioni. Il nostro progresso nella verità è al tempo stesso correzione di sbagli e di errori. Il nostro sviluppo morale avviene attraverso il pentimento dei peccati. La religiosità autentica viene scoperta e attuata riscattandoci dalle molte insidie del traviamento religioso». B. LONERGAN, *Il Metodo in Teologia*, 142-143. Cf. ID., «The Ongoing Genesis of Methods», in ID., *A Third Collection*, 158-159.

sito delle deformazioni, sia Voegelin che Lonergan evidenziano quei meccanismi di difesa che i vari sistemi culturali e politici mettono in atto al fine di poter perpetrare la loro influenza sociale e culturale[34]. Si assiste così all'emergenza dell'io inautentico che Voegelin chiama «omuncolo» o «io contratto» e Lonergan individua, a seconda dei livelli della coscienza, nel soggetto «trascurato e troncato» (sul piano della conoscenza), «sbandato» (sul piano morale), «alienato» (sul piano religioso)[35].

L'antidoto contro la chiusura gnostico-immanentista è rappresentato dalla «domanda» che in Voegelin, come anche in Lonergan, è alla base dell'impulso dinamico dello spirito umano. Mediante la capacità di porre domande l'umanità è avanzata da esperienze più compatte a esperienze e significati più differenziati[36]. Nel corso della storia, però, vi sono state forze che ne hanno attenuato se non addirittura arrestato questo dispiegamento. Scrive Voegelin: «Bernard Lonergan ha parlato, di "un'estrinsecazione concettualista per cui i concetti non hanno più età né sviluppi: la verità diviene così oggettiva che procede senza bisogno della mente"»[37]. Al tempo stesso, anche Lonergan apprezzò la lezione voegeliniana sulla filosofia quale esegesi noetica della tensione

---

[34] Circa la pressione sociale di queste razionalizzazioni nei mass-media e nel sistema educativo e scolastico si veda E. VOEGELIN, *Che cos'è la storia*, 169; B. LONERGAN, *Il Metodo in Teologia*, 86.

[35] Cf. E. VOEGELIN, *Che cos'è la storia?*, 170; B. LONERGAN, «Il soggetto», in V. DANNA, ed., *Bernard Lonergan. Il metodo teologico, le scienze e la filosofia*, Effatà Editrice, Torino 2006, 144-149; ID., «Existential Crisis», in ID., *Shorter Papers*, R.C. Croken – R.M. Doran – H.D. Monsour, ed., CWL 20, University of Toronto Press, Toronto 2007, 258; ID., *Il Metodo in Teologia*, 273.

[36] Cf. E. VOEGELIN, *Order and History. IV. The Ecumenic Age*, Louisiana State University Press, Baton Rouge, 1974, 326-327; B. LONERGAN, *Insight. Uno studio del comprendere umano*, 599; 798-799; ID., *Comprendere ed Essere. Le lezioni di Halifax su Insight*, a cura di N. Spaccapelo – S. Muratore, Città Nuova, Roma 1993, 191.

[37] E. VOEGELIN, *Che cos'è la storia?*, 171. Voegelin cita testualmente il saggio di B. LONERGAN, «The Dehellenization of Dogma». Cf. B. LONERGAN, «The Dehellenization of Dogma», in ID., *A Second Collection*, W.F.J. Ryan – B.J. Tyrrel, ed., Darton – Longman & Todd, London 1974, 11-32.

esistenziale[38] e la sua viva opposizione a quei sistemi di pensiero totalizzanti come ad esempio il razionalismo che interpretava la filosofia come un sistema di pensiero fisso, indipendente e indifferente rispetto al tempo e alle condizioni umane[39].

5. Dimensione esistenziale del comprendere: H.-G. Gadamer

Insieme a pensatori come Cassirer e Voegelin va annoverato anche H.-G. Gadamer (1900-2002). Il filosofo tedesco, come tra l'altro è attestato in diversi studi[40], influenzò non di poco il pensiero di Lonergan

---

[38] «Per Voegelin, l'esperienza classica [...] non è fondata sulla logica, ma sull'esperienza interiore. I suoi conflitti non si traducono in controversie pubbliche, ma in dissidi intimi. La sua vittoria consisteva nel salvare la propria vita, nel custodire un'anima senza macchia, sempre orientata verso l'alto, nel perseguire con rettitudine la sapienza, così che possiamo essere cari a noi stessi e agli dei». B. LONERGAN, «Theology and Praxis», in ID., *A Third Collection*,190-191 Cf. anche B. LONERGAN, «Horizons and Transpositions», in ID., *Philosophical and Theological Papers 1965-1980*, R.C. Croken – R.M. Doran, ed., CWL 17, University of Toronto Press, Toronto 2004, 415 ss.

[39] «La filosofia non è scienza nel senso razionalistico; non si tratta dell'opera di una certa ragione pura o di un certo intelletto speculativo; non si tratta di un insieme di verità auto-evidenti e necessarie da cui seguono conclusioni necessarie; non si tratta di un certo sistema di verità eterne definite in modo preciso e permanente; e non gode dell'indipendenza sostenuta da qualsivoglia posizione razionalista». B. LONERGAN, «Bernard Lonergan Responds II», in ID., *Shorter Papers*, 276. Cf. ID., *Il pluralismo dottrinale*, trad. di G.B. Sala, Edizioni Paoline, Catania 1977, 42-43; ID., *Il Metodo in Teologia*, 332-333.

[40] Sull'ermeneutica in generale nel pensiero di Lonergan, si veda F.G. LAWRENCE, «Method and Theology as Hermeneutical», in M.L. LAMB, ed., *Creativity and Method: Essays in Honor of Bernard Lonergan s.j.*, Marquette University Press, Milwaukee 1981, 79-104; R. McKINNEY, «The Hermeneutical Theory of Bernard Lonergan», *International Philosophical Quarterly* 23 (1983) 277-290; S. McEVENUE – B.F. MEYER, ed., *Lonergan's Hermeneutics: its Development and Application*, Catholic University of America Press, Washington 1989; G. MURA, *Ermeneutica e verità. Storia e problemi della filosofia dell'interpretazione*, Città Nuova, Roma 1990, 326-336; I. COELHO, *Hermeneutics and Method: the "Universal Viewpoint" in Bernard Lonergan*, University of Toronto Press, Toronto 2001; G. MURA, «Il panorama filosofico-teologico attuale e l'esigenza di un metodo generale», in P. GILBERT – N. SPACCAPELO, ed., *Il Teologo e la Storia. Lonergan's Centenary (1904-2004)*, Ed. PUG, Roma 2006, 173-196; D. TEEVAN,

a proposito del significato e della sua interpretazione. Un'opera come *Verità e metodo* contribuì infatti all'approfondimento della seconda specializzazione funzionale di *Method in Theology*, l'interpretazione.

Gadamer optò per una riflessione ermeneutica di carattere universale tesa a scandagliare criticamente i presupposti da cui muove la stessa ricerca scientifica, al fine di mettere in evidenza le aporie del falso oggettivismo metodico. Lungi dunque dal rifugiarsi in una fortezza auto-fondativa e assoluta, anche la razionalità scientifica fu stimolata a riconoscere che non era guidata dai soli criteri metodologici interni ma che vi erano anche criteri storici (bisogni sociali, scopi pratici, collaborazione) che decidevano della rilevanza di quei fattori iniziali in ordine al prosieguo della ricerca e ai suoi effetti sul piano pratico[41]. Questo discorso valeva in maniera ancora più preponderante per le scienze dello spirito, le quali non potevano pretendere di comprendere il loro oggetto in sé e per sé, in quanto l'impresa conoscitiva avveniva sempre all'interno di un orizzonte storico (tradizione) in cui di fatto la soggettività era da sempre inserita[42]. Con ciò Gadamer delineò il pro-

---

Lonergan, Hermeneutics & Theological Method, Marquette University Press, Milwaukee 2005; B.F. MEYER, *Realismo critico e Nuovo Testamento*, trad. italiana di D. Candido, Presentazione di V. Danna, Marcianum Press, Venezia 2009, 21-34; C. DE SANTIS, *Coscienza e soggetto. B. Lonergan e l'ermeneutica dell'interiorità*, Città Nuova, Roma 2013. Per un confronto più specifico con la proposta di Gadamer, si veda F.G. LAWRENCE, «Self-Knowledge in History in Gadamer and Lonergan», in PH. MCSHANE, ed., *Language, Truth and Meaning. International Lonergan Congress*, Gill and Macmillan, Dublin 1972, 167-217; ID., «Gadamer and Lonergan: A Dialectical Comparison», *International Philosophical Quarterly* 20 (1980) 25-47; A. TRUPIANO, «La svolta verso il soggetto e il metodo trascendentale: l'incontro di B. Lonergan con l'ermeneutica», in E. CIBELLI, ed., *La centralità del soggetto per la fondazione di un Metodo in teologia da parte di Bernard Lonergan*, Istituto Italiano per gli Studi Filosofici, Napoli 2013, 85-111.

[41] Cf. H.-G. GADAMER, *Verità e Metodo*, 519.

[42] «Non è la storia che appartiene a noi, ma noi apparteniamo alla storia. Molto prima di arrivare ad una autocomprensione attraverso la riflessione esplicita, noi ci comprendiamo secondo schemi irriflessi nella famiglia, nella società, nello stato in cui viviamo. La soggettività è solo uno specchio frammentario. L'autoriflessione dell'individuo non è che un barlume nel compatto fluire della vita storica. *Per questo i pregiudizi dell'individuo sono costitutivi della sua realtà storica più di quanto non lo siano i suoi giudizi*». H.-G. GADAMER, *Verità e Metodo*, 324-325.

cesso ermeneutico come l'attuazione di un comprendere che non si riduceva a pura riproduzione (oggettivismo) a solo esercizio della soggettività (soggettivismo), ma come accadere linguistico. Gadamer definì l'accadere linguistico come quel processo di trasmissione storica in cui il soggetto si trovava da sempre inserito e che egli non poteva considerare come oggetto che gli stava di fronte.

Gadamer mise perciò in evidenza che la verità del comprendere che si produceva nella mediazione dell'accadere linguistico, aveva il carattere dell'infinità di senso proprio dell'infinita potenza del linguaggio. Questa rivoluzione ermeneutica mise in crisi il dogmatismo conoscitivo che ricercava un «senso in sé». Non più dunque un comprendere ermeneutico inteso come l'attività del *subjectum* intento a venire a capo del passato attraverso una inflessibile applicazione metodica che consentiva una pura riproduzione del detto, ma un comprendere come inserimento nell'accadere storico, o per meglio dire nei giochi linguistici in cui s'imparava a capire il mondo senza finire mai d'imparare[43].

Già all'interno di questo quadro introduttivo emerge una prima affinità concernente ciò che i due autori intendono per *metodo*. La considerazione del metodo proposta da Lonergan s'inserisce infatti nella critica gadameriana alla concezione positivista che considera la riflessione metodologica a latere rispetto all'esistenza umana in generale e che di conseguenza pone fuori dalla riflessione filosofica le cosiddette verità extrametodiche quali l'arte e la storia. Ma, mentre Gadamer sostiene che l'ermeneutica sta alla base dell'intera modalità comprensiva ed esistenziale dell'uomo – e questo è il nodo centrale – , per Lonergan invece l'ermeneutica, intesa nel suo significato tecnico di «interpretazione»[44], assume un ruolo ben preciso all'interno delle otto specializzazioni funzionali, venendo ad occupare un posto intermedio tra ricerca e

---

[43] Cf Ivi, 558.

[44] «L'interpretazione non è che un caso particolare di conoscenza, e cioè la conoscenza del significato». B. LONERGAN, *Il Metodo in Teologia*, 185.

storia[45]. Il ricorrere alle specializzazioni funzionali, è operato da Lonergan per attuare una semplificazione e una distinzione delle questioni prettamente ermeneutiche da quelle che riguardano la storia, la dialettica, la fondazione e la comunicazione[46].

«Inseriti entro il problema dell'ermeneutica ci sono dunque problemi affatto diversi e di gran lunga più profondi. Questi vanno affrontati né con un rifiuto né con un'accettazione globale della modernità. A parer mio è possibile affrontarli solo sviluppando e applicando il metodo teologico. Solo in questo modo è possibile distinguere e tenere separati i problemi di ermeneutica dai problemi di storia, dialettica, fondazione, dottrina, sistematica e comunicazione. Di fatti la caratteristica più singolare di gran parte della discussione contemporanea sull'ermeneutica è il tentativo di trattare queste questioni come se fossero tutte questioni di ermeneutica. In realtà non lo sono»[47].

Con la sua proposta metodologica Lonergan intende separare l'ermeneutica dai problemi filosofici affini, evitando così «un'assimilazione *tout court* dell'ermeneutica con la filosofia stessa»[48]. Su questo punto però è chiara la sua distanza rispetto all'ermeneutica esistenziale

---

[45] «Mentre la ricerca mette a disposizione ciò che è stato scritto, l'interpretazione capisce ciò che si è voluto dire. Tale significato lo coglie nel suo contesto storico, in conformità al modo e al livello di pensare e di esprimersi proprio di quel contesto, alla luce delle circostanze e dell'intenzione dello scrittore». B. LONERGAN, *Il Metodo in Teologia*, 160. Che Lonergan identifichi l'ermeneutica con la sola interpretazione, lo si può ben scorgere in un passaggio di *Method in Theology* in cui, nel dichiarare l'obiettivo della sua filosofia (quello cioè di favorire l'auto-appropriazione del soggetto al fine di giungere alle radici delle differenze e dei conflitti filosofici), si oppone alla concezione di filosofia degli analisti del linguaggio i quali mancano di densità teoretica e si pongono il semplice obiettivo «di elaborare un'ermeneutica allo scopo di chiarire la diversità locale del linguaggio quotidiano». Ivi, 127.

[46] «Quello che voglio dire – puntualizza Lonergan – è che ci sono compiti teologici distinti eseguiti secondo modalità affatto diverse, che il tipo di lavoro delineato nelle sezioni precedenti conduce solo a capire il significato di un testo, e che ci sono operazioni ben distinte che vanno eseguite prima di intraprendere la specializzazione della comunicazione, allo scopo di dire agli uomini quali implicazioni il significato di quel testo ha rispetto alla loro vita». Ivi, 200.

[47] Ivi., 186.

[48] G. MURA, *Ermeneutica e verità*, 328.

di Heidegger e Gadamer[49]. Il problema ermeneutico è infatti ricondotto da Lonergan a quello dell'interpretazione del testo scritto. Egli specifica che un tale compito può essere affrontato mediante due operazioni distinte: l'*ermeneutica* intesa come l'analisi dei principi dell'interpretazione ovvero come la riflessione sulle strutture stesse della comprensione, e l'*esegesi* quale tecnica di applicazione di tali principi ad un campo specifico[50].

Per eseguire diligentemente il compito dell'interpretazione di un testo, prosegue Lonergan, occorre compiere tre operazioni esegetiche fondamentali: capire il testo, giudicare della correttezza della propria intelligenza del testo ed esprimere quella che si è appena giudicato essere l'intelligenza corretta del testo[51]. Ma è proprio il secondo passaggio che solleva la questione del "contesto" che lo stesso Gadamer aveva affrontato qualche anno prima in *Verità e Metodo*. In linea con Heidegger, Bultmann e Gadamer, Lonergan riconosce l'importanza di questo principio base dell'ermeneutica che si oppone a quell'ingenuo ideale conoscitivo che egli denomina con l'espressione «principio della testa vuota»[52].

Il rifiuto di questo principio ingenuo introduce alla dimensione propriamente esistenziale dell'ermeneutica che per Lonergan consiste nel capire se stessi. Non è infatti possibile comprendere l'oggetto se al con-

---

[49] Cf. C. DE SANTIS, *Coscienza e soggetto*, 123.
[50] B. LONERGAN, *Il Metodo in Teologia*, 184. Questa distinzione e precisazione si rende particolarmente utile lì dove si presentino espressioni che, contenendo componenti intersoggettive, artistiche, simboliche, appaiono ambigue. «Allora sorge la domanda: che cosa vuol dire questa frase, questo paragrafo, questo capitolo, questo libro? Molte sono le risposte che sembrano possibili; nessuna appare del tutto soddisfacente. Tale, in generale, è il problema dell'interpretazione». Ivi, 185.
[51] Cf. Ivi, 186.
[52] «Secondo questo principio, per non "leggere dentro" il testo ciò che in esso non c'è, per non determinare a priori quale deve essere il significato del testo qualunque cosa esso dica, per non forzare dentro le proprie nozioni e opinioni, bisogna lasciar cadere ogni preconcetto di qualsiasi genere, fare attenzione semplicemente al testo, vedere tutto quello che lì c'è e niente che non c'è, lasciar parlare da se stesso l'autore, lasciare che l'autore interpreti se stesso. In breve, quanto meno uno sa, tanto migliore esegeta sarà». B. LONERGAN, *Il Metodo in Teologia*, 188; cf. anche Ivi, 189, n.2.

tempo non si procede ad uno scavo della propria interiorità[53]. Nel comprendere un testo, ne va dunque del soggetto stesso. Solo se l'interprete sarà disposto, nel dialogo con il testo, a rivedere le sue concezioni circa la realtà, la moralità e la religione potrà raggiungere una nuova comprensione e porre nuove domande[54].

Attraverso il rifiuto del principio della tesa vuota o – per riprendere un'espressione dello storico britannico R.G. Collingwood – della storia «forbici e colla», Lonergan non solo fa sua la nota riabilitazione del rapporto con la tradizione compiuta da Gadamer[55] ma approfondisce anche la nozione di circolo ermeneutico e valorizza altresì il carattere autocorrettivo dell'apprendimento[56]. Quanto al circolo ermeneutico si tratta di un principio che riconosce e riabilita il prospettivismo (punto di vista dell'interprete). Ed è proprio su questo terreno che si possono individuare punti di aggancio tra i due autori. Entrambi, infatti, riconoscono che l'interprete vive all'interno del suo orizzonte, costituito dai propri interessi e domande, e che differenti punti di vista genereranno necessariamente differenti interpretazioni.

---

[53] «La conoscenza iniziale che l'interprete ha dell'oggetto è affatto inadeguata. Egli arriverà a conoscerlo solo nella misura in cui porterà avanti il processo autocorrettivo di apprendimento fino a una rivoluzione del suo modo di vedere. Solo quando avrà effettuato un cambiamento radicale in se stesso sarà in grado di acquistare quella comprensione abituale dell'autore che spontaneamente ne trova la lunghezza d'onda e si fissa su di essa. Questa è la dimensione esistenziale del problema ermeneutico» . B. LONERGAN, *Il Metodo in Teologia*,192.

[54] Lonergan cita la prospettiva enunciata da Schlegel a proposito dei classici e ripresa da Gadamer: chi vuole capire un classico, deve voler sempre imparare ancora da esso. Cf. *Ibidem*. A proposito di ciò che ancora non si è capito e che pertanto costituisce la fonte di ulteriori domande, anche qui Lonergan rimanda al filosofo tedesco: «H.G. Gadamer loda l'insistenza con cui Collingwood sostiene che la conoscenza consiste non solamente nelle proposizioni ma nelle risposte alle domande, cosicché per capire le risposte bisogna conoscere anche le domande». Ivi, 195-196.

[55] «Ma l'essere storico è la storia intorno alla quale si scrive. La si può chiamare, se considerata dal punto di vista interiore, storia esistenziale – la tradizione vivente che ci ha formati e con ciò ci ha condotti al punto in cui abbiamo incominciato a formare noi stessi». B. LONERGAN, *Il Metodo in Teologia*, 211.

[56] «Ora questo reticolato cumulativo di reciproca dipendenza non lo si può dominare con un insieme concettuale di procedimenti. Ciò di cui c'è bisogno è il processo autocorrettivo di apprendimento, nel quale intelligenze preconcettuali si accumulano per completarsi, precisarsi, correggersi a vicenda». B. LONERGAN, *Il Metodo in Teologia*, 239.

Lonergan riprende anche la tesi dell'universalità dell'ermeneutica che Gadamer ricostruisce a partire dai contributi di Dilthey, Husserl e in particolare di Heidegger, di cui riporta la convinzione secondo cui il *Verstehen* è il *Dasein* stesso. È soprattutto a proposito di questo tema però che Lonergan muove le sue precisazioni e distanze rispetto a Gadamer. Prima di tutto, egli ritiene che termini come «comprensione» e «capire» siano più precisi e applicabili ad un campo più vasto rispetto al *Verstehen*[57]. In secondo luogo, conformemente alla prospettiva epistemologica espressa in *Insight. Uno studio del comprendere umano*, egli sottolinea che il capire non può considerarsi «conoscere» in senso pieno finché non si aggiunge l'intelligenza riflessiva dell'incondizionato virtuale mediante il giudizio[58]. Per un verso queste osservazioni consentono di rilevare quanto la teoria epistemologica di Lonergan sia di certo più specializzata e più precisa rispetto alla riflessione ermeneutica continentale, rispondendo altresì a quell'esigenza, già affrontata nel diciassettesimo capitolo di *Insight*, di elaborare un'ermeneutica metodica centrata sul problema del rapporto tra conoscenza, realtà, oggettività e sulla nozione di verità[59].

Tuttavia, su questo punto gli studiosi di Lonergan giungono a valutazioni differenti. Secondo A. Trupiano, è proprio a partire dalle conseguenze che questo punto provoca sul tema dell'universalità dell'ermeneutica che si registra una maggiore distanza tra i due autori. Dato che Lonergan ritiene più corretto, da un punto di vista metodologico, assumere l'apporto dell'ermeneutica in un campo ristretto di competenze per poi passare a considerare l'apporto specifico del terzo livello di conoscenza, ossia la criticità del giudizio, egli non interroga

---

[57] «L'atto di capire si verifica in ogni conoscenza umana: nella matematica, nelle scienze naturali, nel senso comune, nelle scienze umane, nella storia, nella teologia. Si verifica (1) in risposta a una domanda, (2) rispetto a presentazioni o a rappresentazioni sensibili, comprese parole e simboli di qualsiasi genere. Consiste nel cogliere un'unità o una relazione intelligibile nei dati o nell'immagine o nel simbolo. È la causa attiva donde procedono la concezione, la definizione, l'ipotesi, la teoria, il sistema». B. LONERGAN, *Il Metodo in Teologia*, 243.

[58] È proprio la consapevolezza di questo terzo livello dell'attività conoscitiva che, a parere di Lonergan, non è sufficientemente emersa in autori come Dilthey, Husserl, Heidegger e Gadamer, con la conseguenza che non vi è una presa di distanza né nei confronti dell'empirismo né nei confronti dell'idealismo. Cf. Ivi, 244.

[59] Cf. B. LONERGAN, *Insight. Uno studio del comprendere umano*, 671ss.

fino in fondo le potenzialità dell'approccio alla questione della verità espresse da Gadamer[60].

«I concetti di tradizione, circolo ermeneutico, ontologia del linguaggio – tipici dell'ermeneutica di Gadamer e in parte favorevolmente accolti da Lonergan – sollecitano a riflettere sul carattere di "evento" della verità, rilevando in profondità la costituzione radicalmente intersoggettiva del cammino dell'uomo verso la verità che costituisce l'eredità più stimolante della svolta ermeneutica e che potrebbe aiutare il progetto stesso di Lonergan a dialogare ulteriormente con le sfide della cultura contemporanea»[61].

Più legata all'impostazione lonerganiana appare invece la posizione di R. McKinney, secondo cui la descrizione del circolo ermeneutico formulata da Lonergan nei termini di processo auto-correttivo di apprendimento, come anche la sua attenta distinzione tra comprensione e giudizio, giustifica la sua affermazione secondo cui sono possibili interpretazioni relativamente oggettive[62]. Anche a proposito del prospettivismo McKinney esprime considerazioni simili ritenendo che se

---

[60] A. TRUPIANO, «La svolta verso il soggetto e il metodo trascendentale», 111.

[61] Ivi. Posizione contraria viene espressa da Mura il quale scrive: «Lonergan assume così in pieno le istanze della metodologia ermeneutica, ma sa integrarle opportunamente con le istanze dell'ermeneutica esistenziale ed ontologica, in particolare con la concezione della verità come "evento", come illuminazione nell'interiorità della coscienza, come incontro ed esperienza, e ciò in un chiaro contesto di filosofia dell'essere». G. MURA, «Il panorama filosofico-teologico attuale e l'esigenza di un metodo generale», 189.

[62] «Lontano dal vedere il "metodo" come un ostacolo, che era la visione di Gadamer, la teoria ermeneutica di Lonergan, al contrario, è basata sulla nozione di un metodo trascendentale sottostante a tutte le operazioni della prassi e della comprensione umana». R. McKINNEY, «The Hermeneutical Theory of Bernard Lonergan», 286. Per questo egli classifica la teoria lonerganiana come posizione intermedia tra due correnti ermeneutiche: da una parte, quella dell'ermeneutica filosofico-esistenziale sviluppata in particolare da Heidegger e da Gadamer, e, dall'altra, quella della teoria ermeneutico-esegetica rappresentata da Betti. Ivi., 282ss. Su questa linea s'inserisce anche Mura, il quale sostiene che «la particolare originalità di Lonergan sta nel fatto che egli compie, in un certo senso, la sintesi tra il momento metodologico e quello ontologico-veritativo dell'ermeneutica, e quindi tra momento eidetico-trascendentale e momento ontologico-esistenziale, giacché seppur articolata in modo completo, la "coscienza" di Lonergan può essere qualificata anche come la dimensione "esistenziale" del conoscere, invocata dall'ermeneutica». G. MURA, «Il panorama filosofico-teologico attuale e l'esigenza di un metodo generale», 189.

per Gadamer l'assunzione del punto di vista personale come visione prospettica rendeva insensato ogni discorso sull'oggettività, Lonergan, al contrario, non giungeva a queste conclusioni relativiste: non era la singola interpretazione che doveva avere l'ultima parola, ma i punti di vista superiori emergenti dalla fusione di tutte le prospettive genuine che man mano erano emerse completandosi tra loro[63].

Personalmente si ritiene che questa contrapposizione tra Lonergan e Gadamer a partire dalla questione dell'oggettività, non tenga sufficientemente conto dei diversi significati che questo termine assume nei due autori. È necessario perciò comprendere i differenti *background* che stanno a monte della questione dell'oggettività e che di conseguenza possono giustificare differenti opzioni teoretiche. In Gadamer la questione dell'oggettività resta pregiudicata all'interno della sua critica all'obiettività della scienza, erede a sua volta della metafisica della «semplice-presenza»,*Vorhandenheit*. Proprio per non ricadere in questo oggettivismo metafisico, come anche nella concezione positivista del vero, Gadamer ritiene necessario approfondire le esperienze extrametodiche della verità. Sono queste esperienze che consentono il superamento di una concezione della verità in termini di ciò che sta di fronte, «oggetto», *gegenstand*, e che invece evidenziano il darsi del vero come un evento rivelatore che non è concluso e di cui si entra a far parte[64]. Solo così si comprende la critica che Gadamer formula nei confronti di una nozione di oggettività che presuma di ergersi fuori dalla tradizione storica a cui il soggetto appartiene. Ciò significa che se, da una parte, la questione dell'oggettività della conoscenza non si pone per Gadamer in opposizione alla soggettività, dall'altra, va aggiunto che la stessa soggettività deve la-

---

[63] R. McKinney, «The Hermeneutical Theory of Bernard Lonergan», 284.

[64] Un oltrepassamento della questione della verità e oggettività intesa nei semplici termini di soggetto-oggetto e quindi la riproposizione della verità come darsi, come evento è affrontato da Gadamer mediante la riflessione sul processo mediale del gioco. L'esperienza del gioco mostra una essenza sua propria, non dipendente dalla coscienza del giocatore che anzi l'avverte come trascendente. «Il gioco – scrive Gadamer – non ha il suo essere nella coscienza o nell'atteggiamento del giocatore, ma piuttosto è esso a trarre chi gioca nel proprio ambito e a riempirlo del proprio spirito. Il giocatore avverte il gioco come una realtà che lo trascende». H.-G. Gadamer, *Verità e Metodo*, 141.

sciarsi superare da quel che accade oltre se stessa. Secondo Gadamer questo discorso è particolarmente ravvisabile nel linguaggio. In primo luogo, il linguaggio è oggettivo perché rappresenta il rapportarsi dell'uomo al mondo, purché ciò non s'identifichi con una pretesa di oggettivazione della totalità del mondo[65]. Inoltre, essendo un «venire ad espressione di ciò che è contenuto nella tradizione, il linguaggio costituisce l'autentico evento ermeneutico, che è insieme appropriazione e interpretazione. Solo qui si può dire a ragione che questo evento non è un nostro agire sul contenuto, ma un agire del contenuto stesso»[66].

Lonergan invece sembra procedere con più determinazione nei confronti della conoscenza oggettiva, anche se precisa chiaramente la sua distanza rispetto alla tradizione metafisica del realismo ingenuo che considera la conoscenza come un vedere ciò che sta di fronte e nient'altro. Per il filosofo canadese il conoscere rappresenta un avvenimento che coinvolge l'interiorità della coscienza e tocca diversi ambiti del movimento di auto-appropriazione: dinamismo intenzionale e conseguente avanzamento nell'auto-trascendenza intellettuale, morale e religiosa; oggettivazione o riconoscimento delle polarità dialettiche che possono bloccare l'auto-trascendenza; allargamento o addirittura cambiamento di orizzonte (conversione). L'oggettività formulata nel giudizio mediante l'afferramento (*grasping*) dell'incondizionato virtuale non è dunque un processo meccanico e avulso dalla condizione esistenziale del soggetto.

«Non ci si deve attendere la scoperta di qualche criterio o esperimento o controllo "oggettivo". Siffatto significato di "oggettivo" è in realtà nient'altro che un'illusione. L'oggettività genuina è il frutto della soggettività autentica. La si può raggiungere solo raggiungendo una soggettività autentica. Cercare e far uso di qualche sostegno o gruccia come alternative conduce invariabilmente in una misura o l'altra al riduzionismo. Come Hans-Georg Gadamer ha ampiamente dimostrato nel suo *Wahrheit und Methode* non ci sono criteri metodologici soddisfacenti i quali prescindono dai criteri di verità»[67].

---

[65] «Parlare non significa affatto rendere disponibili e calcolabili le cose. Non solo perché l'asserzione e il giudizio sono soltanto una forma particolare entro la multiforme varietà del linguaggio; ma anche perché anch'esse rimangono avviluppate all'interno dell'insieme dei comportamenti vitali». H.-G. GADAMER, *Verità e Metodo*, 518.
[66] Ivi, 529-530.
[67] B. LONERGAN, *Il Metodo in Teologia*, 325.

Il confronto tra Lonergan e Gadamer a proposito della possibilità di una conoscenza oggettiva non deve dunque tacere sulla dimensione esistenziale del conoscere avanzata dallo stesso Lonergan. La conoscenza che presume di essere oggettiva perché facente leva solo sugli aspetti logici e che dunque trascura il coinvolgimento personale, genera solo l'illusione che l'oggettività possa raggiungersi indipendentemente dall'auto-trascendenza[68].

Nel confronto con Gadamer però restano delle differenze a proposito del linguaggio. Sebbene Lonergan riconosca l'originarietà del linguaggio, la sua importanza in ordine alla conoscenza[69] e alla intersoggettività[70], egli però non tematizza in modo più radicale le conseguenze di questa prospettiva, come ad esempio la relazione tra linguaggio e verità. Certo Lonergan insiste nel sostenere che il linguaggio e il mondo del significato non hanno solo una funzione conoscitiva ma anche costitutiva nei confronti del soggetto, tuttavia egli è maggiormente interessato al linguaggio nell'ambito dell'interpretazione e dunque alla sua tematizzazione come l'insieme di segni convenzionali che si differenziano e si specializzano secondo la diversità dei luoghi[71], mentre

---

[68] Cf. Ivi, 369. Su questo tema si veda sempre A. TRUPIANO, «Oggettività della conoscenza e autenticità del vivere umano nell'itinerario di Bernard Lonergan», in C. TADDEI FERRETTI, ed., *Bernard J.F. Lonergan tra filosofia e teologia*, Istituto Italiano per gli Studi Filosofici, Napoli 2010, 33-66.

[69] È grazie al linguaggio che avviene una liberazione del significato rispetto ai significati intersoggettivi e simbolici che sottostanno alla restrizione della spontaneità umana. Cf B. LONERGAN, *Il Metodo in Teologia*, 102.

[70] «Anteriore al "noi" che nasce dall'amore mutuo di un "io" e di un "tu", c'è il "noi" originario il quale precede la distinzione dei soggetti e sopravvive alla sua dimenticanza. Questo "noi" previo è vitale e funzionale [...] È come se "noi" fossimo membra gli uni degli altri prima ancora di essere distinti gli uni dagli altri». B. LONERGAN, *Il Metodo in Teologia*, 88. Cf. ID., «Il soggetto», 156.

[71] Cf B. LONERGAN, *Il Metodo in Teologia*, 101. Secondo Lawrence, Lonergan ritiene che i criteri della comprensione non vadano cercati nel linguaggio bensì nell'intellezione, *insight*, che avviene negli atti preconcettuali, preproposizionali di comprensione, di capitale importanza nel porre domande e dare risposte. Gadamer, inoltre, non avrebbe spiegato in modo soddisfacente il processo con cui il linguaggio corrente può spingere il processo auto-correttivo a quel limite rappresentato, nei termini di Lonergan, dall'afferrare l'incondizionato virtuale mediante un'intellezione riflessiva. Cf. F. LAWRENCE, «Gadamer and Lonergan: A Dialectical Comparison», 39-40.

ascrive all'intellezione, all'*insight*, il compito di ricercare la verità, e al giudizio riflessivo quello di coglierla.

6. Il significato: storicità e prospettivismo

L'interesse per la storiografia e l'ermeneutica contribuirono alla elaborazione della "differenziazione della coscienza" dal mondo dell'immediatezza al mondo mediato dal significato[72]. Attraverso un'indagine al tempo stesso storica (stadi del significato) e teorica (ambiti del significato) Lonergan studiò il mondo del senso comune, della teoria, dell'interiorità, della trascendenza, dell'arte e della *scholarship*. La coscienza è presentata come un flusso che si differenzia man mano che l'individuo passa da una organizzazione iniziale piuttosto globale, verso una crescente specializzazione delle sue operazioni in ambiti di significato differenti. Un tale affinamento avviene in virtù del fatto che il soggetto incentiva alcuni interessi interni alla coscienza. Man mano che gli interessi e le domande emergono e prendono il comando, comincerà a delinearsi l'orizzonte[73] entro il quale il soggetto viene concretamente ad esistere. Da un punto di vista genetico, un ambito di significato può essere ricavato secondo questa sequenza: soggetto, operazioni consce e intenzionali, esigenze che guidano le operazioni e che determinano modi di operare differenti da soggetto a soggetto, ambiti di significato differenti in cui la coscienza viene progressivamente a stabilirsi, mondi di significato differenti che insieme costituiscono l'universo dell'essere[74]. Anziché soffermarsi sui singoli ambiti di si-

---

[72] La categoria del significato è esposta da Lonergan in «Time and Meaning», in ID., *Philosophical and Theological Papers 1958-1964*, 94-121; ID., «The Analogy of Meaning», Ivi, 183-213; ID., «Dimensioni del significato», in ID., *Ragione e fede di fronte a Dio*, 104-122; ID., «Merging Horizons: System, Common Sense, Scholarship», in ID., *Philosophical and Theological Papers 1965-1980*, 49-69; ID., «The World mediated by Meaning», Ivi, 107-118; ID., *Il Metodo in Teologia*, 87-130.

[73] A proposito della nozione di "orizzonte" nel pensiero di Lonergan si veda N. SPACCAPELO, «Bernard Lonergan e il suo "orizzonte"», in ID., *Fondamento e orizzonte. Scritti di antropologia e filosofia*, Armando, Roma 2000, 175-220.

[74] Per questa sequenza ricavata dall'approfondimento della riflessione lonerganiana, si veda sempre Ivi, 198, n. 63.

Significato e storia in B. Lonergan

gnificato, tema questo già trattato in diversi studi[75], ciò che qui interessa proporre sono alcune considerazioni che s'inscrivono entro la problematica più generale dei cambiamenti di significato.

6.1 La complessità della storia

Con lo studio del *significato* Lonergan mostrò come lo spirito umano avesse conosciuto, nel corso della storia, una serie di sviluppi cumulativi, dalla comprensione mitico-simbolica a quella filosofica, scientifica, storica e metodologica. Ma fu solo con il sorgere di una coscienza storica che l'uomo giunse finalmente a prendere consapevolezza e a tematizzare questo lungo percorso. «Noi siamo consapevoli delle molte e assai diverse culture attualmente esistenti, e siamo consapevoli delle grandi differenze che separano le culture presenti da quelle passate»[76].

Lonergan risalì e approfondì l'essenziale determinazione storica della coscienza non tanto facendo riferimento alle oggettivazioni (espressioni) del pensiero e delle azioni umane, quanto alle premesse teoriche della storicità del pensiero e dell'azione dell'uomo. Queste risiedono nel fatto «1) che i concetti, le teorie, le affermazioni, i corsi di azione umani sono espressioni dell'intelligenza umana, 2) che l'intelligenza umana si sviluppa col tempo e, man mano che si sviluppa, i concetti, le teorie, le affermazioni, i corsi di azione cambiano, 3) che tale cambiamento è cumulativo, e 4) che non ci si deve attendere che i cambiamenti cumulativi in un luogo o in un tempo coincidano con quelli di un altro luogo o di un altro tempo»[77].

In linea con la sua prospettiva epistemologica, Lonergan iscrive la temporalità e il divenire già nelle operazioni fondamentali della coscienza umana, distaccandosi così dalla prospettiva filosofica neosco-

---

[75] Cf. N. SPACCAPELO, «Significato e Formazione in Bernard Lonergan», in P. TRIANI, ed., *Sviluppo della coscienza e valori. Il contributo di Bernard Lonergan*, Berti, Piacenza 2003, 49-104; G. GUGLIELMI, *B.J.F. Lonergan tra tomismo e filosofie contemporanee. Coscienza, significato, linguaggio*, Editrice Domenicana Italiana, Napoli 2011, 69-105.

[76] B. LONERGAN, *Il Metodo in Teologia*, 185.

[77] Ivi, 356.

lastica che inquadrava l'uomo entro le nozioni antropologico-metafisiche di "psicologia delle facoltà", di "essenza" o di "sostanza"[78]. Contro questa impostazione Lonergan prende invece in considerazione la base corporea, neurale e psichica da cui emergono i dati della coscienza. Ne deriva che la coscienza è intesa come un flusso, una corrente unitaria, strutturata e polimorfa che organizza, seleziona e dirige la sua attività mediante alcuni tipi di esperienza (biologico, estetico, intellettuale, drammatico-pratico[79]) e il cui prodotto sono appunto le realizzazioni storiche e culturali che l'uomo ha lasciato nel corso dei secoli.

Questo riconoscimento della storicità dell'intelligenza umana rende anche più cauti e modesti a proposito del grado di verità e oggettività che si raggiunge mediante il giudizio. Lonergan matura però una più decisa consapevolezza della storicità della coscienza e dell'impresa conoscitiva proprio grazie al suo interessamento alla storiografia e quindi al problema dell'oggettività della conoscenza storica. Lonergan colloca la specializzazione funzionale della storia a livello della riflessione razionale[80], in quanto attribuisce alla conoscenza storica il compito di cogliere ciò che stava avvenendo nel passato (e di cui i contemporanei non erano consapevoli). Tuttavia egli stesso è ben conscio dei limiti della conoscenza storica quanto al raggiungimento – per usare

---

[78] Lonergan comincia a tracciare le sue analisi sulle «transizioni» in campo antropologico a partire da *Sull'Educazione*, 125-134, per poi continuare nelle conferenze successive. Si veda in particolare B. LONERGAN, «Existenz and Aggiornamento», in ID., *Collection: Papers by Bernard Lonergan*, 222-224; ID., «Dimensioni del significato» in ID., *Ragione e fede di fronte a Dio*, 116-118; ID., «Il soggetto», 146-147; ID., «The Response of the Jesuit as Priest and Apostle in the Modern World», in ID., *A Second Collection*, 166-168; ID., «Self-Transcendence: Intellectual, Moral, Religious», in ID., *Philosophical and Theological Papers 1965-1980*, 314-315; ID., «Religious Commitment», in J. PAPIN, ed., *The Pilgrim People: A Vision with Hope*, Villanova University Press, Villanova 1970, 58-60.

[79] B. LONERGAN, *Insight. Uno studio del comprendere umano*, 252-263.

[80] Per una ricostruzione della problematica si veda P. GIUSTINIANI, «Storia e storicità. Realismo critico e ricostruzione del passato in B.J.F. Lonergan», in P. TRIANI, ed., *L'antropologia di Bernard Lonergan. Educazione, valori e cambiamento*, AIMC, Roma 2012, 203-231. L'interesse di Lonergan per la storiografia risale già al corso *De systemate et historia* che egli tenne nel 1959 presso l'Università Gregoriana di Roma. Cf. B. LONERGAN, «De systemate et historia», in ID.,*Early Works on Theological Method II*, R.M. Doran - H.D. Monsour, ed., CWL 23, University of Toronto Press, Toronto 2013, 230-313, testo latino e trad. inglese a fronte.

un'espressione del grande storico tedesco L. von Ranke più volte ripresa dallo stesso Lonergan – del *wie es eigentlich gewesen*[81]. Questo tema risulta particolarmente intricato una volta che si prendono le distanze sia da una concezione della storia come mera cronaca[82], in cui ingenuamente si suppone che i dati storici parlino da sé, sia da quel tipo di concezione della storia intesa come sapere del passato a tutto campo, perché sormontato da una logica superiore atta a piegare la complessità storica in un quadro intelligibile e coerente. Non è perciò un caso che gli storici a cui Lonergan dedica particolare attenzione, come R.G. Collingwood, C.L. Becker e H-I. Marrou, si siano contraddistinti per la loro critica sia nei confronti della storiografia positivista sia della filosofia della storia hegeliana, propendendo per una storia che fosse empirica e al tempo stesso capace di connessioni e orizzonti di senso. Lonergan acquisisce così una consapevolezza della parzialità e limitatezza del conoscere storico, un senso profondo della complessità della realtà umana, dell'ambiguità dei pensieri e delle azioni degli uomini. Ciò non lo induce però ad abbandonare l'impresa conoscitiva o a evasioni estetizzanti, al contrario, proprio per aver maturato una consapevolezza della complessità del mondo umano, egli acquista un senso più vivo della sua responsabilità, del suo impegno e della sua libera decisione di fronte alle possibilità della vita storica. È interessante notare come l'emergere di una consapevolezza critica e problematica sia intravedibile già dalla stessa suddivisione dei capitoli di *Method in Theology*. Se infatti nella seconda parte dell'opera ogni specializzazione funzionale ha un suo capitolo, ciò non vale per la storia che invece occupa ben due capitoli. Il primo, che porta il semplice titolo «History» e in cui Lonergan espone la sua concezione della conoscenza storica, può considerarsi come una teoria della storiografia, mentre il secondo, «History and the Historians», è una storia della storiografia che si rende necessaria proprio per riconoscere e approfondire la comples-

---

[81] Cf. B. LONERGAN, *Il Metodo in Teologia*, 215.

[82] Questo tipo di storia è stata più volte criticata dagli studiosi del XX secolo: gli storici delle *Annales* (Bloch, Febvre e Braudel) la denominavano *histoire-bataille* o *histoire événementielle*; Collingwood la qualificava con l'espressione «storia forbici e colla»; Croce la riteneva una «storia senza problema storico».

sità della conoscenza storica e dei suoi (espressi o meno) collegamenti con la filosofia[83]. Non va inoltre dimenticato che anche nel capitolo successivo, la dialettica, Lonergan ritorna sulla conoscenza storica quando s'interroga, riprendendo F. Meinecke, sulla legittimità e l'incidenza che i giudizi di valore rivestono nel lavoro dello storico (storia valutativa)[84].

6.2 Il prospettivismo

Fu dunque questo tipo di storiografia a indirizzare Lonergan verso una valutazione più cauta del giudizio storico in ordine all'oggettività e ad una positiva considerazione del punto di vista del ricercatore. Con un linguaggio chiaro e coerente, egli riconosce senza esitazioni che «lo storico è finito; le sue informazioni sono incomplete; la sua intelligenza non domina tutti i dati che sono alla sua portata; *non tutti i suoi giudizi sono certi*. Se le sue informazioni fossero complete, la sua intelligenza onnicomprensiva, tutti i suoi giudizi certi, allora non ci sarebbe spazio né per la scelta né per il prospettivismo. La realtà storica sarebbe nota nella sua fissità e nelle sue strutture inequivocabili»[85].

In questo passaggio Lonergan riconosce il suo debito nei confronti del celebre lavoro di K. Heussi (1877-1961) *Die Krisis des Historismus*[86],

---

[83] In questo secondo capitolo Lonergan precisa la differenza tra dato e fatto storico, pone rilievi critici a proposito dell'*insight* rispetto al *verstehen*, affronta la questione dell'oggettività in rapporto al punto di vista dello storico (prospettivismo) e mette a tema la questione degli orizzonti e dei presupposti filosofici degli storici. Cf. *Il Metodo in Teologia*, 227ss.

[84] Lonergan si riferisce in particolare al saggio di Meinecke, «Kausalitäten und Werte in der Geschichte» apparso la prima volta in *Historische Zeitschrift* 137 (1928) 1-27, che egli lesse nella trad. inglese; cf. F. MEINECKE, «Values and Causalities in History», in F. STERN, ed., *The Varieties of History: From Voltaire to the Present*, Meridian Books, New York 1956, 267-288. Per la trad. italiana cf. F. MEINECKE, «Causalità e valori nella storia», in ID., *Pagine di storiografia e filosofia della storia*, a cura di G. Di Costanzo, Edizioni Scientifiche Italiane, Napoli 1984, 243-271.

[85] B. LONERGAN, *Il Metodo in Teologia*, 248-249 (corsivo nostro).

[86] Tra i vari significati del termine *Historismus*, Heussi scelse quello relativo alle concezioni sulla storia condivise dagli storici del 1900. Egli riassunse tali concezioni in quattro punti caratteristici: «1. Una determinata posizione sull'oggetto della storiografia: lo storico è certo cosciente del momento soggettivo della conoscenza storica; ma questo momento soggettivo è solamente la lente, attraverso cui lo sto-

il quale entrando nel vivo del dibattito sul problema del relativismo che lo storicismo avrebbe introdotto nella cultura contemporanea, sosteneva che la realtà storica non aveva una struttura univoca, ma era inesauribilmente aperta a interpretazioni storiche[87]. Con ciò lo storico tedesco non rifiutava di intravedere delle costanti o strutture nella vita umana, ma riteneva che si trattasse pur sempre di casi rari applicabili a singoli eventi e non a totalità più vaste. «La tesi fondamentale di Heussi – scrive Lonergan – è che la realtà storica è di gran lunga troppo complessa perché se ne possa dare una descrizione esaustivamente completa [...] Lo storico sceglie ciò che ritiene importante e omette ciò che egli considera privo d'importanza».[88] Questa concezione, prosegue Lonergan, non andava bollata come relativismo (il relativismo avrebbe ormai rinunciato ad ogni coscienza veritativa) ma come *prospettivismo*: lo storico non rinuncia affatto all'arduo compito di rico-

---

rico vede, mentre l'oggetto è di fronte a sé e fissato una volta per tutte; 2. la dottrina dei rapporti storici o delle connessioni; 3. la dottrina dello sviluppo storico e del progresso storico; 4. la restrizione positivistica delle affermazioni storiche attorno all'ambito dell'esperienza umana, ovvero escludendo la metafisica, specialmente la filosofia della storia, o almeno un forte riserbo nei confronti di queste grandezze». K. HEUSSI, *Die Krisis des Historismus*, 39-40. Per Heussi fu proprio il primo e il quarto momento a determinare la crisi dello storicismo. Circa il primo aspetto, lo storico tedesco sottolineava che gli storici di allora, tutti intenti ad evitare il pericolo del soggettivismo, ritenevano che l'oggetto storico fosse ormai dato una volta per tutte in modo chiaro, strutturato e inequivocabile; erano solo le opinioni degli storici intorno al passato che potevano cambiare.

[87] «La concezione dominante intorno al 1900 sulla struttura storica nella sua relazione con la storia del pensiero dello spirito è enormemente modificata. L'idea di "ciò che sta di fronte" in modo chiaro e concluso era, per dirla con Scheler, criptometafisica. Essa era fondamentalmente – senza che gli assertori ne fossero consapevoli – una idolatria degli storici e della storia contemporanea, parallela all'idolatria della "natura" nella cosiddetta visione del mondo monistica o naturalistica. L'idolo si è frammentato, non si lascia più mettere nuovamente insieme. Al posto dell'assoluta calma degli storici (la "storia in senso oggettivo") è sopraggiunto il "fluente passato". Con ciò uno dei presupposti teoretici più importanti [...] ha cominciato a vacillare». K. HEUSSI, *Die Krisis des Historismus*, 103. Sulla diversa presa di posizione circa questa affermazione di Heussi e più in generale sullo storicismo a cui l'autore si riferisce, si veda, da una parte, F. MEINECKE, *Aforismi e schizzi sulla storia*, a cura di G. Di Costanzo, Introduzione di F. Tessitore, Liguori, Napoli 2006, 65-71, dall'altra, la recensione di B. CROCE, in *La Critica* 31 (1933) 210-211.

[88] B. LONERGAN, *Il Metodo in Teologia*, 245.

struire e interpretare il passato, ma la sua scelta avviene «come se nella propria mente ci fosse una legge di prospettiva che governa e controlla, cosicché, sulla base del punto di vista dello storico, del suo ambiente, dei suoi presupposti, della sua formazione, devono risultare esattamente le strutture, le accentuazioni e le scelte che di fatto risultano»[89]. Il passato stesso che gli storici ricostruiscono può essere perciò conosciuto solo in maniera incompleta e approssimativa: «ciò che sta di fronte – scrive Heussi – non è strutturato in modo chiaro e concluso, non è un grandezza immobile ma un impulso inesauribile a sempre nuove concezioni storiche»[90]. In definitiva, le diverse visioni del mondo e i valori che gli storici coltivano[91] da una parte, e l'indeterminatezza dell'oggetto storico dall'altra, spingono Lonergan a rigettare «la concezione secondo la quale lo storico ha solo da raccontare tutti i fatti e lasciarli parlare da se stessi»[92].

7. Conclusione

Il tema del mondo mediato dal significato e motivato dal valore consentì a Lonergan di leggere in maniera critica non solo la situazione della teologia del suo tempo, dopo il crollo della neoscolastica, ma anche di interpretare le radici storico-culturali entro cui la riflessione teologica si stagliava. Egli identificò e denominò tale ambiente culturale con il termine «classicismo», rilevando altresì che l'empasse in cui era caduta la vecchia teologia consisteva proprio nell'assunzione dei modelli di comprensione e di formulazione della fede di quella cultura ormai tramontata[93]. Fu solo con la riflessione sulla tem-

---

[89] Ivi, 246.
[90] K. Heussi, *Die Krisis des Historismus*, 56.
[91] «In breve, il processo storico stesso e, all'interno di esso, lo sviluppo personale dello storico danno origine a una serie di punti di vista diversi. I punti di vista diversi danno origine a processi selettivi diversi. I processi selettivi diversi danno origine a storie diverse le quali sono (1) non contraddittorie, (2) non conoscenza completa né spiegazione completa, bensì (3) ritratti incompleti e approssimativi di una realtà enormemente complessa». B. Lonergan, *Il Metodo in Teologia*, 249.
[92] Ivi, 250.
[93] Cf. B. Lonergan, *Il pluralismo dottrinale*, 61-63.

poralità e con una vitale riabilitazione della tradizione che la storia non fu più ritenuta l'involucro cangiante di essenze naturali metastoriche valide per sempre, o come la dimensione accidentale sotto la quale riposava un nucleo sostanziale che non risentiva delle intemperie del divenire storico.

Prendendo in prestito alcune considerazioni che F. Donadio rivolge in un altro contesto, si può sostenere che l'irruzione della storia mise anche la cultura cattolica e più in generale la Chiesa a confronto con un nuovo paradigma interpretativo che spesso in passato era stato avvertito più come una minaccia che come una risorsa. L'autore sostiene infatti che l'affermarsi della coscienza storica e la particolare interpretazione della religione nei termini di una *Transzendenz gegen Metaphysik* determinò il «confronto tra religione e modernità, tra la religione e l'interpretazione di un mondo che ha cessato di esserci rappresentabile come riproduzione di un'invariante metafisica o sotto forma di armonia prestabilita, per prendere decisamente l'aspetto di un sistema in movimento: non più ordine, ma processo, non più luogo di un senso aprioristicamente dato, ma irruzione dell'instabilità della vita. Il divenire storico sostituisce l'idea regolativa del mondo e la stessa soggettività non appare più declinabile in maniera forte, al di fuori cioè di uno scambio interattivo con gli eventi dell'esistenza e della storia, ma si configura come soggettività prospettica e finita, determinata dalla sua appartenenza a una prassi vitale e allo stesso tempo dall'esigenza di portare in essa ordine e connessione, di trasformarla in correlato strutturale di un attivo e dinamico principio unificante»[94].

Il contributo di Lonergan sembra sia consistito proprio nella capacità di fornire un metodo capace di favorire una articolazione e un orientamento– non una soluzione – nella complessità del vivere. In sintonia con lo stile di Lonergan, riassumibile in una ricerca mai paga di risposte o di presunte certezze, ma al contrario sempre aperta al questionare, ulteriori compiti s'affacciano nel nostro presente. Viviamo un tempo non più facilmente definibile entro un quadro di riferimento stabile e

---

[94] F. DONADIO, «Presentiamo un libro: F. Tessitore, "La religione dello storicismo"», *Rassegna di Teologia* 54 (2013) 160.

che non a torto qualche intellettuale ha interpretato nei termini di «una sorprendente trasformazione (o crisi?) culturale che riguarda categorie epistemologiche, concetti etici, regole comportamentali, dimensioni istituzionali»[95]. Tenendo presente, da una parte, questo scenario, e dall'altro, il tema del mondo mediato dal significato, ciò che preme solo evidenziare è la rivisitazione del concetto di «senso comune», *common sense*.

È risaputo che per Lonergan il senso comune rappresenti una specializzazione conoscitiva nel concreto e nel particolare. È l'ambito delle persone e delle cose nelle dirette relazioni che hanno con il soggetto. Ogni essere umano vive a contatto con situazioni particolari e concrete, ed è mosso dall'esigenza di gestire la sua vita ordinaria, senza che ciò comporti la necessità di stabilire termini e definizioni esatte riguardo al proprio esperire, riflettere e agire. L'uomo di senso comune opera quindi secondo un processo auto-correttivo di apprendimento spontaneo e abituale[96], «nel quale gli atti di intelligenza gradualmente si accumulano, si fondono, si precisano e si correggono a vicenda, fino a che si è arrivati ad un punto in cui siamo in grado di affrontare le situazioni man mano che si presentano»[97]. Le intellezioni si organizzano cioè in uno schema ordinario che è frutto di collaborazione, di apprendimento del linguaggio e del contesto sociale in cui uno nasce; contesto che, inoltre, è già detentore di un fondo comune di risposte alle problematiche del vivere quotidiano. Tuttavia, nota sempre Lonergan, se il procedimento del senso comune può essere considerato universale, il suo contenuto non lo è affatto. La distanza geografica o la diversità socio-culturale ne determina la sua variazione. Il motivo

---

[95] F. TESSITORE, «Ermeneutica contro *Historismus*», *Archivio di Storia della Cultura* 25 (2012) 105.

[96] Si tratta di un processo in cui «l'esperienza dà origine all'indagine e all'intelligenza. L'intelligenza dà origine alla parola e all'azione. La parola e l'azione presto o tardi rivelano i loro difetti per dar origine a una nuova indagine e a un'intelligenza più piena» B. LONERGAN, *Il Metodo in Teologia*, 334.

[97] Ivi, 113. Tale nucleo di intellezioni non è un sistema di verità generali, ma piuttosto uno strumento con pluralità di determinazioni e regolazioni da adattare a seconda delle situazioni. Cf. B. LONERGAN, «Merging Horizons», in ID., *Philosophical and Theological Papers 1965-1980*, 52.

risiede appunto nella precipua caratteristica di questo ambito di significato quale specializzazione conoscitiva nel concreto e nel particolare, e quindi legata a contesti particolari. Ciò spiega perché i membri di una comunità non incontrano difficoltà quando si esprimono e agiscono all'interno del proprio gruppo, ma trovano strano o bizzarro il modo di vivere di altri popoli[98].

Questa seconda caratteristica del senso comune rimane fondamentalmente valida, tuttavia una più attenta lettura e valutazione della globalizzazione induce oggi a rivedere, almeno in parte, questa pluralità e frammentarietà del contenuto del senso comune. Non che si voglia negare l'esistenza di tipicità, modi di pensare, tradizioni culturali e più in generale ogni genere di espressione dello spirito umano legata a contesti e situazioni concrete. Però bisogna anche riconoscere che la globalizzazione di fatto produce, proprio a livello del vivere quotidiano, una sorta di omologazione culturale. Lo sviluppo dell'economia di mercato con la tendenza ad eliminare le barriere al libero commercio; l'interdipendenza a livello mondiale degli scambi finanziari; la diffusione delle diverse tecnologie; la crescente influenza delle imprese multinazionali e delle organizzazioni e istituzioni internazionali; l'affermarsi della cooperazione nel campo della ricerca scientifica; l'impatto dei mezzi di comunicazione di massa e delle nuove tecniche informatiche; lo sviluppo dell'industria culturale, etc, sono tutti elementi che spiegano le tendenze omologanti presenti nella globalizzazione. In ordine al senso comune sono soprattutto queste ultime componenti omologanti del processo di globalizzazione che possono interessare. Si pensi alla diffusione su scala mondiale dei mezzi di comunicazione di massa e delle nuove tecniche informatiche, nonché all'impatto dell'industria culturale. L'informazione sugli eventi che si verificano nelle parti più disparate del mondo avviene, ormai, in tempo reale; la pubblicità e i diversi prodotti della fiction televisiva stanno diffondendo, in quasi tutte le società, modelli omogenei relativi ai consumi e agli stili di vita. Si veda, ad esempio, la cultura giovanile che si esprime nella musica, nella attenzione alla cura del corpo, nel-

---

[98] B. LONERGAN, *Comprendere ed Essere*, 123.

l'abbigliamento, nello sport, o la diffusione di movimenti ecologisti, pacifisti e *no-global*; si tratta di elementi che travalicano ormai ogni confine nazionale[99]. L'interrogativo che sorge è perciò il seguente: è forse probabile che il processo di globalizzazione stia lentamente, ma effettivamente, smussando e livellando quel tratto che caratterizza il senso comune e che consiste nella rivendicazione delle particolarità di tradizioni, linguaggi e costumi che rendono il vivere quotidiano differente da luogo a luogo? Non è di certo facile rispondere a questo interrogativo. Una tale ipotesi di lavoro (che richiederebbe altresì competenze specifiche in campo sociologico e antropologico-culturale) potrebbe però costituire una eventuale pista di ricerca.

---

[99] Cf. F. CRESPI, *Identità e riconoscimento nella sociologia contemporanea*, Laterza, Roma-Bari 2004, 14-15.

CAPITOLO TERZO

METODO SCIENTIFICO E METODO UMANISTICO.
CON LONERGAN VERSO UNA NUOVA
METODOLOGIA SCIENTIFICO-UMANISTICA?

Paolo Gherri

1. Coscienza del metodo ed efficacia dell'operare

B. Lonergan rappresenta ed in qualche modo esprime in maniera eccellente e tipologica l'elemento irrinunciabile del metodo: la «coscienza del metodo», come direbbe il titolo di un libro uscito qualche anno fa a riguardo di un altro *umanista*, L. Mengoni, giurista italiano[1]. Quel metodo che oggi concentra in sé la maggior parte degli elementi e fattori che danno corpo alla Scienza – modernamente intesa – ed alla conoscenza che da essa deriva, la così detta conoscenza scientifica.

Prima di entrare direttamente nella trattazione del tema affidatomi esplicito alcune premesse. Vorrei evidenziare il punto di partenza intellettuale e teorico da cui origina sia il mio interesse per Lonergan che la sua presa sul mio lavoro: esso è la coscienza di me conoscente, dalla quale io non posso prescindere, ma che è pure utile agli altri per capire quanto andrò illustrando ed affermando proprio in tema di metodo e di scienza. A ciò si aggiungano l'attenzione per l'efficacia dell'operare e una vera e propria *Weltanschauung* cresciuta e consolidatasi negli anni sotto la guida di due domande/principi costanti: il perché delle azioni ed il come dei funzionamenti; consolidando la differenza

---

[1] Cf. L. Nogler – A. Nicolussi, *Luigi Mengoni o la coscienza del metodo*, Cedam, Padova 2007.

irriducibile tra l'agire delle persone[2] e l'accadere delle cose[3], la differenza incolmabile tra azione[4] e fenomeno[5].

2. La questione di fondo

Accetto – per il momento – la provocazione della prima parte del titolo («metodo scientifico e metodo umanistico»), che mi appare inadeguato anche se assolutamente espressivo ancor oggi del pensiero della maggior parte degli studiosi ed autori, che continuano ad identificare la Scienza con le Scienze naturali (o Scienze dure), cosicché tutto ciò che deriva in qualche modo dall'azione umana (i *fatti* di G.B. Vico, cioè l'*agito personale*) non sia – proprio per definizione – Scienza. Parimenti, Storiografia, Letteratura, Diritto, Teologia, pur con l'integrazione di altri elementi, non possono essere Scienze.

La questione non si pone solo per le varie tipologie di Positivismo e Scientismo che rifuggono ogni forma non-sperimentale di conoscenza, per quanto molte Scienze attuali non possano certo essere sperimentali in senso proprio: si pensi anche solo all'Astrofisica. Lo stesso problema, infatti, esiste anche in ambienti radicalmente diversi, come sono quelli ecclesiastici – di per sé tutt'altro che positivisti[6] – dediti in modo quasi esclusivo alla coltivazione di Filosofia e Teologia[7]: la loro pretesa di

---

[2] I soggetti: i "tu" che sempre interagiscono con l' "io", in una dinamica/sintassi dove è la seconda persona (l'altro) a dominare.

[3] Gli oggetti: i "non-tu" che accadono, in una dinamica/sintassi dove domina l'impersonale (l'esso).

[4] Si vedano in proposito due classici: M. BLONDEL, *L'azione. Saggio di una critica della vita e di una scienza della prassi*, ed. italiana a cura di S. SORRENTINO, S.Paolo, Cinisello Balsamo (MI) 1998; P. RICOEUR, *La semantica dell'azione. Discorso e azione*, trad. italiana di A. PIERETTI, Jaca Book, Milano 1986.

[5] Nella sua accezione scientifica (e non filosofica) di «*variazione* (Δ = delta) della realtà in grado di produrre *effetti* umanamente percepiti/percepibili; una *variazione* spesso irraggiungibile in sé, ma non nei propri effetti». Cf. P. GHERRI, *Ricerca scientifica umanistica. Iniziazione pratica*, auto-edizione, Reggio Emilia 2011, 137.

[6] Per quanto, spesso, dogmatici ed autoritari, con risultati finali non troppo dissimili.

[7] La coltivazione è anche di Scienze e Discipline connesse o, più facilmente, ausiliarie.

scientificità, infatti, risulta spesso talmente vaga ed autoreferenziale da non potersi in nessun modo rapportare con le Scienze naturali[8], mostrando così l'evidenza del problema epistemologico (e gnoseologico) di base. Proprio l'orizzonte specifico del *sapere ecclesiastico*[9] costituirà l'oggetto principale delle presenti note e riflessioni.

Il problema può ricondursi, probabilmente, ad una sorta di peccato originale/originario della tarda Modernità di cui Dilthey (1833-1911) finisce per essere l'espressione più evidente. La distinzione delle «Scienze della natura», *Naturwissenschaften*, e «Scienze dello spirito», *Geisteswissenschaften*, depotenziò infatti il secondo ambito distaccandolo dall'esperienza e quindi dalla realtà stessa, estraendone lo scheletro comune ad ogni esperienza umana – compresa l'esperienza di sé – e facendone qualcosa di assolutamente vacuo, per altro senza alcuna credibilità al giorno d'oggi. Lo schema diltheyano si basava sul presupposto idealista di una duplicità ontologica della realtà: natura e spirito (umano); duplicità che, proprio perché ontologica, non sopporta di essere riassorbita in una unicità della conoscenza e, quindi, della stessa Scienza. Tale schema venne di fatto rafforzato dagli apporti positivistici e formalistici del Circolo di Vienna (dal 1924), soprattutto nella distinzione contrappositoria tra natura (fisica) e Metafisica. Separazione che portò la Scienza tardo-ottocentesca[10] su posizioni sempre più fisicistiche, assolutamente inadeguate per le dottrine filosofiche

---

[8] Di cui spesso oggi fanno uso abbondante e strutturale.

[9] Questa "categoria" sarà oggetto ripetuto di caratterizzazione e riferimento nelle presenti note e riflessioni per indicare espressamente il mondo accademico direttamente dipendente dall'Autorità ecclesiastica cattolica (la Congregazione per l'Educazione cattolica), in particolare Università e Facoltà pontificie e cattoliche ed Istituti teologici dei Seminari; Istituzioni accademiche che – soprattutto dall'Ottocento – costituiscono una vera realtà autonoma all'interno del *sapere dell'umanità*, realtà autonoma quasi esclusivamente nelle mani di soli chierici o religiosi (ecclesiastici in genere), almeno fino ai tempi del Concilio Vaticano II. Per un approccio critico alla tematica si veda: P. GHERRI, «*Questioni gnoseologiche ed epistemologiche nella Scienza 'ecclesiastica' del XX sec.*», Ricerche teologiche, XIX (2008), 95-148.

[10] Questa formulazione è per distinguere all'interno della Modernità differenti periodi di teorizzazione e sviluppo concettuale che, dal punto di vista epistemologico, risultano del tutto differenti, in particolare: [a] la Modernità illuministica; [b] quella tardo-ottocentesca (estremamente positivistica); [c] quella conseguita agli sviluppi della Fisica nucleare (probabilistica); [d] quella quantistica, ecc.

sulle quali si basava – invece – la Teologia cattolica tradizionale. Per quanto fino ad oggi la consapevolezza risulti piuttosto rara, non di meno va considerato anche come il *diktat* pontificio della *Æterni Patris*[11] abbia di fatto completato – legittimandola – la scissione dal punto di vista gnoseologico-epistemologico degli ambienti ecclesiastici e delle Discipline umanistiche in essi coltivate rispetto al resto del mondo scientifico moderno. Tanto più che lo schema diltheyano, opportunamente travisato/incompreso, sembrava addirittura favorire il pensiero neoscolastico (e metafisico in genere) proprio a causa della sua apparente compatibilità con la separatezza della Metafisica dalle Scienze naturali[12], legittimando in tal modo, all'interno della cultura del tempo, l'arroccamento (in realtà l'estraneazione) delle Discipline ecclesiastiche che si auto-comprendevano come «Scienze dello spirito (divino)»[13]. Nonostante nello schema neo-scolastico e nella connessa Apologetica la Teologia fosse una sorta di emanazione deduttiva, spesso solo formale, dalla Filosofia tomistica tardiva e dall'Aristotelismo, va infatti considerato come in realtà il vero paradigma portante del pensiero ecclesiastico cattolico rimanesse quello dualista platonico, egemonizzato dal mondo delle idee e confuso con la dimensione spirituale della realtà, mentre il Tomismo-Aristotelismo svolgeva la mera funzione strumentale di occuparsi più specificamente delle *res* tutte le volte che ciò diventava necessario, come, per esempio, per i Sacramenti in opposizione alle dottrine protestanti o nella dura tenzone tardo-ottocentesca proprio col Modernismo[14]. Proprio, anzi, le questioni poste così radi-

---

[11] Cf. Leo PP. XIII, Litteræ encyclicæ: *Æterni Patris*, in ASS, XII (1879), 97-115.

[12] In realtà il modello di riferimento delle due visioni era radicalmente diverso (ed incompatibile, come ben dimostratosi lungo i decenni): il modello epistemologico laico-diltheyano era sostanzialmente parallelo, *Naturwissenschaften* da una parte e *Geisteswissenschaften* dall'altra; quello ecclesiastico, al contrario, era rigidamente gerarchico: Teologia/Metafisica – spesso indistinte – al vertice della piramide gnoseologico/epistemica (la *domina Scientiarum*), quindi la Filosofia (l'*ancilla*), a seguire tutte le altre Scienze/Discipline progressivamente degradanti fino a quelle fisico/naturalistiche (della *materia*).

[13] Si noti, in merito, come nell'Enciclica la Filosofia sia spesso chiamata "Scienza" e come tale trattata e contrapposta alle Scienze prosperate nella Modernità.

[14] Cf. P. Gherri, «Tommaso 'fonte' al Concilio Vaticano II. Primo approccio alle sue citazioni», *Concilio Vaticano II. Studi e Ricerche*, VII (2013), 2, 229-259.

Metodo scientifico e metodo umanistico

calmente sia dalla Riforma luterana che dalla Modernità derivavano di fatto dalla profondissima matrice platonico-agostiniana della dottrina cattolica[15] che non era mai stata superata. Un doveroso riesame delle – ormai non più – famose condanne dell'Aristotelismo soprattutto parigino che coinvolsero lo stesso Tommaso d'Aquino (anni 1270 e 1277)[16] permetterebbe di far oggi luce su molte questioni che nessuno più vede né può considerare, dopo che la *Æterni Patris* le ha di fatto cancellate dalla comune consapevolezza soprattutto teologica. Ciò spiega, non di meno, la necessità di ricuperare in modo fermo ed indiscutibile la ragione tommasiana quale antidoto della fede/volontà agostiniana da cui, attraverso Anselmo e Bonaventura, presero poi le mosse Suárez e Lutero e la dominante Filosofia moderna tedesca (Kant, Hegel, Nietzsche...).

Proprio questo isolamento del cattolicesimo ri-fondato (o da ri-fondare) su basi ontologiche completamente diverse da quelle moderne coeve incrementava, a cavallo tra XIX e XX secolo, l'incomunicabilità epistemologica, facendo del mondo accademico ecclesiastico un vero *hortus conclusus*, segnato da proprie specifiche problematiche e tensioni, così come in seguito da propri – autonomi – spunti evolutivi, uno dei quali sarà costituito dalla riflessione di B. Lonergan.

Per quanto E. Husserl (1859-1938), attraverso la sua Fenomenologia[17], fosse intervenuto a ridimensionare il presupposto ontologico della separazione nell'uomo tra natura e spirito, restituendo agli studi sull'uomo ed il suo agire una sostanziale non-disomogeneità rispetto al resto della realtà – e della Scienza –, si trattò solo di un primo passo che non riuscì ad ottenere risultati concreti al di fuori di alcuni ambiti filo-

---

[15] Dominante di fatto la Filosofia e Teologia francescana tardo medioevale (Bonaventura, Duns Scoto...), trasmessasi alla Riforma attraverso Lutero, ma anche dominante nella sua componente volontaristica nella dottrina cattolica soprattutto dopo F. Suárez.

[16] Cf. G. LAFONT, *Storia teologica della Chiesa. Itinerario e forme della Teologia*, S. Paolo, Cinisello Balsamo (MI) 1996, 144; J.A. WEISHEIPL, *Tommaso d'Aquino. Vita, pensiero, opere*, ed. italiana a cura di I. Biffi – C. Marabelli, Jaca Book, Milano 1988, 339; 345-347 (cita: E. GILSON, *History of christian Philosophy in the Middle Ages*, Sheed & Ward, London 1980, 728, nota 52); G. LAFONT, *Promenade en Théologie*, Éd. Lethielleux, Paris 2003, 86.

[17] Di tutt'altra natura, consistenza e portata rispetto a quella hegeliana dello «spirito».

109

sofici che andarono assestandosi lungo il Novecento, con risultati che tuttavia poco apportarono alla Gnoseologia e all'Epistemologia comunemente percepite e sviluppate.

Dal punto di vista sostanziale, invece, la questione delle due conoscenze rimase del tutto problematica lungo il XX secolo e, soprattutto, ancora oggetto di forti pregiudizi reciproci e veti incrociati tra molti dei referenti dei due macro-ambiti gnoseologici, come prova il dibattito sviluppatosi in Europa, dagli anni Sessanta, intorno alle così dette «due culture»[18].

«Nessuno può essere, oggi, così cieco da non rendersi conto che l'esistenza di due culture, tanto diverse e lontane una dall'altra quanto la cultura letterario-umanistica e quella scientifico-tecnica, costituisce un grave motivo di crisi della nostra civiltà; essa vi segna una frattura che si inasprisce di giorno in giorno, e minaccia di trasformarsi in un vero muro di incomprensione, più profondo e nefasto di ogni altra suddivisione»[19].

«Letteratura e Scienza: due forme, due atteggiamenti, che a lungo si sono contesi il primato nella nostra cultura, e che entrambe hanno preteso di caratterizzarla; e che ora si trovano ancora di fronte, forse per l'ultima volta, nel grave momento storico in cui sembra decidersi se la civiltà europea debba continuare a vivere, oppure debba voler morire»[20].

Si tratta, irriducibilmente, dell'opposizione tra due vere e proprie forme mentali, due rappresentazioni della realtà stessa e delle vie per indagarla e conoscerla, due *Weltanschauungen*: quella delle *humanæ (et divinæ) Litteræ* e quella della *Scientia nova*, ormai definitivamente semantizzate nell'acquisita distinzione tra *sciences* ed *humanities*, senza vedere come il primo sia – invariabilmente – un sostantivo mentre il secondo – sia in realtà – un aggettivo.

In particolare, la via umanistica – per la quale il problema scientifico si pone in modo più pressante, ed è ciò di cui ci occupiamo in questa

---

[18] Cf. C.P. Snow, *Le due culture*, trad. italiana di A. Carugo, Feltrinelli, Milano 1964.
[19] L. Geymonat, «Prefazione», in C.P. Snow, *Le due culture*.
[20] G. Preti, *Retorica e logica*, Einaudi, Torino 1968, 9.

sede – continua ad esprimersi nell'impostazione scolastica che (ancor oggi!) considera scienza ogni conoscenza solo logicamente rigorosa[21], privilegiando un approccio essenzialista, universalista, formalista e deduttivista, accontentandosi spesso di un semplice ed ideale realismo gnoseologico[22] senza poter/voler concretamente andare oltre. È chiara in merito la posizione di S. Tommaso nel suo dimostrare «*sacram Doctrinam esse scientiam*»[23], pietra miliare ad incontroversa di tale sistema.

L'inconciliabilità di tale posizione coi presupposti della *Scientia nova* è palese, soprattutto per l'assenza assoluta di qualsiasi riferimento alla realtà cartesianamente *extensa*: quella, cioè, che si trova fuori della mente umana e che non può essere ricondotta né ridotta ad essa[24]. Atteggiamento affatto superato ai nostri tempi[25]. Dal canto suo Gian Battista Vico (1668-1744) aveva già scritto che: «la scienza

---

[21] Di fatto, per la Scolastica, la Scienza appare come *conoscenza rigorosa a partire da determinati principi* secondo un *principio di mera coerenza formale*: «in sostanza alla Teologia, come alla Matematica non si deve chiedere, per essere scientifica di essere vera, ma di essere coerente». A. STRUMIA, *Introduzione alla Filosofia delle Scienze*, Edizioni Studio Domenicano, Bologna 1992, 248.

[22] Secondo cui: a) la realtà esiste ed è esterna all'uomo (*res sunt*), b) la possiamo conoscere davvero. Cf. P. GHERRI, «Questioni gnoseologiche ed epistemologiche», 104-110.

[23] «Che si prova così: vi è un doppio genere di scienze. Alcune di esse procedono da principi noti per naturale lume d'intelletto, come l'Aritmetica e la Geometria; altre che procedono da principi conosciuti alla luce di una scienza superiore: per esempio, la Prospettiva si basa su principi di Geometria e la Musica su principi di Aritmetica. E in tal maniera la sacra Dottrina è una scienza; in quanto che poggia su principi conosciuti per lume di scienza superiore, cioè della scienza di Dio e dei Beati. Quindi, come la Musica ammette i principi che le fornisce la Matematica, così la sacra Dottrina accetta i principi rivelati da Dio». S. THOMAS, *Summa Theologiæ*, I, q. 1 a. 2 co.

[24] Qualunque teoria scientifica moderna non *sostituisce* mai la realtà come tale ma semplicemente la rappresenta dal punto di vista *funzionale*, così da trarne conseguenze concrete per il futuro.

[25] «Il dedurre logico-formale è molto più ampio del calcolare matematico. L'importanza di queste osservazioni risiede nel fatto che esse ci mostrano come, indubbiamente, utilizzando misura e quantità, equazioni e calcolo, si sta nel rigore, ma come, nello stesso tempo, non sia obbligatorio passare per questa strada al fine di restare nell'ambito del rigore». E. AGAZZI, «Analogicità del concetto di Scienza. Il problema del rigore e dell'oggettività nelle Scienze umane», in V. POSSENTI, ed., *Epistemologia e Scienze umane*, Massimo, Milano 1972, 65.

umana viene da un'opera di astrazione, quindi le Scienze singole saranno meno certe, quanto più s'immergeranno nella materia corporea»[26]. In modo simile Immanuel Kant (1724-1804) riteneva che la «Scienza è tale solo in quanto poggia su principi o leggi universali e necessarie; e queste non possono derivare dalla esperienza, poiché l'esperienza ci dà sempre l'essere, il contingente (ciò che è di fatto, non di diritto), mai il dover essere, il necessario e l'universale»[27].

In Italia, successivamente, Benedetto Croce (1866-1952) e Giovanni Gentile (1875-1944) perseguirono una sorta di unificazione delle due culture ma soltanto in modo gerarchico (cioè assorbente): per il primo la Scienza è ineluttabilmente subordinata alla Filosofia che – sola – ha il potere di pervenire alla verità, configurandosi pertanto come attività speculativa "superiore"; per il secondo ogni Scienza è *empirica* e *dogmatica* allo stesso tempo, perché pre-suppone per ogni nuovo conoscere il già conosciuto, il nuovo – così – dipende dal vecchio, in modo che l'attività scientifica propriamente detta (ricerca empirica) risulti inferiore rispetto a quella filosofica (teoresi dogmatica)[28].

Furono soltanto gli sviluppi della Fisica soprattutto atomica del Novecento a spingere la riflessione teorica generale al di là dei presupposti ottocenteschi, offrendo sorprendenti fattori di possibile similitudine e compatibilità tra le Scienze e Discipline *naturali* da una parte e quelle *umanistiche* dall'altra, intese finalmente come Scienze dell'uomo e del suo vivere e non più del suo *Geist* soltanto. Ed è proprio qui che si colloca ormai lo snodo maggiore dell'intera questione:

---

[26] G.B. Vico, «De antiquissima Italorum sapientia ex linguæ latinæ originibus eruenda», in G.B. Vico, *Metafisica e metodo*. Testo latino a fronte, trad. italiana di C. Greco, Bompiani, Milano 2008, 205. Si noti qui come il termine "scienza" indichi in realtà la "conoscenza" come tale e così per la quasi totalità dei classici e degli scolastici.

[27] Red., «Giudizi analitici e sintetici», in *Enciclopedia filosofica*, Fondazione Centro Studi Filosofici di Gallarate, Milano 2006, 4823. Si considerino qui le problematiche connesse alla «necessità ontica».

[28] Cf. G. Tortora, «Non si tratta di foglia appassita», *Discorsi. Ricerche di Storia della Filosofia*, VII (1987), 2, 283-291.

Metodo scientifico e metodo umanistico

nella non radicale differenza/opposizione tra esperire e sperimentare, due modi differenti ma non contraddittori di entrare in rapporto diretto con la realtà, sempre da parte dell'uomo e sempre attraverso i suoi strumenti cognitivi e teoretici. Nel frattempo Filosofia analitica (in Nord America), Fenomenologia, Esistenzialismo ed Ermeneutica (in Europa continentale) contribuirono progressivamente – dall'interno della cultura umanistica stessa – al superamento dell'Idealismo e della sua Epistemologia, riconducendo al centro l'uomo e la sua percezione della propria realtà, ma soprattutto facendo abbandonare definitivamente i paradigmi ontologico-metafisici classici che pur erano sempre rimasti sottesi anche al pensiero moderno in genere, per quanto spesso *sub contraria specie*. Husserl, Wittgenstein (1889-1951), Heidegger (1889-1976), posero di fatto le basi di una nuova percezione ed espressione della realtà ormai libera dalla dialettica kantiano-hegeliana e dalla conseguente epistemologia diltheyana, offrendo così basi efficaci per una reale riconciliazione ed unificazione gnoseologica ed epistemologica ancor oggi tutta in divenire[29]. Allo stesso tempo anche lo sviluppo autonomo delle Scienze/Discipline sociali trainato dalla Sociologia e dalla Psicoanalisi (fortemente connesse alla Statistica) contribuirono al crollo della concezione diltheyana delle *Geisteswissenschaften*, sconfessandone di fatto i presupposti epistemologici.

Solo l'ambito accademico ecclesiastico cattolico, filosofico e teologico, persevererò nel proprio autarchico ed autoreferenziale isolamento metafisico-gnoseologico, ignorando, o trascurando gravemente, gli apporti e le prospettive epistemologiche che il nuovo secolo stava ormai consolidando ben oltre la mera temuta e detestata, ma anche assolutamente genericissima, Modernità profilandosi come una sorta di monade irrelata rispetto al resto della riflessione generale in campo gnoseologico ed epistemologico. I mutamenti socio-culturali ormai intervenuti dall'inizio del nuovo secolo erano però talmente incontenibili ed irreversibili

---

[29] Come ben dimostrano proprio le presenti riflessioni in tema di metodologia scientifica ed umanistica, presuntamente contrapposte.

che anche all'interno dell'ambito ecclesiastico qualcosa cominciò a smuoversi e lievitare, sia attraverso i Movimenti preconciliari di rinnovamento (biblico, liturgico, patristico, ecumenico...) sia attraverso l'opera di qualche vero pioniere che – proprio come Lonergan – seppe cogliere e sviluppare in ambito espressamente teologico il "di più" ormai chiaramente intravisto all'esterno, senza tuttavia che ciò incrinasse la sostanziale autoreferenzialità delle Discipline ecclesiastiche. Ciò finì per isolare tali pionieri, anche rispetto alla Gnoseologia ed alla Epistemologia non ecclesiastiche del tempo, costringendoli non solo a portare da soli il peso della propria ricerca ed innovazione ma anche – e purtroppo molto maggiormente – a non avere reali riscontri all'interno del mondo filosofico e scientifico circostante: furono *isolati* tra gli ecclesiastici ed *ignorati* dal resto del mondo accademico e scientifico.

Il "caso Lonergan" in questo risulta paradigmatico in entrambe le prospettive.

2.1 Il presupposto scientifico: differenza tra metodo e rigore

Senza perdere qui tempo a dimostrare ciò che in realtà non deve affatto essere dimostrato, si può affermare che il grande merito di B. Lonergan e la grande novità del suo pensiero all'interno dell'orizzonte accademico ecclesiastico del secondo Novecento stanno nell'aver partecipato da vero pioniere alla rifondazione della *nuova scientificità* delle Discipline teologiche come tali dopo il dissolvimento della Tarda-scolastica davanti alle Modernità kantiana ed idealista e dopo la completa *debacle* della Neo-scolastica antimodernista: una rifondazione che, d'impeto, supera secoli di assoluta parzialità ed inconsapevolezza gnoseologica ed epistemologica all'interno del mondo ecclesiastico.

Si tratta dell'introduzione del *metodo* al posto del semplice *rigore*: una vera rivoluzione copernicana che passa da una *caratteristica*, qual è il rigore, ad una *struttura*, qual è il metodo. In fondo, dal punto di vista epistemologico, Lonergan potrebbe stare tutto qui: nell'afferma-

Metodo scientifico e metodo umanistico

zione che la scientificità – anche in Teologia – non consiste nel *rigore* ma nel *metodo*!

Questo proviene da una visione assolutamente *unitaria* della realtà, nei confronti della quale non si può assumere nessuna posizione (*obiectum formale quo*) quasi che si possa uscire dalla realtà stessa per guardarla dall'esterno e da più punti di vista. La realtà è *una sola* e ciascuno di noi le appartiene. Non si può uscire dalla realtà per osservarla, poiché questo significherebbe uscire dall'esistenza stessa[30]; invece, è stando consapevolmente nella realtà che la si può conoscere, facendone esperienza.

Ciò, però, non è altro che l'assunzione di fatto del nucleo più profondo del «Principio d'indeterminazione» di Heisenberg, secondo cui l'osservatore appartiene sempre al sistema osservato e non può che averne una percezione relativa alla sua stessa presenza, non potendosi calcolare al contempo "posizione" e "quantità di moto" di una particella sub-atomica. Detto in altri termini: non è più utilizzabile il concetto di *obiectum formale quo*! Né lo sono la considerazione o l'approccio o l'analisi di qualcosa *sub specie*. La Scienza moderna è tale solo per oggetti materiali (*obiectum formale quod*): chiari, specifici, definiti[31], per quanto non necessariamente corporei, come accade per i "flussi", i "campi", ma anche per la Storia o il Diritto.

L'ambito umanistico, dal canto proprio, si era sempre difeso arroccandosi dietro al rigore del ragionamento e dell'argomentazione, fino al tentativo – assolutamente espressivo della mentalità dominante – dello stesso Husserl nel 1910 di verificare, ed eventualmente dimostrare, la solidità della stessa Filosofia proprio

---

[30] Non si può certo entrare qui nell'interminata *querelle* tra essenza ed esistenza, ma non si può neppure fingere che non esista questo problema e, anzi, che la maggior parte delle acquisizioni gnoseologiche, epistemologiche e scientifiche in generale della Modernità trovi proprio nella preminenza dell'esistenza sull'essenza il proprio presupposto indiscutibile. In fondo: i fenomeni di cui si occupa la Scienza moderna sono tutti e solo in atto, mentre la pura potenza non ottiene né produce alcun utile riscontro.

[31] Ciò va oggi sotto il nome di «dominio». Cf. G. BASTI, *Filosofia della natura e della Scienza*, I, Lateran University Press, Roma 2002, 483.

quale «Scienza rigorosa»[32], espressione il cui accento non lascia dubbi, non meno che il suo tragico esito[33].

La conoscenza/scienza[34] classica si basava sul rigore con cui venivano concatenate tra loro affermazioni anche – di per sé – assolutamente irrelate. In fondo bastava essere rigorosi nel proprio procedere da/per principi"[35], come anche riteneva S. Tommaso! Essere rigorosi significava di fatto applicare in modo ineccepibile gli schemi inferenziali standardizzati: i 19 sillogismi validi, reduci dai 256 teorici[36], tutti poi trasformabili nell'unico sillogismo universale (*barbara*), che resse per secoli dal Medio Evo in poi. Era la *Logica minor* contro cui s'indirizzò implacabile la contestazione dei *novatores*, i quali vinsero! Così, la stessa *Logica minor* fu ben presto estromessa dal mondo delle Scienze moderne, che preferivano ben altri approcci alla realtà. Presento qui alcune osservazioni generali in merito.

---

[32] Cf. E. HUSSERL, *La Filosofia come scienza rigorosa*, Laterza, Roma - Bari 2010; il saggio originale, pubblicato sulla Rivista *Logos*, risale al 1911.

[33] L'esito dell'analisi di Husserl, infatti, è una solenne bocciatura della scientificità della Filosofia giunta sino a lui: ciò che giustificò e legittimò il suo sforzo di superarla attraverso la nuova Fenomenologia di cui egli stesso fu promotore ed inauguratore.
«Kant amava dire che non si può imparare la Filosofia, ma solo a filosofare. Cos'è questa se non un'ammissione della non scientificità della Filosofia? Fin dove arriva la Scienza, la vera Scienza, si può insegnare ed imparare, e ciò ovunque nello stesso senso. L'apprendimento scientifico non è mai l'accettazione passiva di una materia estranea allo spirito, esso poggia sempre sulla spontaneità, su di una riproduzione interiore delle evidenze razionali ottenute da spiriti creatori, secondo principi e conseguenze. La Filosofia non si può imparare poiché non vi sono tali evidenze oggettivamente comprese e fondate». E. HUSSERL, *La Filosofia come scienza rigorosa*, 5.

[34] Come risulta oggi difficile (improbabile) accomunare ed identificare questi due elementi, così era di fatto impossibile nella cultura classica distinguerli adeguatamente.

[35] *Rigore* a sua volta compreso e ridotto (o espanso, a seconda dei punti di vista) a *coerenza*: «non si deve chiedere, per essere scientifica, di essere vera, ma di essere coerente» A. STRUMIA, *Introduzione alla Filosofia delle Scienze*, 248.

[36] Poiché un sillogismo è formato da tre proposizioni indipendenti ciascuna delle quali può assumere quattro forme diverse, per un totale di 4x4x4 combinazioni x4 'figure' (=256); i modi validi però sono soltanto 19, cioè i quattro modi (*Barbara, Celarent, Darii, Ferio*) perfetti (che Aristotele definì autoevidenti) del sillogismo di prima figura ed altri 15 di cui è possibile dimostrare la validità tramite le tre regole di conversione o la *reductio ad impossibile*.

a) Per l'approccio gnoseologico basato sul rigore è decisiva l'idea di concatenamento o "catena inferenziale": se e dove esiste connessione si può – sempre – proseguire, da idea a idea, da affermazione ad affermazione, da principio a principio, da anello ad anello... non importa di che tipo di anello si tratti. Basta così un solo anello più debole degli altri (di lana anziché di ferro) per vanificare l'intera attività cognitiva ...*semper salva principia*!

b) Il risultato ed il valore della conoscenza evidenziata in tal modo[37] è funzione del solo rigore 'interno' ai singoli sillogismi. Non si percepisce affatto che ogni successivo sillogismo funzioni come una vera e propria diluizione della pregnanza ontologica e gnoseologica precedente, fino allo svuotamento assoluto degli ultimi esiti della catena inferenziale stessa[38] a causa dei continui rimbalzi dei predicati da un soggetto all'altro e/o dello scambio tra i soggetti specificati dagli stessi predicati.

c) Allo stesso tempo: base pressoché ineliminabile del procedere attraverso il concatenamento sillogistico è l'analogia, attraverso la quale

---

[37] E non conseguita o raggiunta, visto che i sillogismi non aggiungono mai nulla a quanto appartiene già alle premesse ma – semplicemente – lo specificano per uno degli elementi della classe maggiori di appartenenza. «Nel *sillogismo formale-modale*, il predicato concreto della minore è contenuto nel *soggetto universale* della maggiore, e questo *è il ponte o l'inferenza* per collegarlo col predicato della stessa maggiore: la sua conclusione afferma che il soggetto della minore è pure un caso del predicato della maggiore universale. Così, la conclusione si limita ad *esplicitare* qualcosa di concreto – la minore – che stava *contenuto implicitamente* nella proposizione maggiore universale». T. JIMÉNEZ URRESTI, *De la Teología a la Canonística*, Publicaciones Universidad Pontificia, Salamanca 1993, 164.

[38] «In un processo continuato di sillogismi di Logica deontica la conclusione del primo sillogismo, che è valida solo *"ut in pluribus"*, è assunta come proposizione maggiore per uno seguente o secondo sillogismo; la conclusione di questo secondo sillogismo trasporterà il valore di *"ut in pluribus"* anteriore ed inoltre vi cumulerà il valore proprio della sua nuova minore, formulata anch'essa per previsione e valida solo *"ut in (suis) pluribus"*: la conclusione del secondo sillogismo sarà, di conseguenza, *meno "ut in pluribus"* di quanto lo fu quella del primo sillogismo. [...] Attuando così successivamente, *si giunge ad un momento in cui la conclusione è indifferente*: in cui non c'è più *"ut in pluribus"*». T.I. JIMÉNEZ URRESTI, «El teologo ante la realidad canonica», *Salamaticensis*, XXIX (1982), 62-63.

il contenuto della predicazione cognitiva viene via via mutato in base all'identità del soggetto di cui si effettua la predicazione. I diversi tipi di analogia[39], non di meno, complicano ulteriormente la portata delle predicazioni realizzate.

d) Quali siano i punti di partenza (gli oggetti materiali) della ricerca e quali i loro elementi da esaminare risulta spesso del tutto arbitrario: i *Commenti alle Sentenze* e le *Questioni disputate* su cui si reggeva la Scolastica sono un chiaro esempio dell'inconsistenza di ciò che attiva e regge la riflessione: si commenta ciò che si è deciso di commentare, si disputa di ciò che interessa... vero o falso, reale o no, *episteme* o *doxa*, non fa alcuna differenza.

e) Il rigore del procedere sillogistico è puramente interno al procedimento inferenziale adottato, senza che la realtà possa dire nulla in merito. Si giunge così anche all'adozione di sillogismi validi solo formalmente, ma contrari alla realtà[40]! Quali, poi, siano gli elementi ormai certi, da assumere per le successive inferenze rigorose che permettano di proseguire la ricerca, rimane del tutto indeterminabile ed arbitrario data l'assenza di regole per individuare l'adeguatezza delle premesse attraverso cui costruire l'inferenza successiva[41].

f) La maggior attenzione al rigore del procedere che non alla realtà

---

[39] «Nella logica aristotelico-tomista si danno, in origine, tre tipi principali di analogia (anche se ulteriori distinzioni sono state introdotte dalle scuole successive): l'analogia di "attribuzione", o di "proporzione semplice", l'analogia di "proporzionalità propria", o "intrinseca" e l'analogia di "proporzionalità impropria", o "estrinseca ", o "metaforica"» A. STRUMIA, «Analogia», in G. TANZELLA NITTI - A. STRUMIA, ed., *Dizionario interdisciplinare di Scienza e fede*, I, Urbaniana University Press - Città Nuova, Roma 2002, 57. L'analogia, poi, è sempre *secundum quid*, cioè secondo uno specifico punto di vista: a livello filosofico/metafisico si parla normalmente di *analogia entis*, in Teologia si parla anche di *analogia fidei*. Nel tempo si è parlato di *analogia lucis* (cf. E. HOHMANN, «*Analogia entis - analogia lucis*», *Wissenschaft und Wiesheit*, III [1936], 218-227), *analogia caritatis* (cf. M. LOCHBRUNNER, *Analogia Caritatis. Darstellung und Deutung der Theologie Hans Urs von Balthasar*, Herder, Freiburg im B. - Basel - Wien 1981) ed altre, secondo l'esigenza.

[40] Cf. J. LADYMAN, *Filosofia della Scienza. Un'introduzione*, T. Piazza, ed., Carocci, Roma 2007, 45-48.

[41] Sarebbe bene a tal proposito non dimenticare come lo stesso Aristotele abbia presentato il sillogismo come strumento didattico utile a proporre risultati già presenti e non, invece, a trovare ciò che ancora non si conosce. Cf. C. CELLUCCI, *Le ragioni della Logica*, Laterza, Roma - Bari 1998, 127-131.

e verità⁴² degli elementi coinvolti nella ricerca porta(va) ad una conoscenza/scienza soltanto intellettualistica, disincarnata ed irreale, senz'alcuna connessione col vissuto delle persone.

Tanto basti a porre in guardia da un semplicistico rigore come fondativo della conoscenza e della Scienza.

La questione e l'inattendibilità globale di questo genere di approccio alla conoscenza erano già state evidenziate da F. Bacone (1561-1626) quattro secoli fa: il problema – infatti – non è "come" inferire (il rigore) ma "da che cosa" e "perché" farlo in tal modo⁴³. Il problema, cioè, non riguarda le regole interne a ciascun procedimento cognitivo – il suo rigore! – ma il rapporto della conoscenza con la realtà; per questo oggi le Logiche modali (si noti il plurale) sono affiancate dalle Logiche non-modali (come sono quelle epistemiche)⁴⁴ ed è chiaro a molti settori della Scienza – non ecclesiastica – che i rapporti "ontici" non esauriscono affatto le relazioni tra le diverse componenti della realtà⁴⁵.

Proprio il rapporto con la realtà, tuttavia, è la chiave dell'insegnamento di B. Lonergan in fatto di metodo: è *l'empiria* la chiave irrinunciabile della conoscenza: anche in campo teologico! Un'empiria che non accetta più di attuare l'impresa gnoseologica – anche *sub specie fidei* – partendo da un semplice *videtur quod* o da un *tradunt*, né da pure "potenze" (ontologiche) mai passate all'esistenza. Non per nulla, infatti, la Scienza moderna si è sviluppata esattamente mutando il proprio innesco: *accidit* (il fenomeno)! E questo vale tanto per la Chimica che per la Letteratura... e, nel caso di Lonergan, per la Teologia. Diritto, Storiografia, ecc. non mostrano elementi e fattori contrari alla loro inclusione nello stesso contesto.

Al rigore inferenziale, anche solo puramente formale, tipico di un

---

⁴² Quale corrispondenza dell'idea con la realtà stessa.

⁴³ Cf. S. VANNI ROVIGHI, «Logica», in *Enciclopedia Filosofica*, CENTRO DI STUDI FILOSOFICI DI GALLARATE, Edipem, Roma 1979,V , 163-178.

⁴⁴ Cf. S. GALVAN, «Logica deontica e sue applicazioni», in G. BASTI - P. GHERRI, ed., *Logica e Diritto: tra argomentazione e scoperta*. Atti della Giornata Canonistica Interdisciplinare, Città del Vaticano, 2011, 102-103; S. GALVAN, *Logiche intensionali. Sistemi proposizionali di Logica modale, deontica, epistemica*, Angeli, Milano 1991.

⁴⁵ Si veda in merito la già citata affermazione di Kant.

procedere intellettualistico e disincarnato che finisce per trattare – senz'allontanarsi mai dal tavolino[46] – tutta la realtà in modo assolutamente meccanico sotto la pressione e logica unica della *necessità ontica* (la bacchetta magica del "dover essere" o "necessità"[47]), la Scienza moderna ha sostituito il *metodo* come concatenamento strutturato di operazioni ripetitive che partono dall'esperienza per offrire conoscenze verificabili, da essa derivabili ma in essa *non contenute*[48].

In tal modo: se pure il metodo, per funzionare, esiga *rigore applicativo*, com'è fuor di dubbio, non è tuttavia il rigore a fornire le caratteristiche costitutive del metodo stesso, in quanto esso consiste, sostanzialmente, in un:

a) concatenamento strutturato,
b) di operazioni ripetitive,
c) che partono dall'esperienza,
d) per offrire conoscenze verificabili,
e) da essa *derivabili* ma in essa *non immediatamente contenute*.

La definizione lonerganiana di metodo con cui s'introduce *Method in Theology* è chiara in proposito:

«schema normativo di operazioni ricorrenti e connesse tra di loro che danno risultati cumulativi e progressivi. C'è dunque metodo là

---

[46] Anche Cartesio – si obietterà, forse – scrisse sul metodo stando alcuni mesi chiuso nella stanza con la stufa: «l'inizio dell'inverno mi colse in una località dove, non trovando compagnia che mi distraesse, e non avendo d'altra parte, per mia fortuna, preoccupazioni o passioni che mi turbassero, restavo tutto il giorno solo, chiuso in una stanza accanto alla stufa, e qui avevo tutto l'agio di occuparmi dei miei pensieri». R. DESCARTES, *Discours de la méthode pour bien conduire sa raison, et chercher la verité dans les Sciences*, s.l., 1637, A-T 11, 10-13 (riportato secondo il riferimento all'edizione critica dei testi cartesiani di C. ADAM - P. TANNERY, ed., *Œuvres de Descartes*, VI, Paris, 1897-1913 [abbreviato A-T]); trad. italiana di L. Urbani Ulivi, ed., *Cartesio. Discorso sul metodo*, 4 ed., Bompiani, Milano 2008. Quello tuttavia fu solo l'esito finale del lungo percorso osservativo-sperimentale già realizzato.

[47] Si veda in merito per l'ambito umanistico qualche conseguenza di maggior rilievo: P. GHERRI, «Bilancio canonistico», in P. GHERRI, ed., *Linguaggi e concetti nel Diritto*. Atti della VII Giornata Canonistica Interdisciplinare, Città del Vaticano, 2013, 335-337.

[48] Ed è proprio in questo che la *Scientia nova* supera senz'appello quella classica: nell'offrire *risultati*, non semplici *conclusioni*, in nessun modo contenuti nelle premesse ma provenienti dalla realtà come tale, nella sua empiricità.

Metodo scientifico e metodo umanistico

dove ci sono operazioni distinte, dove ciascuna operazione è in relazione con le altre, dove l'insieme delle relazioni forma uno schema, dove lo schema è descritto come il modo adatto per fare una determinata cosa, dove le operazioni che si svolgono in conformità allo schema possono ripetersi indefinitamente e dove i frutti di tale ripetizione sono non qualcosa che semplicemente si ripete, bensì qualcosa di cumulativo e progressivo. [...]

L'indagine trasforma la mera esperienza nell'esame della osservazione. Ciò che è osservato, è fissato in una descrizione. Descrizioni contrastanti danno origine a problemi e i problemi vengono risolti mediante scoperte. Ciò che è scoperto, è espresso in un'ipotesi. Dall'ipotesi vengono dedotte le sue implicazioni e queste suggeriscono quali esperimenti si devono fare. Per cui le molte operazioni sono in relazione tra di loro, le relazioni formano uno schema e lo schema definisce il modo in cui va eseguita l'indagine scientifica»[49].

Ne deriva la piena possibilità di sventare il falso dilemma iniziale di queste note tra metodo scientifico e metodo umanistico, riconoscendo l'inadeguatezza della contrapposizione tra scientifico ed umanistico, poiché, mentre la scientificità riguarda il metodo in sé e per sé (e non esiste metodo se non scientifico), il riferimento umanistico riguarda invece gli oggetti materiali dell'indagine scientifica da attuarsi attraverso il metodo. Oggetti materiali, che possono appartenere indifferentemente sia all'ambito *umanistico* che a quello *naturalistico* senza che il metodo come tale ne subisca alcuna conseguenza a livello gnoseologico. Per di più i risultati della lunga esperienza didattica e formativa in genere di Lonergan hanno consolidato il principio – oltre alla realtà – dell'*isomorfismo della conoscenza*, poiché il modo di conoscere dell'uomo corrisponde non alle cose ma alla sua struttura e dinamica interna. Non importa che cosa egli voglia conoscere, se un oggetto fisico o un comportamento umano: qualunque realtà egli voglia conoscere, il suo operare sarà lo stesso, così come la stessa ne sarà

---

[49] B.J.F. LONERGAN, *Il Metodo in Teologia*, Città Nuova, Roma 2011, 34; 35.

l'origine: la percezione, l'esperienza di... Da qui il «Metodo Empirico Generalizzato», in cui la *empiria* non è riducibile alla mera sperimentazione (indefinitivamente ripetitiva nelle Scienze naturali), e la cui applicabilità non si limita a un solo campo, come Lonergan affermerà pervenendo alla definizione del metodo trascendentale[50].

Quanto illustrato sulla vera e propria alternativa/contrapposizione tra metodo e rigore non è tuttavia sufficiente a delineare in modo univoco l'estrema differenza tra la concezione classica e quella moderna di scientificità; occorre infatti esplicitare – per quanto in modo estremamente succinto – ulteriori alternative/contrapposizioni costitutive di tale irriducibilità: a) fondatezza *vs.* evidenza; b) procedimento *vs.* ragionamento; c) risultati *vs.* conclusioni; d) complessità *vs.* semplicità; e) funzione euristica *vs.* funzione ermeneutica.

Esaminiamole.

a) Innanzitutto la Scienza moderna non si accontenta delle evidenze neppure condivise, visto che era stato evidente per millenni che fosse il sole a girare intorno alla terra, e così anche le stelle[51]. Di fatto il così detto canone di Vincenzo di Lerin: «*quod ubique, quod semper, quod ab omnibus creditum est*»[52] se vale certamente per la Tradizione di fede della Chiesa – basata su di un annuncio ed un *depositum*, all'interno di una *Traditio* –, non vale altrettanto quale criterio di certezza gnoseologica (*episteme*) per il resto della realtà. Non di meno, contro l'evidenza quale fattore esterno (oggettivo ed indi-

---

[50] «È un metodo trascendentale, perché i risultati di cui si tratta non sono categorialmente limitati a un campo o a un soggetto particolare, bensì riguardano qualsiasi risultato che potrebbe essere inteso dalle nozioni trascendentali completamente aperte. Mentre altri metodi mirano a venire incontro alle esigenze e far uso delle possibilità proprie di campi particolari, il Metodo trascendentale si propone di venire incontro alle esigenze e di far uso delle possibilità offerte dalla mente umana stessa. È una finalità fondante e che al tempo stesso ha significato e portata universale». B.J.F. LONERGAN, *Il Metodo in Teologia*, 45.

[51] Non si ritenga casuale che proprio intorno ad una evidenza di questa natura e portata si sia scatenata la battaglia decisiva tra le due concezioni.

[52] Cf. V. DI LERIN, *Commonitorium*, R. DEMEULENAERE, ed., in *Corpus Christianorum series latina*, n. 64, Brepols, Turnhout 1985, 149, §2, 5.

scutibile) e pertanto elevabile a criterio di giudizio extra-individuale, si era già scagliato decisamente Cartesio, facendone, al contrario, una caratteristica del – solo – pensiero personale[53]. Non si trascuri neppure come, dalla Scolastica, l'evidenza fosse una caratteristica delle affermazioni come tali: una questione puramente proposizionale. È infatti l'affermazione nel proprio significato/contenuto – e non la realtà – ad essere evidente, riducendosi in tal modo a mera operazione intellettuale individuale (anche non condivisa).

- La Scienza moderna, invece, indirizza i propri sforzi verso la fondatezza; verso, cioè, il supporto esterno delle affermazioni/proposizioni: un supporto concreto, immanente, sperimentale o esperienziale (la radice semantica è la stessa!), che comunque comporti un accesso a cose o fenomeni, non a sole affermazioni. La fondatezza non deriva da teoriche e solo immaginarie/ipotetiche tavole di verità ma da concrete tavole di presenza-assenza-graduazione (cf. F. Bacone) che supportino (portino/reggano su di sé) le affermazioni/proposizioni che si ritengano scientifiche. L'evidenza nasce dal ragionamento, la fondatezza dall'esperienza.

b) L'introduzione del metodo al posto del rigore pone in luce anche la preminenza assoluta nella Scienza moderna del procedimento rispetto al ragionamento. Si tratta dello strumento o, se si preferisce, dell'itinerario attraverso cui si transita dall'introduzione di una questione alla sua soluzione: il flusso attraverso cui si passa dall'*input* all'*output*, dalla domanda alla risposta direbbe Lonergan. Nella Scienza moderna – orientata alla *res extensa* (*ob jectum*) – il primato gnoseologico è operativo: si comprende ed apprende sul campo attraverso le «sensate esperienze» di galileiana memoria. «Esperienze» e non pensieri; «sensate» in quanto intenzionali, organiche, strutturate, pertinenti, coerenti. Un procedimento che è concreto, fattuale, operativo, che fa cose, compie operazioni; un procedimento che in sé e per sé (in quanto struttura

---

[53] «Non ci dobbiamo mai lasciar persuadere se non dall'evidenza della nostra ragione. E si noti che dico della nostra ragione, e non certo della nostra immaginazione, né dei nostri sensi». R. DESCARTES, *Discours de la méthode pour bien conduire sa raison, et chercher la verité dans les Sciences*, s.l., 1637, A-T 39, 28-31. Cf. G. FORNERO, «Evidenza», in N. ABBAGNANO, *Dizionario di Filosofia*, 3 ed., Utet, Torino 1998, 449.

operativa) è l'anima stessa della Scienza moderna[54], indipendentemente dall'oggetto preso in considerazione.

- Per contro, il ragionamento era – e rimane – qualcosa di completamente intellettuale, interno alla *res cogitans* stessa, certamente capace di rapporto con la realtà ma non ad esso necessitato, capace anche di operare con concetti e fattispecie puramente fittizi o irreali (come l'araba fenice o l'ippogrifo), senza potenziali limiti – né tanto meno controlli – poiché tutto l'immaginabile può esserne/diventarne oggetto[55].

c) La sostituzione del procedimento al ragionamento porta con sé anche la sostituzione delle conclusioni da parte dei risultati: un altro passo avanti che costituisce una cesura tranciante tra scienza classica e Scienza moderna. Ciò che i diversi procedimenti mettono a disposizione del ricercatore/studioso sono dei risultati: nuove predicazioni funzionali – per quanto anche assolutamente parziali – che ampliano la caratterizzazione dei diversi oggetti di studio/ricerca. Predicazioni il cui contenuto è supportato/fondato da elementi esterni a ciascun singolo soggetto; elementi esterni ed in qualche modo pubblici: accessibili (potenzialmente) a chiunque e da chiunque verificabili nella loro fondatezza e tenuta.

- La natura della conclusione, soprattutto sillogistica, era ben differente: date determinate premesse, assiomatiche o derivate, dalla loro concatenazione secondo predeterminati modelli inferenziali (analogia, allegoria, similitudine, deduzione, abduzione, ecc.) si giungeva alla chiusura (conclusione) del ragionamento attraverso una proposizione con pretesa veritativa, che estingueva in qualche modo l'istanza problematica originaria. Una conclusione che, nella maggior parte dei casi,

---

[54] Rimane tutt'ora magistrale quanto scritto in merito da N. Spaccapelo: «quando parliamo di procedimento scientifico non ci riferiamo a ciò che distingue una Scienza dall'altra ma a ciò per cui tutte sono Scienze, nonostante le diversità degli oggetti considerati. Nello sviluppo di ogni Scienza particolare c'è un procedimento che è essenzialmente identico a tutte e che, perciò, si può chiamare procedimento scientifico». N. SPACCAPELO, *Fondamento e orizzonte. Scritti di Antropologia e Filosofia*, Armando, Roma 2000, 16.

[55] La parabola tra Anselmo d'Aosta (secondo cui il pensabile esiste) ed Hegel (per il quale tutto il razionale è reale) da questo punto di vista merita molta maggior riflessione di quanta se ne sia dedicata fino ad oggi.

risultava evidente – e quindi non ulteriormente problematica – per chi la poneva, e che invece risultava spesso incomprensibile o inaccettabile a chi disponesse di altro genere di evidenze.

d) Conseguenza quasi immediata, ed inevitabile, della sostituzione del *procedimento* al *ragionamento* è il subentro della "complessità" alla "semplicità". Di fatto il mondo della conoscenza classica era popolato da una ridottissima quantità di elementi. Per quanto, infatti, ogni pensabile potesse esistere (ed esistesse pure!) o per quanto ogni razionale fosse reale, il numero di *res* che potevano concretamente popolare la mente umana (in balia delle deduzione) prima della Rivoluzione fisico-nucleare era comunque estremamente limitato rispetto a quanto popola oggi la conoscenza scientifica. Il mondo classico[56], in fondo, ed il modo di ragionare-conoscere al suo interno era un mondo *chiuso*, un vero e proprio "sistema"[57] più o meno perfettamente costruito "su" (o "a partire da") assiomi e principi, perfettamente delineati (e 'conosciuti'): vere e proprie Geometrie, più o meno estese. E proprio in quanto/come Geometrie era caratterizzato da veri "trascendentali" (=condizioni di possibilità a priori) quali – *in primis* – il principio di non contraddizione ed il terzo escluso: veri *escamotages* intellettuali (in realtà "restrizioni mentali") che permettevano di muoversi con tranquillità all'interno di un mondo che doveva essere il più sicuro possibile. *Sicuro*, non *certo*! Sicuro poiché definibile, definito e privo di incognite, di dubbi o di salti[58].

- La Rivoluzione fisico-nucleare, da parte sua, ha infranto queste presupposizioni, dovendosi rendere conto che in realtà (quella vera, concreta, fattuale... non quella idealistica!) il mondo "là fuori" (la *res*

---

[56] Ma in realtà anche quello idealista ottocentesco.
[57] Per quanto, prima dell'Ottocento, tale categoria non sia applicabile negli stessi termini.
[58] Si ricordi il classico assioma scolastico: *natura non facit saltus*, sentenza con la quale s'intendeva affermare che ogni cosa in natura avviene secondo leggi fisse e per gradi. «La formula [...] si trova nella forma tradizionale in: C. Linneo, *Philosophia botanica* (1751) cap. 27, ma già era presente in G.W. Leibniz, *Nouveaux essais* (1704) IV, 16, 12, nella forma *"tout va par degrés dans la nature, et rien par saut"*» (URL: <http://www.treccani.it/vocabolario/natura-non-facit-saltus/> in data 10-03-2014).

extensa) non funziona affatto secondo tali principi. *Relatività, indeterminazione, incompletezza, quantistica*, contraddicono in tutto l'approccio classico (meglio: intellettualistico, a-empirico). La relatività, infatti, supera d'impeto la non-contraddizione poiché massa ed energia sono reciprocamente convertibili e la stessa luce è contemporaneamente[59] sia onda che corpuscolo. L'indeterminazione vanifica il terzo escluso poiché non esiste necessità (ontica = un dover essere) che costringa una particella ad essere/stare in un determinato/determinabile luogo. L'incompletezza spezza qualunque sistema/*ordo* poiché non tutte le proposizioni valide entro un sistema sono completamente giustificabili all'interno del sistema stesso. La struttura *quantica* della materia smentisce *in natura ipsa* l'assenza di salti.

e) Quinta alternativa/contrapposizione complementare rispetto a metodo *vs*. rigore è quella tra funzione euristica propria della Scienza moderna e funzione ermeneutica propria di quella classica; funzioni che potrebbero anche essere indicate come *proiettiva-predittiva* (utilitaristica) e *causale-esplicativa* (ontologica). L'evidente intenzione galileiana di non «tentare le essenze» ma di descrivere il funzionamento della realtà ha capovolto il "verso" dell'itinerario gnoseologico-scientifico moderno indirizzandolo dal presente al futuro così da poter in qualche modo interagire con la realtà servendosi delle sue stesse potenzialità (le così dette leggi di natura), per conseguirne benefici al momento indisponibili (si veda, in merito, la Tecnologia). Chiave di volta di questo procedere è l'individuazione delle regole di funzionamento delle diverse *res extensæ* via via oggetto d'indagine, ricerca e conoscenza. Regole che sono ben diverse dalle cause; regole che indicano il "come" conseguire un determinato obiettivo in base alle condizioni funzionali sufficienti affinché ad A segua – quasi – certamente B. Le regole, fondate sui risultati del procedimento, permettono così di costruire, nel vero senso del termine, *res* future sino ad allora inimmaginabili.

- Al contrario lo *scire per causas* non permetteva che di scendere dal presente al passato della realtà (funzione esplicativa/ermeneutica) in

---

[59] Categoria insufficiente poiché dipendente dal concetto – presupposto – di tempo.

quelle che, ad ogni effetto, non potevano che presentarsi come autentiche genealogie retrospettive da ciascun *ens* alla sua *archè*, da ciascun *singulum* al suo *universale*, senza tuttavia esser mai in grado di nulla dire – di realmente significativo – non solo sul futuro di tale *ens/singulum*, ma neppure sul suo presente, poiché la maggior parte delle infinite eventuali potenzialità intrinseche alla sua essenza – non essendo necessitate – non avrebbero alcuna garanzia di realizzarsi.

3. Il Metodo in Teologia come metodo scientifico

Dopo questi pur semplici cenni di introduzione alla problematica del metodo in ambito scientifico – generale ed ecclesiastico – negli ultimi centocinquant'anni, non sarà difficile cogliere l'innovatività e la grandezza della proposta lonerganiana in merito[60], approcciata attraverso la sua opera metodologica per antonomasia: *Method in Theology* (dell'anno 1972; trad. italiana: 1975), alla quale si tenterà in queste brevi note un approccio critico in chiave di espressa epistemologia scientifica[61]; non prima tuttavia di alcune osservazioni e premesse che risultano necessarie per inquadrare adeguatamente l'opera del Gesuita canadese all'interno della tematica epistemologica come tale.

La maggior osservazione che è necessario fare, anche per rendere ragione (o almeno prendere atto) della scarsissima penetrazione del pensiero dell'Autore – e della sua radicale ignoranza – nel mondo culturale contemporaneo, ecclesiastico e non, riguarda la sua collocazione di nicchia: fuori dalle vie ordinariamente battute tanto dagli studiosi laici che dagli ecclesiastici del secondo Novecento. Va infatti notato come il pensiero laico dell'epoca abbia sviluppato le problematiche connesse al metodo essenzialmente all'interno del campo delle Scienze e Discipline naturalistiche (*Sciences*), trovando confronto filosofico soprattutto con la Filosofia analitica nord-americana o con l'ambito latamente ermeneu-

---

[60] Tanto più per la sua condizione e formazione di ecclesiastico ed in materia di Teologia.
[61] Per la differenza tra *Epistemologia scientifica* ed *Epistemologia filosofica* si veda: P. GHERRI, *Ricerca scientifica umanistica*, 55.

tico dell'Europa continentale (da Wittgenstein a Gadamer a Popper, per semplificare). La Teologia cattolica del dopo-guerra, per contro, fu dominata dall'influenza dell'impostazione dialettica barthiana e dalle varie rinascenze comunque sviluppatesi – di conseguenza o in relazione – nell'Europa centrale (Rahner, De Lubac, ecc.). In tale contesto: un ex-docente 'romano' di formazione scolastica che a fine Concilio se ne torna in Nord America occupandosi prevalentemente di Gnoseologia, Educazione ed Economia[62], pur nella sua genialità come teologo dogmatico, non poteva trovare grande accoglienza, né in America (occupata in ben altro), né in Europa (pure orientata altrove). Solo chi lo aveva conosciuto proprio come docente di dogmatica all'Università Gregoriana manteneva accesa la fiammella dell'innovativo – e necessario – approccio metodologico da utilizzare prima di tutto in Teologia, senza disdegnarne una più ampia applicazione, accendendo altri lumi in molti ambiti delle Scienze ecclesiastiche ancora piuttosto tenebrosi[63].

È in questo contesto epistemologico generale del secondo Novecento che va collocato B. Lonergan come vero novatore di quel "piccolo mondo antico" che era ad ogni effetto la *eburnea turris* della Teologia cattolica preconciliare, comunque scolastica, almeno nei presupposti gnoseologici ed epistemologici (se questa categoria può essere pacificamente usata). Quanto, infatti, il teologo gesuita emerga e si distanzi dall'originario contesto ecclesiastico, divenendone un acceso critico ed un vero innovatore, è questione puramente relativa al contesto stesso, mentre dal punto di vista epistemologico generale ci si confronta con la totale assenza della sua considerazione.

---

[62] Rimando alla recentissima pubblicazione in lingua italiana: B.J.F. LONERGAN, *Studi di Economia. Primi saggi*, OBL 21, ediz. italiana a cura di M. TOMASI, Città Nuova, Roma 2013.

[63] Sia permesso segnalare qui l'esplicita adozione del metodo lonerganiano anche in Diritto canonico da parte del confratello gesuita L. Örsy, studente (anno 1948) e docente (anni 1960-1966) presso l'Università Gregoriana durante gli anni romani di Lonergan: L. ÖRSY, «Lonergan's Cognitional Theory and Foundational Issues in Canon Law: Method, Philosophy and Law, Theology and Canon Law», *Studia canonica*, XIII (1979), 177-243.

3.1 L'opera e le sue premesse

Una prima osservazione in qualche modo strutturale su *Method in Theology* va effettuata sulla qualificazione contenutistica della riflessione metodologica dell'Autore: una qualificazione per certi aspetti più gnoseologica che epistemologica, nonostante spesso il linguaggio epistemologico venga attivato a suo riguardo[64]. La dipendenza di *Method in Theology* da *Insight*[65] lo dimostra con certezza, benché si sia scritto che «la questione metodologica [...] doveva condurlo, per un'esigenza interna, a un ampio studio sulla conoscenza umana. Il problema del metodo infatti non è altro che il problema della possibilità e delle norme relative ai vari esercizi sistematici della conoscenza. Di qui la necessità di studiare la conoscenza stessa»[66].

Nella stessa direzione sembra muoversi anche la recezione del pensiero metodologico lonerganiano: non sono tanto i teologi (in quanto scienziati) quanto i filosofi (della conoscenza) ad occuparsi solitamente del pensiero del Gesuita canadese. Il presupposto di base della riflessione lonerganiana, l'attenzione alla appropriazione coscienziale, riguarda tuttavia sia la Scienza come conoscenza, sia la Scienza come ricerca. A Lonergan, infatti, interessa dapprima come l'uomo arrivi a conoscere (a questo è dedicata l'opera *Insight*[67]) e in seguito come egli debba concretamente effettuare la sua ricerca[68]. Per quanto non scindibili, le due attività sono e rimangono distinte e distinguibili: *conoscere* e *ricercare* non sono la stessa cosa, così come non lo sono conoscenza e Scienza.

L'approccio testuale a *Method in Theology* mette in risalto come, pur parlando espressamente di metodo e pur riferendosi concretamente ad uno specifico metodo, l'opera di Lonergan ha più le caratteristiche di un'analisi fenomenologica di quanto accade con le specializzazioni funzionali piuttosto che di una Epistemologia scientifica vera e pro-

---

[64] Si veda, per esempio, G.B. SALA, *Presentazione all'ediz. italiana*, in B.J.F. LONERGAN, *Il Metodo in Teologia*, 20.
[65] Cf. *Ibidem*.
[66] Ivi, 17.
[67] Cf. B.J.F. LONERGAN, *Insight. A Study of Human Understanding*, Longmans, London 1957.
[68] Come si vedrà più oltre, affrontando direttamente *Method in Theology*.

pria. Il suo interesse di fondo non è tanto rivolto alle cose particolari da studiare né alle dirette modalità per farlo, ma a ciò che dovrebbe accadere nello studioso che si organizza a partire da *sé conoscente*, e ciò lo impegna ben prima dell'oggetto da conoscere.

Questa, però, costituisce la vera innovazione metodologica di Lonergan in campo ecclesiastico: il distacco da una scienza sterilmente oggettuale poiché costretta alla immutabilità dell'eterno ed alla stabilità degli universali. La Scienza per Lonergan non è più ricognizione ed esplicitazione dell'universale – già dato e conosciuto *per causas*[69] – ma concreta attività cognitiva personale, poiché non si riduce al mero possesso finale di informazioni, anche su Dio, ma coincide col comprendere (prendere/tenere insieme) e questo anche – e forse soprattutto – in campo teologico. Un comprendere che – ben oltre la Neo-scolastica – si distacca da quella Filosofia quale primo referente e fonte eterna di dati/informazioni (certi perché universali/rivelati) e inizia ad esplorare lo spazio teologico cristiano a partire dalle sue vere sorgenti, *in primis* l'esperienza biblico-evangelica, per poi proseguire con la storia della Teologia, come fece Lonergan stesso con gli studi su S. Tommaso[70].

Con *Method in Theology*, non di meno, Lonergan, dopo aver indagato in *Insight* l'apprensione e la comprensione umana prioritariamente in chiave cognitiva, mettendone in luce le principali e strutturali caratteristiche, ha dedicato attenzione al passo successivo della conoscenza umana, quello che si realizza in qualche modo all'esterno (se è possibile dirlo in questi termini) dell'uomo stesso: il *metodo* per organizzare le sue conoscenze.

In questo modo si potrebbe quasi dire che Lonergan abbia seguito in qualche misura Dilthey studiando il funzionamento concreto dello *spirito* umano – inteso tuttavia come *mente* – per poi ricondurlo al necessario rapporto con la realtà alla quale, non di meno, lo spirito umano stesso appartiene, ma non in modo dialettico[71]. Ciò che per Dilthey (e gli idealisti in genere) avviene all'interno della sola mente

---

[69] O per divina rivelazione.
[70] Quello dal 1938 al 1940 *Gratia operans* e quello del 1946-1949 sulla Teologia trinitaria. Cf. G.B. SALA, «Presentazione», 16-17.
[71] Si escludono la modalità di rapporto kantiana e quella hegeliana.

umana attraverso le dinamiche proprie del *Geist*, per Lonergan, invece, avviene coinvolgendo tutto l'uomo a partire dalla sua percezione sensoriale. È qui che prende corpo e si sviluppa il metodo. Diversamente dai filosofi della Modernità – tedeschi e non-cattolici –, Lonergan, forte della base teologica cattolica, non accetta la contrapposizione tra natura e spirito (umano), ma reinserisce l'uomo e l'umano nell'unica realtà frantumata dal kantismo.

In Lonergan la fenomenologia dello spirito umano (da Kant a Dilthey) diventa così fenomenologia del soggetto umano (come già in Husserl[72]), offrendo la possibilità d'investigare prima di tutto la mente e la coscienza, evidenziando soprattutto le funzioni e caratteristiche dell'intelletto cosciente, non solo il *Geist*. Un intelletto *cosciente*, come quello familiare a S. Tommaso ed alla Scolastica medievale e non un intelletto *volente* come quello di Suárez e delle Scolastiche successive (Seconda in particolare). Diventa facile in tal modo il passaggio dalla fenomenologia del soggetto umano alla Gnoseologia e quindi alla Epistemologia attraverso la tematica – trasversale – del *come* concretamente si conosce, del *come* concretamente si formano nel soggetto le sue specifiche conoscenze e la sua più complessa conoscenza: realistica[73], unitaria, integrata, responsabile.

In questa sua riflessione critica sulla Modernità, però, Lonergan non

---

[72] Va tuttavia notato come la riflessione lonerganiana, nel libro sul metodo, sembri svolgersi e svilupparsi in modo del tutto indipendente da quella di Husserl, che figura citato in modo molto marginale (quasi per dovere di cronaca) senza costituire in nulla un riferimento contenutistico. L'indice degli autori citati posto al termine de *Il Metodo in Teologia* (ediz. italiana del 2001) riporta E. Husserl solo 5 volte (pagine: 112, 129, 242 [citato attraverso H.G. Gadamer], 295, 296), la maggior parte delle quali come semplice parte di un elenco di autori.

[73] Sarebbe preferibile in proposito parlare di *realisticità* e non solo di realismo, poiché, per essere realistici, non basta affatto affermare che una *res* esista: in questa prospettiva, anche Hegel si riteneva (ed è ritenuto) realista a causa della sua convinzione che «ciò che è razionale è reale». Cf. G.W.F. HEGEL, *Lineamenti di Filosofia del Diritto*, Prefazione, in *Hegel*, coll. *I classici del pensiero*, n. 70, Utet, Torino 2009, 658. Realista fu S. Tommaso - cf. S. THOMAS, *Summa Theologiæ*, II-II, q. 1, a. 2, ad 2 - e chiunque altro non abbia fuggito la realtà. Essere realistici invece significa e comporta l'attenzione meticolosa all'esperienza quotidiana e, più ancora, il continuo e radicale confronto tra ciò che accade e ciò che ne pensiamo.

soltanto coglie e disinnesca il presupposto duale kantiano e quello dialettico hegeliano con le loro analisi dei fenomeni (intrinsecamente contrarie alla Scienza moderna come tale[74]) ma si confronta – molto più proficuamente – col vero problema già posto da Cartesio alla base della *Scientia nova* e non ancora risolto dopo quattro secoli: le due facce della realtà, quella *cogitans*[75] e quella *extensa*, il *soggetto* (non lo spirito) e l'*oggetto* (non il mero fenomeno che semplicisticamente appare). Per Lonergan la realtà non solo contiene l'uomo ma essa gli si pone anche innanzi, lo sollecita (in quanto *cogitans*) ad appropriarsi tanto di sé quanto di ciò che è e rimane diverso da sé, e che non può essere introiettato – come gli universali (innati o acquisiti) – ma gli rimane sempre "*ob jectum*" (cioè *res extensa*). A tal proposito – contro ogni superficiale relativismo imputato a Cartesio – è necessario non continuare a trascurare come nel suo pensiero il *cogito* appartenga all'ordine/dominio della certezza (*episteme, Scientia*)[76] e ne sia la base irrinunciabile: la prima e fondamentale delle certezze. Pertanto né *doxa* né *opinio*! Il *cogito*, come tale, va riconosciuto nel suo radicale essere *operatio* (per dirla col linguaggio di Lonergan): attività conscia del soggetto conoscente[77].

---

[74] Di fatto Kant con la sua attenzione ai fenomeni ha inferto all'Epistemologia, oltre che alla Gnoseologia, un colpo terribile, intralciandone lo sviluppo per almeno due secoli. Se, infatti, sono conoscibili, e pertanto studiabili, solo i fenomeni (ciò che appare) e non i noumeni (ciò che davvero è), allora ciò che si realizza nella ricerca/studio è soltanto – ma anche giustamente – una "fenomeno-logia" (discorso intorno al fenomeno). Questo però sposta il centro di attenzione della ricerca/studio dalla realtà, e quanto di essa si può dire con certezza (*episteme, Scientia*), alle sue sole manifestazioni esterne e quindi parzialissime, spingendo poi l'attenzione unicamente a quanto effettivamente gestibile alla conoscenza umana e cioè le sue sole rappresentazioni, ben diverse dalle attuali teorie scientifiche ("modelli funzionali"). Il pensiero kantiano culminò nella prospettiva diltheyana che, se in realtà nulla o quasi potè contro le *Naturwissenschaften*, risultò assolutamente distruttiva verso quelle antropologico-umanistiche, *Geisteswissenschaften*, le quali, anziché l'*uomo*, avrebbero dovuto studiare il suo "spirito".

[75] Una buona comprensione di Cartesio la vorrebbe tradotta in "interna", "intellettuale".

[76] Nella Scolastica medioevale lo si sarebbe ancora ricondotto alla *ratio*.

[77] I passaggi cartesiani contro le «illusioni» e le altre forme di attività mentale non-cosciente – stigmatizzate nel sogno – sono un vero *topos*, soprattutto nel *Discorso sul metodo*. Cf. R. Descartes, *Discours de la Méthode*, A-T 32, 15; 35, 19; 38, 8; 39, 11; 39, 13; 40, 13; 40, 20.

Proprio con Cartesio va rilevata in Lonergan una sorprendente prossimità di vedute circa il funzionamento della conoscenza certa della realtà (*episteme*)[78]. Cartesio, d'altra parte, prima di essere identificato come l'esecrando padre di ogni bruttura della Modernità idealistica[79], era stato il precursore della attenzione ai fenomeni attraverso la sua volontà di indagare ed illustrare come funziona la comprensione della realtà, attuata con efficacia, secondo i presupposti non-classici[80]. Ma era stata proprio la riflessione di Cartesio sul metodo a predisporre un embrionale metodo trascendentale per l'ambito non-metafisico[81], un metodo poi stravolto da Leibniz (1646-1716) con la sua *matematizzazione e calcolo universali*, che ben presto tagliarono fuori dal concetto stesso di Scienza tutte le Discipline antropologiche, poiché non matematizzabili, aprendo così a Dilthey. Per questo Cartesio, invece, andrebbe considerato il padre della trascendentalità del metodo poiché fu il primo a passare veramente dalla catena delle *causæ* (metafisiche) alla riflessione critica su quanto concretamente osservato, compreso e condiviso.

Lonergan integrerà questo approccio dando corpo e consapevolezza

---

[78] Si pensi a: 1) lo spostamento della conoscenza sul/nel soggetto; 2) la portata gnoseologica del 'proprio' giudizio [AT 27,25]; 3) l'isomorfismo della conoscenza [AT 19,10 - AT 21,25 - AT 29,25] (la *mathesis universale*); 4) la differenza tra l'atto di credere ed il sapere di credere [AT 23,20]; 5) la strumentalità del metodo alla conoscenza e non alla formulazione della soluzione.

Le citazioni espresse di Cartesio nell'opera sono solo 5 (alle pagine: 129; 254; 292; 293; 348) tuttavia alcune di esse, a differenza di Husserl, risultano di fatto assumere il pensiero dell'autore citato (cf. 292; 293; 348).

[79] Giudizio assolutamente ideologico ed irrispettoso del vero e reale pensiero dell'autore a cui si addossano colpe e responsabilità in realtà a lui ben successive ed in gran parte originarie, invece, di I. Kant.

[80] A questo mirava la sua operetta sul metodo. Cf. R. DESCARTES, *Discours de la méthode*.

[81] «Pensai che, per considerarle meglio singolarmente prese, dovessi tradurle in linee, perché non trovano nulla di più semplice né che potessi più distintamente rappresentare alla mia immaginazione ed ai miei sensi; ma per ricordarle o comprenderne parecchie insieme, bisognava che le esprimessi con cifre, le più brevi possibile». R. DESCARTES, *Discours de la méthode*, A-T 20, 13-20.

a queste intuizioni e strutturando un vero e proprio *metodo* che non riguarda la catena inferenziale tra le *causæ*, ma l'attività consapevole del soggetto conoscente che ridiventa protagonista della conoscenza e della Scienza. Ben diversamente dai classici che si erano accontentati del solo rigore.

3.2 Il titolo dell'opera

Lo spazio di trattazione che Lonergan ha dedicato espressamente al metodo in sé e per sé (quello che potremmo definire l'approccio epistemologico vero e proprio) non è stato molto ampio: il suo riferimento al metodo è stato piuttosto lo sviluppo di *Insight* che lo ha accompagnato fedelmente, riemergendo spesso 'dietro' e 'tra' le tematiche più specifiche, via via trattate in profondità. Per Lonergan il *metodo* non è stato tanto una questione da trattare (com'era stato invece per Cartesio) ma una pratica da attuare: un vero pre-supposto – operativo anziché teoretico – sempre presente in ogni sua riflessione.

L'opera *Method in Theology* lo dimostra in modo chiaro ponendo l'accento non tanto sul metodo come tale, ma sul lavoro teologico svolto *con metodo* e non più con solo rigore. Si permetta in proposito di osservare come il significato contenutistico del titolo originario dell'opera lo metta in molto maggior evidenza che non alcune sue traduzioni in altre lingue. *Method in Theology*, infatti, lascia capire bene che l'oggetto della trattazione è *la Teologia svolta con metodo*; il titolo dell'edizione italiana – invece – , *Il metodo in Teologia*, sposta *decisamente* sul metodo come tale[82] l'accento contenutistico dell'opera, enfatizzando una specifica interpretazione del pensiero dell'autore.

Le formulazioni dello stesso titolo nelle diverse traduzioni sono eloquenti in merito:

Metoda w Teologii, Warszawa, 1976;
Pour une méthode en Théologie, Paris, 1978;
Método en Teología, Salamanca, 1988;

---

[82] È questo il "soggetto" della 'proposizione' parziale in cui si sostanzia il titolo.

Methode in der Theologie, Leipzig, 1991;
Método em Teologia, São Paulo, 2013.
Il problema non è linguistico ma *logico*. Si tratta di una questione espressamente *proposizionale*: inglese, spagnolo, tedesco, polacco e portoghese – prive di articolo determinativo iniziale – lasciano capire benissimo che l'opera lonerganiana tratta essenzialmente di Teologia, per quanto in chiave metodologica; il linguaggio scolastico direbbe che l'*obiectum formale quod* è la Teologia, il *formale quo* è il metodo. Il titolo italiano, per contro, inverte i rapporti di forza: tema appare «il metodo», trattato in riferimento alla Teologia; anche il francese, per quanto attenui un po' tale indirizzo attraverso l'uso di un articolo indeterminativo (*"une"*), centra espressamente il fuoco tematico sul *metodo*[83].

Né deve trarre in inganno in proposito quanto lo stesso Lonergan scrive al termine della sua «Introduzione» all'opera: «scrivo non di Teologia, ma sul metodo della Teologia»[84]. Il suo dire che non scrive «di Teologia» significa in concreto che non svolgerà tematiche teologiche quanto a contenuti: «ciò di cui mi occupo non sono gli oggetti spiegati dai teologi, ma le operazioni che i teologi compiono»[85]... o *dovrebbero imparare a compiere*.

Di fatto il suo indirizzarsi al *metodo* è assolutamente funzionale alla sola Teologia; le «specializzazioni funzionali» proposte sono infatti espressamente indirizzate alla Teologia e non direttamente ascrivibili né esportabili ad altre Discipline scientifiche umanistiche. Esse, di fatto, implementano – come in realtà tutto il volume – lo specifico "metodo categoriale" che Lonergan propone per tale Scienza e gode di un'altra specificazione della dimensione trascendentale rispetto al «Metodo Empirico Generalizzato»[86] come tale. Non per nulla proprio la stessa Introduzione all'opera inizia con le parole «la Teologia»[87]: è questa che gli interessa rinnovare e rimettere in strada in modo plausibile e realistico dopo la parentesi (anti)modernista. Il *metodo* è solo lo strumento per assicurare il «successo» di tale attività (*v. infra*).

---

[83] In merito si veda più oltre.
[84] B.J.F. LONERGAN, *Il Metodo in Teologia*, 30.
[85] *Ibidem*.
[86] Cf. Ivi, 45.
[87] Ivi, 29.

3.3 Capitolo primo. Il metodo

Nel 'cappello' iniziale, prima della trattazione tripartita del metodo[88], Lonergan pone un'evidente insistenza su di un termine – in realtà un concetto – piuttosto estraneo alle prospettive latamente umanistiche: il «successo». Il termine ricorre quattro volte in poche righe ad indicare qualcosa che la scienza/conoscenza classica non pare aver mai considerato (né conseguito!), ed appare invece come il *criterio della scientificità moderna* con cui Lonergan intende di fatto confrontarsi. Una scelta non scontata ma certamente consapevole e chiara, se l'autore giunge ad affermare che «ci rifaremo alle *Scienze* che hanno avuto maggior *successo*, al fine di formarci una nozione preliminare di metodo»[89] e tali *Scienze di successo* sono quelle «naturali», a detta dello stesso autore. Un successo che Lonergan non spiega né illustra ma che è chiaro doversi intendere come efficacia gnoseologica: le Scienze moderne (di fatto quelle della natura) hanno avuto successo poiché hanno permesso di *aumentare* la reale ed effettiva conoscenza della realtà naturale, cosa chiaramente non accaduta nelle «Discipline accademiche»[90] come la Filosofia e la stessa Teologia per la quale Lonergan si pone proprio il problema dell'attuale e reale *scientificità*.

Vi sono tre pagine dedicate alla «Nozione preliminare» (di metodo)[91] che costituiscono il fulcro della riflessione lonerganiana sul *metodo come tale*: l'unica fondamentalmente epistemologica.

È qui che si trova la celebre definizione di metodo come «schema normativo di operazioni ricorrenti e connesse che danno risultati cumulativi e progressivi»[92]. Definizione tuttavia immediatamente ridimensionata nelle proprie pretese e promesse attraverso tre osservazioni[93]:

---

[88] a) Nozione preliminare; b) schema fondamentale delle operazioni; c) funzioni del metodo trascendentale.
[89] B.J.F. LONERGAN, *Il Metodo in Teologia*, 34.
[90] *Ibidem*. «Il loro soggetto è compreso non nella lista delle Scienze, ma in quella delle Discipline accademiche».
[91] Ivi, 34-37.
[92] Ivi, 34.
[93] Cf. Ivi, 36.

- le regole non bastano a se stesse né portano comunque risultati, semplicemente aprono spazi di maggiore probabilità statistica;
- il metodo non è «un insieme di regole» ma uno «schema di operazioni previo e normativo»;
- il metodo raggruppa e coordina insieme operazioni logiche e non-logiche, diversamente, tanto da Aristotele che da Hegel.

Con la trattazione dello «Schema fondamentale delle operazioni»[94] va riconosciuta la coniugazione dalla prospettiva *epistemologica* con la sua espressione di tipo *fenomenologico*. In questa prospettiva Lonergan elenca le caratteristiche delle *otto* operazioni che la mente del ricercatore attua:
- sono transitive (=hanno oggetti),
- sono soggettive (=sono compiute da qualcuno in modo conscio),
- oggettivano contenuti di coscienza,
- avvengono su quattro livelli di coscienza (empirico, intellettuale, razionale, responsabile),
- producono intendimenti diversi (categoriali e/o trascendentali),
- riguardano oggetti semplici o complessi,
- portano dai dati al bene (attraverso l'intelligibile ed il vero),
- sono dinamiche.

La trattazione del Metodo trascendentale[95] propone gli elementi epistemologici attraverso una fenomenologia del soggetto, una fenomenologia normativa, che non *de-scrive* cosa/come accade ma *pre-scrive* cosa/come dev'essere fatto dal soggetto che svolge attività scientifica. Egli, secondo i quattro livelli di coscienza ed intenzionalità: *empirica, intellettuale, razionale, responsabile*[96], deve *sperimentare, capire, affermare, decidere*[97]. L'estrema concretezza dell'Autore e la sua reazione al precedente intellettualismo pre-scientifico lo porta però ad esplicitare il dubbio circa il reale verificarsi e la reale articolazione di queste ope-

---

[94] Ivi, 37-44.
[95] Ivi, 44-51.
[96] Ivi, 39.
[97] Ivi, 46. Da cui, derivano i quattro elementi del metodo: *osservazione, intelligenza, giudizio, decisione (Ibidem)*.

razioni che – tuttavia precisa bene – non sono invenzioni intellettualistiche ma *esistono* in quanto consce e razionali, come già aveva indicato quindici anni prima in *Insight* [98].

Lonergan passa poi alle «Funzioni del metodo trascendentale»[99], la cui descrizione – ancora – è epistemologico-generale. Esse sono dodici, indicate con titoli soprattutto evocativi, che rimangono su una certa *generalità*, essendo privi di illustrazioni o di rinvii a effettivi contenuti.

Alle prime sette funzioni: *normativa, critica, dialettica, sistematica, continuativa, euristica, fondante*[100] ne seguono altre cinque, più prossime ad *affermazioni di principio*: - il Metodo trascendentale ha attinenza con la Teologia; - gli oggetti teologici non giacciono fuori del campo trascendentale; - il Metodo trascendentale non aggiunge nulla alla Teologia ma la rende più precisa; - il Metodo trascendentale è una chiave per l'unificazione della Scienza; - il Metodo trascendentale non introduce nella Teologia elementi estranei, come invece la vecchia Filosofia scolastica.

Conclusivamente: il Metodo trascendentale è una parte del metodo teologico a cui fornisce la componente antropologica di base (in fondo il "soggetto"); quella componente che era rimasta fino ad allora sostanzialmente esclusa dall'approccio intellettualistico delle precedenti metodologie teologiche, per le quali il soggetto non era l'autore della (propria) conoscenza della realtà ma il destinatario di informazioni a suo riguardo.

Nell'orizzonte della divaricazione delle *due culture* e dei due corrispondenti *mondi scientifici/disciplinari* – non meno che in quello diltheyano ed in quello neoscolastico – Lonergan percepisce con chiarezza che uno di essi è palesemente «rimasto indietro»[101] e si tratta proprio di quello *umanistico*, cui appartengono sia la Filosofia che la Teologia. Ago della bilancia in tale comparazione – o, se si vuole, contrappeso – è il successo delle Scienze naturalistiche, che proviene esattamente dal *metodo* da esse utilizzato[102]. Secondo Lonergan le cose cambieranno

---

[98] B.J.F. LONERGAN, *Insight*, 48-50.
[99] B.J.F. LONERGAN, *Il Metodo in Teologia*, 51-56.
[100] Ivi, 51-54.
[101] Ivi, 34
[102] Ivi, 34; 54.

quando anche le discipline umanistiche applicheranno metodi ...e metodi adeguati[103]. Metodi che, come quelli delle Scienze naturali, tengano conto dell'intera struttura coscienziale e gnoseologica umana, partendo dall'esperienza del reale e non approcciandolo solo in modo intellettuale, in linea di principii.

È in quest'ottica che si può prendere atto di come, in fondo, Lonergan non faccia altro che scendere di un livello di «coscienza ed intenzionalità»[104] rispetto all'approccio scolastico tradizionale/classico per raggiunge l'*empiricità*, che diventa la sua nuova base di partenza cognitiva ed epistemologica.

Il teologo-filosofo fa così la scoperta (illusoria ed ingenua) dei *dati*, che lo scienziato sa non esistere affatto[105]... Ma in questo modo – nonostante tutto – egli esce dal semplicistico realismo gnoseologico (classico) per assumere quello critico moderno[106]: è questo il vero crinale, la svolta (rivoluzione o conversione che dir si voglia) decisiva ed innovatoria rispetto alla completa ignoranza della concretezza del reale da parte della Filosofia classica e scolastica che si era sempre posta al livello intellettuale, fatto – soltanto – di principii e rigorose deduzioni[107].

Che il teologo in quanto "scienziato" cerchi – e debba cercare – dati anziché principii costituisce la vera acquisizione lonerganiana in campo epistemologico ecclesiastico: il punto di non ritorno, la rivoluzione copernicana. Tutto il resto (anche il non detto e il detto 'male' dall'autore stesso) vale in relazione e/o dipendenza da questa nuova consapevolezza! E potrebbe anche esser tralasciato.

---

[103] «La Scienza propriamente detta è la Scienza che ha successo». Ivi, 33.
[104] Ivi, 39.
[105] «I cosiddetti "dati" non crescono nei prati e ricercatori non li raccolgono, [ma] essi sono piuttosto "costruiti" dal ricercatore stesso attraverso procedure di interpretazione e di attribuzione di significato», tali dati «non esistono al di fuori delle operazioni che il ricercatore compie in rapporto a un determinato quadro di riferimento teorico». A.P. ERCOLANI - A. ARENI - L. MANNETTI, *La ricerca in Psicologia*, Roma 1990, 88. Cf. anche R. MICELI, «Questionari e test, dati e modelli», in R. MICELI, NIS, ed., *Numeri, dati, trappole. Elementi di psicometria*, Carocci, Roma 2004, 56.
[106] Sulla concettualizzazione di realismo gnoseologico e realismo critico si veda: P. GHERRI, *Ricerca scientifica umanistica*, 23-25.
[107] Cf. G.B. SALA, «*Presentazione*», 17-18.

3.4 Capitolo quinto. Le specializzazioni funzionali

Quanto già evidenziato circa la coscienza del metodo più che il metodo stesso (*v. supra*) risalta nell'apertura del Capitolo quinto di *Method in Theology*: «introdurre il metodo in Teologia significa concepire la Teologia come un insieme di operazioni connesse tra di loro e ricorrenti le quali avanzano verso una meta ideale in maniera cumulativa»[108]; una definizione sostanziale di Teologia che coincide di fatto con quella stessa di metodo[109]. Ne deriva una sorta di descrizione della Teologia (e non del metodo) sul crinale tra un passato inefficace (privo di *successo*) ed un futuro che s'intende preparare ad altri esiti. Punto di partenza è la constatazione che «la Teologia contemporanea è specializzata[110] per cui si deve procedere per «distinzioni».

La prima distinzione riguarda i «Tre tipi di specializzazione»[111] della Teologia dal punto di vista del suo studio: 1) *specializzazione del campo* secondo i «dati pertinenti» (S. Scrittura, Patristica, Medioevo, Riforma, ecc. ad indicare le diverse Discipline tecniche di cui si compongono – o in cui si suddividono – gli studi teologici); 2) *specializzazione del dipartimento/soggetto* secondo i «risultati delle indagini» (in fondo: le macro tematiche teologiche che convergono poi nei diversi Trattati dogmatici); 3) *specializzazione funzionale* «che distingue e separa gli stadi successivi del processo che va dai dati ai risultati»[112].

Data la natura operativa della specializzazione funzionale, l'attenzione dell'autore si concentra su di essa, al fine di metterne in risalto la dimensione di *processo* e le interconnessioni ed interdipendenze con le altre due specializzazioni. Ed è questa la vera particolarità del pensiero teologico dell'autore.

La «divisione in otto parti»[113] s'identifica con le «otto specializzazioni funzionali in Teologia, e cioè (1) la *ricerca*, (2) l'*interpretazione*, (3)

---

[108] B.J.F. LONERGAN, *Il Metodo in Teologia*, 158.
[109] Cf. Ivi, 34.
[110] Ivi, 158.
[111] Ivi, 158-160.
[112] Ivi, 159.
[113] Ivi, 160-165.

la *storia*, (4) la *dialettica*, (5) la *fondazione*, (6) la *dottrina*, (7) la *sistematica*, (8) la *comunicazione*», ciascuna delle quali *offre* alla ricerca e comprensione teologica qualcosa di assolutamente specifico e complementare. Come già per le dodici funzioni del metodo trascendentale però (*v. supra*), all'iniziale ed apparente intuitività dell'elencazione delle specializzazioni funzionali non segue altrettanta chiarezza nella loro illustrazione specifica[114], soprattutto dal punto di vista applicativo-metodologico.

La *ricerca* mette a disposizione i dati pertinenti all'indagine teologica: ciò che è stato scritto; l'*interpretazione* capisce ciò che si è voluto dire. La *storia* (di base, speciale o generale) s'interessa alle dottrine della Teologia cristiana con le loro premesse e conseguenze culturali e istituzionali tanto *ad intra* che *ad extra Ecclesiæ*, fornendo così materiale alla *dialettica* affinché – attraverso il contraddittorio – essa miri ad una visione comprensiva dell'intera esperienza teologica che, nel confronto critico delle diverse posizioni e ragioni, «metta in luce dove esattamente le differenze sono irriducibili, dove sono complementari e dove potrebbero essere conciliate [...] dove infine possono essere considerate come stadi successivi entro un unico processo di sviluppo»[115].

Inoltre la *conversione*, di cui s'interessa la Teologia, riguarda la vita concreta e pertanto dev'essere «tematizzata ed oggettivata esplicitamente» facendo emergere la *fondazione* che, di fatto, non propone dottrine a priori; infatti «la fondazione presenta non delle dottrine, bensì l'orizzonte entro il quale è possibile cogliere il significato delle dottrine»[116]. Lonergan poi aggiunge che le *dottrine*, a loro volta, «esprimono giudizi di fatto e giudizi di valore a partire dalla dialettica, la loro ricchezza espositiva di chiarificazione e sviluppo a partire dalla

---

[114] A pagina 165 del libro l'autore scriverà di aver «indicato in maniera sommaria otto specializzazioni funzionali».

[115] Ivi, 162.

[116] Ivi, 164. Ci troviamo all'interno del paragrafo che presenta le otto specializzazioni funzionali, la *conversione* è per Lonergan la «trasformazione del soggetto e del suo mondo». Cf. Ivi, 163. Interessa tutte le operazioni del soggetto, che sono personali ma non private; possono riguardare anche una comunità ed avere carattere storico.

storia, il loro fondamento nell'interpretazione dei dati propri della Teologia»[117]. Ne deriva la necessità di approfondire ed esprimere in modo chiaro ed appropriato l'espressione dottrinale attraverso un'adeguata e coerente *sistematica* che sia in grado di generare un'efficace *comunicazione* dell'impresa teologica, tanto a livello interdisciplinare che di trasposizione socio-culturale che di adattamenti necessari ai diversi mezzi di comunicazione disponibili.

Dopo aver presentato le specializzazioni funzionali, Lonergan motiva «I fondamenti della divisione» che le ha generate[118] indicandone i due principi: a) le due «fasi fondamentali delle operazioni teologiche», b) i quattro livelli delle «operazioni» consce ed intenzionali, la cui combinazione genererebbe proprio le otto specializzazioni.

Poiché le due fasi fondamentali delle operazioni teologiche coincidono con due modi fondamentali di fare Teologia: *in oratione obliqua* (riportando quanto altri hanno detto sul tema) e *in oratione recta* (cimentandosi di persona ad esprimere oggi la stessa fede), ed ogni operazione ad ogni livello persegue un risultato ed un fine proprio, «ne consegue che la struttura stessa dell'indagine umana ha come risultato quattro specializzazioni funzionali e, siccome in Teologia ci sono due fasi distinte, siamo condotti ad attenderci otto specializzazioni funzionali in Teologia. Nella prima fase della Teologia *in oratione obliqua* ci sono la ricerca, l'interpretazione, la storia e la dialettica. Nella seconda fase della Teologia *in oratione recta* ci sono la fondazione, le dottrine, la sistematica e la comunicazione»[119].

Tra gli elementi sostanziali cui Lonergan dedica larga parte della propria attenzione più espressamente metodologica – ma in realtà coscienziale– si trova «La necessità della divisione»[120] ed è questa che, in realtà, costituisce la vera essenza e la novità della sua proposta metodologica: di fatto "metodo" significa (sud)divisione di *livelli*, di *operazioni*, di *specializzazioni*. In tale prospettiva:

a) le specializzazioni funzionali servono ad impedire che vengano confusi compiti diversi in base alle diverse finalità dei di-

---

[117] *Ibidem*.
[118] Ivi, 165-168.
[119] Ivi, 166-167.
[120] Ivi, 168-170.

versi livelli coscienziali e, subordinatamente, operativi;
b) le specializzazioni funzionali permettono di giungere ad idee chiare e distinte circa la specifica finalità del proprio ricercare su elementi sempre e solo specifici all'interno dell'orizzonte cumulativo finale;
c) la divisione delle competenze specifiche impedirà i totalitarismi e le unilateralità che hanno appesantito (e sviato) molta Teologia dal Medioevo in poi.

Il cumulo e la complessa articolazione di distinzioni e divisioni messe in campo dall'Autore quale *nuovo metodo teologico* lo portano a cogliere un'istanza – ed obiezione – irrinunciabile di unità/identità della Teologia stessa che in tal modo, rispetto al monolite neo-scolastico, appare invece completamente articolata e privata di qualsiasi rigidità. La proposta lonerganiana è quella di «Un'unità dinamica»[121] anziché statica: «l'unità di un soggetto in processo di sviluppo» anziché la «perfezione dell'immobilità completa [...] di termini fissi, di assiomi formulati in maniera accurata e immutabile, di una deduzione assolutamente rigorosa di tutte le conclusioni possibili»[122] ...ma vistosamente priva di ogni "successo"! Seguono poche pagine dense di questioni relative alla storia del dogma cattolico e della Teologia[123] volte a legittimare distinzioni e separazioni e loro connessioni dinamiche, nell'intento di superare l'angusta – ed inefficace – struttura della «relazione logica di premessa a conclusione, di particolare a universale, o di qualcosa del genere»[124] per proporre un sistema progressivo, cumulativo ed aperto in cui *"tout se tient"* ed anche le due fasi della Teologia (*obliqua* e *recta*) si reinnescano vicendevolmente. Sulla fatica teoretica di queste poche pagine si dovrà tornare più oltre.

La prospettiva che ne risulta è chiaramente opposta a quella stratificata e consolidata nella Teologia scolastica in genere. Soprattutto va evidenziato come attraverso queste necessarie divisioni – che in effetti costituiscono il cuore del metodo stesso proposto dall'autore – si con-

---

[121] Ivi, 170-176.
[122] Ivi, 170.
[123] Ivi, 171-172.
[124] Ivi, 173.

traddica radicalmente il principio vetero-epistemologico secondo cui *de singulis non est scientia*, base unica ed incontroversa dell'impostazione gnoseologica classica, anche di S. Tommaso! Impostazione in cui Lonergan individua la debolezza d'essere (stata) solo espressione della specializzazione del soggetto[125] che, basandosi sulla divisione aristotelica delle scienze secondo il loro oggetto formale (quale però? *Quo* o *quod*?), definiva la Teologia come *scientia de Deo et de divinis*, non permettendo di effettuare al suo interno troppe ulteriori distinzioni. Questo d'altra parte (ma non è Lonergan a dirlo) va compreso all'interno del sistema scolastico che vedeva la Teologia come la *summa scientia*[126], la *domina scientiarum*: vertice e somma di ogni conoscenza possibile e necessaria, dalla quale tutte le altre Scienze e Discipline dovevano trarre i propri presupposti (oltre che le proprie conclusioni), pena il fantasma del relativismo e della frammentazione del sapere.

3.5 Il significato dell'apporto lonerganiano

Contro gli ultimi araldi (e fantasmi) neoscolastici ed antimodernisti, Lonergan aveva già capito alla metà del XX secolo che era ormai necessario passare da una *Teologia filosofica* ad una *Teologia scientifica*, tralasciando gli assiomi e ripartendo dai dati, com'era ormai in modo irrinunciabile per tutte le Scienze *di successo*.

In fondo Lonergan aveva capito che la Teologia sarebbe stata Scienza solo se e quando si fosse dotata di un *metodo*, senza accontentarsi del solo *rigore* delle proprie deduzioni e conclusioni. Non di meno questa sua coscienza risulta ben più ampia della sola Teologia propriamente detta (il livello *categoriale*), dovendosi estendere a tutte le Scienze e Discipline ecclesiastiche (il livello *trascendentale*), connesse cioè allo studio della Teologia ed anche svolte alla luce della Teologia stessa[127]: tutte quelle, in fondo, che avevano polarizzato l'attenzione scolastica in campo ecclesiastico cattolico. È per tutte queste che la coscienza lo-

---

[125] Ivi, 177.
[126] Dopo essere stata – anche –, nella Patristica latina antica, la vera Filosofia.
[127] Tra cui, anche, il Diritto canonico e la Storia della Chiesa.

nerganiana del metodo costituisce una vera e propria rivoluzione scientifica ad ampio raggio rispetto al sistema precedente. Le specializzazioni funzionali, per parte loro, sono lo strumento per ovviare all'indifferenziato intellettualismo scolastico privo di successo.

Ciò detto a riguardo della sua percezione o consapevolezza del metodo – e della sua stessa *idea* – va riconosciuto, tuttavia, come in effetti un vero metodo (anche solo categoriale) per la Teologia non risulti tecnicamente evincibile né schematizzabile dall'opera pur ad esso dedicata. Quelle di Lonergan, infatti, sono (prevalentemente) *idee, attenzioni, sensibilità, sollecitazioni*, ma "quali" e soprattutto "come" siano e si realizzino concretamente le *attività* da lui indicate e proposte in linea teorico-programmatica come operazioni"[128] non risulta affatto chiaro. La Parte seconda di *Method in Theology* infatti, pur intitolata «Esecuzione», non ne presenta alcuna caratteristica tipica, riducendo addirittura l'intera «*ricerca*» (la prima delle specializzazioni funzionali) a due pagine soltanto di trattazione[129].

Nell'intenzione e nelle pagine di Lonergan è chiaro, invece, che cosa deve stare nella mente del ricercatore (in realtà: del teologo) quasi a strutturarne la possibilità stessa di fare ricerca: è questo il vero trascendentale che rende possibile tutto il resto. Dal punto di vista tecnico, infatti, *Method in Theology* descrive molto maggiormente la necessità ed i vantaggi dell'avere "un" *metodo* dotato di determinate caratteristiche (quelle appunto indicate e descritte nell'opera) che non il *metodo* vero e proprio nella sua concreta, particolare articolazione. La trascendentalità del *metodo* a cui Lonergan fa riferimento esprime proprio questo, al punto che, anziché di *metodo trascendentale*, sarebbe forse meglio parlare di "trascendentali del metodo". Di qui – forse – la correttezza sostanziale del titolo della traduzione francese dell'opera: "*Pour une méthode en Théologie*", a sollecitare l'importanza (=*pour*) del *metodo* prima che il *metodo* stesso (*v. supra*).

Non si possono tuttavia concludere queste note e riflessioni sul-

---

[128] Per quanto sia evidente che operazioni ed attività non siano la stessa cosa e non possano immediatamente identificarsi, non di meno, non si può pensare che si tratti di elementi completamente irrelati al punto che le operazioni in realtà non debbano essere comunque poste in essere diventando specifiche attività cui il ricercatore si dedica/applica.

[129] Ivi, 181-183.

l'opera metodologica di B. Lonergan senza rilevare come – in realtà – nonostante la portata e decisività della sua coscienza del metodo, egli abbia dovuto dedicare la maggior parte del proprio sforzo teoretico non tanto al metodo come tale ed alla sua puntuale messa a fuoco ed esposizione – cosa di fatto non realizzata (appieno) – ma alla sua legittimazione previa contro l'Epistemologia ecclesiastica imperante (*v. supra*). La questione emerge palesemente nell'ultima funzione del Metodo trascendentale[130], laddove si afferma espressamente la necessità di superare il presupposto della *Philosophia ancilla Theologiæ*: un affronto totale al sistema neo-scolastico preconciliare che si stava difendendo in ogni modo dalla propria defenestrazione ed imponeva ai *novatores* lo sforzo immane di seppellirlo sotto una tale quantità di *elementa, argumenta, evidentiæ*... da non lasciar loro tempo per proporre finalmente il "nuovo". Le quasi 800 pagine di *Insight* e la quindicina d'anni intercorsi fino a *Method in Theology* lo dimostrano pienamente.

Dal punto di vista epistemologico, però, una rivoluzione scientifica non funziona per *sommersione* del passato ma per suo *superamento*: non si tratta di colmare un lago fino a spianarlo completamente ma di realizzare un foro nell'argine che lo trattiene... un po' di pazienza e la forza stessa della realtà farà saltare l'intero argine senza che si possa dire "chi" sia stato a far cotanto disastro! Ma quel lago – ormai – non esisterà più!

A ciò si unisca il fatto che chi, come Lonergan, ha cercato di operare un passaggio *soft*, senza fomentare rivoluzioni, ha pagato costi operativi più alti: così è stato di tutti quelli che, per esempio, hanno voluto ricollegarsi (salvandolo) all'autentico S. Tommaso, al di là delle varie Scolastiche; percorso che ha quasi sfiancato tali autori senza tuttavia riuscire a convincere sufficientemente i colleghi, rimasti saldamente ancorati all'impostazione scolastica[131].

---

[130] Cf. Ivi, 56.

[131] Triste sorte toccata anche ad altri autori, come il canonista spagnolo T. Jiménez Urresti, i quali, anziché svellere tutto il passato, hanno cercato di sollecitarne una sorta di *progresso interno*, quasi ponendo in incubatrice i nuovi germogli per sveltirne la maturazione ed i primi saporiti frutti. Purtroppo i fatti hanno dimostrato essere state molto più efficaci (al momento!) le posizioni di 'rottura' che hanno tranciato completamente con l'intero passato in modo spesso demagogico.

Metodo scientifico e metodo umanistico

4. Verso una nuova metodologia scientifico-umanistica

L'ultima parte della tematica assegnata alla presente riflessione mi permette di condividere in questa sede un concreto indirizzo metodologico che, pur non lonerganiano nella sua origine e fondazione più remote[132], risulta però di estrema coerenza col pensiero del Gesuita canadese e – soprattutto – proprio dal confronto con tale pensiero globalmente assunto trova non solo una sostanziale legittimazione in campo ecclesiastico ma anche una vera e propria "corroborazione" dal punto di vista epistemologico generale.

Si tratta di un concreto indirizzo scientifico applicabile (e già applicato con efficacia[133]) alla ricerca canonistica; un indirizzo che con l'introduzione di qualche specifica specializzazione funzionale può convenientemente essere applicato con efficacia all'intero ambito umanistico. Si tratta del *Paradigma critico-induttivo*, già sommariamente esposto nel decennio scorso per la Canonistica[134] ed ultimamente complementato con un vero e proprio *vademecum* operativo di respiro interdisciplinare[135]. Un paradigma e non un metodo poiché di portata sostanzialmente *trascendentale*, che ciascuna Disciplina umanistica dovrà poi tradurre e rendere operativo in un proprio specifico *metodo categoriale* critico-induttivo.

4.1 La prospettiva di riferimento

Prima d'illustrare l'impianto generale del *Paradigma critico-induttivo* quale *indirizzo scientifico trascendentale* in ambito umanistico, è necessario individuare con chiarezza che cosa – oggi – sia Scienza in senso proprio, visto che tutto il resto dipende da questo. Senza di-

---

[132] Poiché anch'io, in modo simile, ho dovuto costruire da zero il mio "*meta hodos*" per conseguire nella ricerca risultati evidentemente diversi da quelli disponibili sul mercato dottrinale canonistico del (mio) tempo; il riferimento è alla ricerca dottorale dell'anno 2001, quando il contatto con Lonergan non s'era ancora attivato.

[133] Con «successo» avrebbe detto Lonergan.

[134] Cf. P. GHERRI, *Canonistica, Codificazione e metodo*, Lateran University Press, Città del Vaticano, 2007, l'intero Capitolo 8.

[135] Cf. P. GHERRI, *Ricerca scientifica umanistica*.

sperdersi nell'immenso ginepraio epistemologico, basterà qui considerare che le Scienze moderne, sinteticamente, si caratterizzano per quattro elementi costitutivi, al di là e ben prima di qualsiasi ulteriore specificazione dell'oggetto di studio: *a) cognitività, b) linguaggio, c) dominio/estensione, d) procedimento scientifico*, rispondendo così a tre requisiti minimi di scientificità ormai assodati come specifici ed irrinunciabili anche in campo – addirittura – teologico: *proposizione, coerenza, verificabilità*[136].

a) L'obiettivo della Scienza moderna è *porre affermazioni cognitive* circa la realtà: affermazioni che amplino la conoscenza umana come tale, affermando attributi/predicati – e dunque caratteristiche/proprietà almeno funzionali – degli oggetti di studio. Ciò condiziona in modo radicale il concetto stesso di *ricerca scientifica*: non è tale, infatti, quella che non porti nessun risultato gnoseologicamente integrativo (e di sviluppo/progresso) delle conoscenze già acquisite dall'umanità.

b) La necessità di porre – solo – affermazioni cognitive impone una rigorosa formalizzazione del *linguaggio*[137] così da affermare sempre – e solo – ciò (il minimo) di cui si abbia ragionevole certezza. Specificamente per l'ambito umanistico K. Popper parlò di «essenzialismo metodologico»[138] per indicare la necessità di utilizzare veri sostantivi e non semplici nomi, in modo da esprimere elementi di verità proprio nella corrispondenza tra la *res de qua (agitur)* e la sua concettualizzazione intellettiva: l'*adæqatio rei [obiecti] et intellectus*.

c) La Scienza moderna non tratta della realtà come tale (nel suo insieme e nei suoi presupposti/principi/cause) ma di sue *specifiche delimitazioni* circoscrivibili e circoscritte (*dominio/estensione*[139]) in modo da poterne fare ragionevoli e fondate affermazioni cognitive. È pertanto necessario individuare e delimitare perfettamente l'*oggetto di studio* così da applicargli tecniche di analisi e di verifica che ne permettano un'adeguata delineazione.

---

[136] Cf. H. SCHOLZ, «Wie ist eine evangelische Theologie als Wissenschaft möglich?» *Zwischen den Zeiten*, IX (1931), 14-48.
[137] Cf. G. BASTI, *Filosofia della Natura e della Scienza*, 487.
[138] Cf. K. POPPER, *Miseria dello storicismo*, Feltrinelli, Milano 2002, 44.
[139] Cf. G. BASTI, *Filosofia della Natura e della Scienza*, 483.

d) La Scienza moderna s'identifica di fatto col *procedimento scientifico*, quale articolazione della ricerca secondo specifiche fasi che vanno dall'*osservazione*, all'*analisi*, all'*ipotesi*, alla *verifica*, alla *rappresentazione proiettiva*. La scientificità non riguarda né i contenuti della conoscenza né le sue forme espressive, ma il "modo" in cui i contenuti vengono portati alla luce partendo dall'esperienza e il "modo" di relazionarli ed interconnetterli tra loro fino ad averne una visione organica che renda sufficiente ragione tanto di sé che dell'insieme. Base del procedimento scientifico (moderno) è il *nucleo ipotetico-verificativo* che ne costituisce la vera differenza rispetto a qualunque altro modo di leggere la realtà.

Cognitività, linguaggio, dominio, procedimento, realizzano di fatto i così detti *postulati minimi di scientificità*[140] il cui compito è quello di garantire in modo strutturale, la possibilità – prim'ancora che la correttezza – dell'elaborazione scientifica e dei suoi risultati:

- Il *postulato di proposizione* riguarda la possibilità/necessità che le proposizioni affermino "qualcosa" su un evento/fenomeno e ne proclamino la verità, cioè l'adeguazione a ciò che costituisce l'oggetto dell'asserzione[141];

- Il *postulato di coerenza* impone che le asserzioni cognitive si mantengano all'interno del campo unitario di "oggetti" reali e loro referenti linguistici che appartengono o fanno capo allo stesso domino/estensione;

- Il *postulato di controllabilità* coincide col fondamento stesso della Scienza moderna poiché «la verità [...] è tale solo se può essere osservata, almeno in linea di principio, da tutti»[142].

4.2 Il paradigma critico-induttivo

Quanto specificato nell'individuare l'attuale concezione della scientificità in prospettiva epistemologica generale prende concretamente forma per l'ambito umanistico, quello cioè che studia la persona nelle diverse espressioni del suo vivere – non del suo solo

---

[140] Cf. H. SCHOLZ, «Wie ist eine evangelische Theologie», 14-48.
[141] Cf. W. PANNENBERG, *Epistemologia Teologia*, Queriniana, Brescia 1975, 310.
[142] Y. CASTELFRANCHI – N. PITRELLI, *Come si comunica la Scienza?*, Laterza, Roma - Bari 2007, 28.

funzionamento interno, come la Fenomenologia husserliana o di quello strutturale, come le attuali Neuroscienze –[143] nel *paradigma critico-induttivo*[144] il quale, specificandosi nelle proprie componenti interne, permette d'individuare i principali strumenti applicativi attraverso i quali articolare i percorsi di ricerca e gestirne i risultati in campo umanistico.

Il percorso delle diverse Scienze negli ultimi centocinquant'anni ha mostrato come la necessità della 'fede' (fiducia/affidamento), in ciò che è a noi pervenuto come conoscenza acquisita (il "progresso" o le *Auctoritates*), e la sua necessaria assunzione quale base del nostro conoscere non escludano affatto una valutazione – almeno di massima – della *congruità* di quanto proposto ed affermato: la validazione dei dati e delle conoscenze acquisite. È la necessaria componente critica da esigere in ogni processo conoscitivo: le conclusioni del sapere altrui (contemporaneo o storico), prima di diventare presupposti pacifici del nostro conoscere ed operare, devono infatti essere sottoposte ad una istanza di legittimità che ne verifichi il permanere della validità alla luce delle attuali conoscenze ed acquisizioni, diverse per competenza specifica, aggiornamento, esperienza vitale[145]. Non si tratta di ripetere ciascuno degli esperimenti o dei singoli passaggi logici, ma di verificare i criteri applicati, riconoscendone – nel caso – il valore e l'efficacia anche per l'oggi. Solo i risultati forniti dall'applicazione di criteri omogenei d'indagine possono infatti essere assunti quali punti di partenza certi per futuri sviluppi.

Lontano dall'adozione di un dubbio sistematico che vanifichi ogni posizione conseguita (sia dagli altri che da sé)[146], l'adozione di un'efficace prospettiva *critica* si sostanzia piuttosto nella concreta *attitudine a distinguere*:

---

[143] Probabilmente, correggendo lo schema diltheyano, ciò potrebbe dirsi "cultura" in quanto comunque sostanzialmente *prodotto dall'attività umana*.

[144] Cf. P. GHERRI, *Canonistica, codificazione e metodo*, 401-409.

[145] È il *giudizio* che segue alla *comprensione* della *esperienza*, nella teorizzazione di Lonergan.

[146] Così come da ingenui relativismi e nihilismi o anarchici casualismi (alla Feyerabend).

Metodo scientifico e metodo umanistico

- *distinguere* prima di tutto il processo conoscitivo (altrui e proprio) nelle sue [1] diverse componenti[147];
- *distinguere* poi il testo/oggetto[148] d'indagine/ricerca nella portata dei suoi [2] contenuti sostanziali e [3] formali;
- *distinguere* ancora tra [4] valori (teologici, filosofici o sociologici) e [4] strumenti di cui il testo/oggetto è espressione;
- *distinguere* infine lungo la storia i differenti livelli di [6] espressione e [7] stratificazione di contenuti, valori e strumenti connessi al testo/oggetto d'indagine/ricerca.

Ne risultano almeno sette differenti campi d'*indagine* o, quanto meno, di *verifica* capaci d'indicare specifiche analisi anche tecnicamente molto raffinate e complesse, coinvolgenti una pluralità di Discipline e competenze che nessun ricercatore del passato pensava certo di dover possedere/utilizzare in campo scientifico umanistico. Per quanto non sia qui possibile approfondire ulteriormente, appare evidente che si tratta della linea sostanziale tracciata da Lonergan per la Teologia con le sue «specializzazioni funzionali».

Un approccio modernamente scientifico però dev'essere non solo *critico*, col rischio di ridursi a puri intellettualismi o semplice dialettica, ma anche *induttivo* per attingere dalla realtà/esperienza ciò che andrà affermato/predicato dell'oggetto d'indagine/ricerca. Le ragioni di questa caratterizzazione sono *espressamente gnoseologiche*.

a) La prima ragione va individuata nell'insufficienza del principio d'autorità quale strumento conoscitivo del reale. L'*argumentum ex auc-*

---

[147] Solo per esemplificare la portata operativa concreta di quest'impostazione critica se ne possono evidenziare le conseguenze all'interno di questa prima distinzione: si tratta di cogliere la differenziazione di alcuni processi, strettamente correlati, ma di natura e portata piuttosto differenti. La conoscenza di un testo viene solitamente raggiunta attraverso una successione di passaggi incrementali che vanno dalla sua lettura, all'intellezione, alla comprensione, alla – eventuale – problematicizzazione, alla interpretazione che assicuri una collocazione stabile del contenuto del testo all'interno dell'orizzonte più ampio ed armonico delle conoscenze che il soggetto possiede.

[148] Testo inteso in senso lato come qualunque espressione di pensiero umano: le Scienze "umanistiche" in effetti si occupano quasi esclusivamente di "testi" o comunque di formulazioni intellettuali (Letteratura, Diritto, Filosofia, Teologia, Arte, Archeologia... anche un monumento è un 'testo'!).

toritate non ha nessuna garanzia di attendibilità né può essere sistematicamente verificato nei fatti, portando anche altri ricercatori alle stesse conclusioni e sufficienti livelli di certezza. Già S. Tommaso affermava: *argumentum ex auctoritate infirmissimum*[149]; lo sviluppo scientifico rinascimentale e moderno hanno abbondantemente dimostrato l'inattendibilità di questo presupposto, cercando nei fatti e non nelle affermazioni su di essi la base di una conoscenza realistica e veritiera[150].

b) La seconda ragione va cercata nella maggiore affidabilità dei risultati del moderno procedimento scientifico attraverso il costante rimando alla realtà sperimentale/esperienziale rispetto all'applicazione formale di strumenti soltanto logici tipici della scienza antica.

c) La terza ragione consiste nella maggiore affidabilità gnoseologica dell'induzione sulla deduzione in quanto la prima, pur indimostrabile in sé non meno della seconda[151], ammette e postula strutturalmente procedimenti esterni di verifica sistematica e corroborazione/falsificazione che ne aumentano la plausibilità dei risultati.

d) Venendo specificamente all'ambito scientifico umanistico, occorre precisare anche come lo studio della persona nelle diverse espressioni del suo concreto vivere (cioè la cultura) è da ricondursi senza dubbio all'ambito logico deontico ed epistemico (Logiche intensionali: *voler, poter, saper, dover* "fare") anziché a quello formale (Logiche estensionali: *dover* "essere") tipico della Metafisica[152].

---

[149] In realtà la formula *argumentum ex auctoritate infirmissimum* attribuita spesso a S. Tommaso non esiste in questa forma nell'opera dell'Aquinate. Se ne riscontra semplicemente un'assonanza nella *Summa Theologiæ* I, q. 1 a. 8 arg. 2 e ad 2.

[150] Cf. B. RUSSEL, *La visione scientifica del mondo*, trad. italiana di E.A. Loliva, Laterza, Bari 1982, 23; 28; 29; 30. A parziale sgravio di Aristotele bisogna tuttavia ricordare che egli «sosteneva che le premesse di una spiegazione scientifica deduttiva debbono, tra l'altro, essere vere; che debbono essere note come vere, e che devono essere meglio conosciute dell'*explicandum*». E. NAGEL, *La struttura della Scienza. Problemi di logica nella spiegazione scientifica*, trad. italiana di C. Sborgi, Feltrinelli, Milano 1968, 4. Proprio ciò rende di fatto inapplicabile il metodo deduttivo in ambito scientifico.

[151] Cf. B. RUSSEL, *La visione scientifica del mondo*, 52.

[152] Cf. G. BASTI, «Logica aletica, deontica, o Ontologia formale: dalla verità ontica all'obbligo deontico», in G. BASTI - P. GHERRI, ed., *Logica e Diritto: tra argomentazione e scoperta*, 174.

Metodo scientifico e metodo umanistico

Conseguenza strutturale – e reale novità – del paradigma critico-induttivo diventa pertanto l'introduzione delle fonti[153] quali elementi portanti della nuova scientificità in campo umanistico rispondenti sia alla *criticità* (distinguendo tra originale e suoi commenti/deduzioni) che all'*induzione* (prendendo in esame l'*incipit* dell'esperienza che s'intende studiare)[154]. Una *mens* critico-induttiva si muove a partire dalla ricerca delle fonti, indipendentemente dalla materia *de qua*, senza cadere prigioniera della letteratura dottrinale. Le fonti sono l'esperienza da cui prende origine la ricerca propria delle Scienze umane, allo stesso modo che le Scienze della natura si basano su ripetute osservazioni, in gran parte sperimentali. La struttura del procedimento scientifico tuttavia non muta: è dall'esperienza che prende origine ogni domanda gnoseologica e scientifica, tanto che si tratti di elementi naturali (chimici, fisici, biologici) che di prodotti della vita umana (narrazioni, poesie, scritti, dottrine, leggi, ecc.), i quali, in quanto fonti, non spariscono nel nulla dopo l'osservazione, ma permettono di verificare le scoperte ed ipotesi, così come di ripetere l'osservazione.

La fonte costituisce l'elemento concreto che occorre interrogare per poterne cogliere il contenuto: è la fonte che dà spessore e consistenza all'oggetto materiale delle ricerca; è la fonte che, opportunamente interrogata, darà le risposte a partire dalle quali dovrà esser formulata l'ipotesi di ricerca la cui verifica/conferma permetterà di accrescere le conoscenze. Di fatto, non sono possibili né critica né induzione alcuna se non partendo dal contatto diretto con le fonti, poiché proprio queste sono le uniche a potersi opporre per loro stessa natura alla Logica deduttiva formale, imponendo quale punto di partenza non intellettualistici *principia generalia* ma concrete *res singulares*.

Una volta abbandonata la – rigorosa – logica formale-modale (la de-

---

[153] Per una prospettiva d'insieme sulle fonti nella ricerca scientifica umanistica si veda: P. GHERRI, *Ricerca scientifica umanistica. Iniziazione pratica.* 137-140; sulle specifiche tipologie di fonti: P. GHERRI, *La ricerca a Baiso*, in P. GHERRI, ed. «Bizantini, Baiso e dintorni. Rievocazione popolare e ricerca storica», *Strenna del Pio Istituto Artigianelli*, XXII (2013), 1, 21-22.

[154] Sono i dati di cui parlava Lonergan e a cui dottrine ed *Auctoritates* normalmente non danno grande importanza.

duzione sillogistica) quale principio gnoseologico fondamentale, non rimane che riferirsi alla concretezza di singoli *atti, fatti* e *documenti* per articolare, a partire da essi, i percorsi di analisi e concettualizzazione, che l'attuale stato dell'arte della pratica scientifica individua come proprio campo e competenza. Proprio questa referenza pressoché assoluta delle fonti costituisce l'elemento di frattura strutturale tra la Scienza moderna e quella classica in campo umanistico: non sono più, infatti, *Auctoritates* e *principia* a muovere la conoscenza, ma le concrete esperienze che segnano la vita quotidiana. Questa è oggi la scientificità umanistica.

5. Conclusioni

Percorso il perimetro esterno dello strano triangolo tematico proposto nel titolo delle presenti considerazioni, non senza l'impressione di una certa discontinuità (com'è per i lati di ogni triangolo che non permettono mai di guardare/vedere gli altri...), credo tuttavia che, cambiando ora il punto di vista ed entrando nella superficie interna del triangolo così delineato, le conclusioni appaiano abbastanza semplici e, soprattutto, integrate.

Innanzitutto non sussiste una reale contrapposizione tra *metodo scientifico* e *metodo umanistico* poiché il secondo non è altro che l'inadeguata formalizzazione linguistica di un insieme disomogeneo di elementi e fattori epistemologicamente discontinui ed irrelati. L'*umanistico* si riferisce ad un dominio di possibili oggetti di ricerca e conoscenza che non è in alternativa allo *scientifico* ma, eventualmente, al *fisico-naturalistico*. Al contrario, l'*umanistico* può a pieno titolo costituire un sottodominio della *scientificità*, una classe di oggetti contenuta all'interno dell'insieme di tutto ciò che è Scienza.

Allo stesso modo il sostantivo *metodo* in sé e per sé non risulta definibile a partire da qualcuna delle sue specificazioni *scientifico, umanistico* o altro che si voglia. È metodo (solo) ciò che corrisponde a determinate caratteristiche strutturali e funzionali, prima delle specificazioni categoriali/accidentali, che possano in seguito intervenire a caratterizzarne l'ultima concreta espressione.

In secondo luogo, per quanto riguarda l'attività metodologica di B.

Metodo scientifico e metodo umanistico

Lonergan nel suo *Method in Theology*, occorre senz'altro riconoscere che il pensiero dell'autore si colloca in piena consonanza – seppure su di un'armonica – con la portante epistemologica generale del Novecento: la stessa melodia ma suonata con strumenti assolutamente diversi, come un ottone rispetto ad un'orchestra di archi.

Pur dovendosi infatti osservare la radicale diversità dei riferimenti dottrinali e delle logiche operative utilizzati da Lonergan rispetto alla riflessione epistemologica generale del XX secolo, si deve allo stesso tempo riconoscere la sua eccezionale capacità di far evolvere il patrimonio disciplinare ecclesiastico tradizionale fino alla piena armonizzabilità con quello laico dello stesso periodo storico-culturale. Un insperabile 'ponte' tra due mondi ontologico-gnoseologici che continuano (purtroppo) a scorrere in quasi pieno parallelismo.

Conseguentemente, sulla possibilità di una nuova metodologia scientifica davvero adatta all'ambito umanistico non possono porsi dubbi di sorta, tanto più che proprio B. Lonergan ha tracciato la seconda *via* di accesso a tale risultato: quella coscientemente germogliata e maturata dall'interno dei soli presupposti ontologico-gnoseologici tradizionali per il mondo ecclesiastico (tommasiani, nel caso), in piena autonomia rispetto alle molte e gravi insufficienze cui la Modernità, soprattutto filosofica, ha pagato pesanti tributi.

Una *via* cattolica, ecclesiastica, tradizionale e tommasiana che conduca allo stesso esito epistemologico di quella critico/protestante, anticlericale, moderna ed antimetafisica, percorsa *ad extra Ecclesiæ* negli ultimi quattro secoli, non pare un risultato di poco conto per la validità della Scienza stessa *in humanis et divinis*.

CAPITOLO QUARTO

LE SCIENZE NATURALI SONO UMANISTICHE?

VALTER DANNA

Dai nuovi saperi dei secoli XVI-XVIII alle tecno-scienze di oggi

Quando parliamo oggi di scienze naturali, intendiamo ciò che è nato dai *nuovi saperi* della modernità, ossia le matematiche e le scienze della natura (fisica, astronomia, chimica, biologia, geologia e le loro intersezioni)[1]. Il termine «*nuovo sapere*» indica «una *trasformazione delle antiche concezioni* della materia stessa, *non semplici aggiunte* alle materie precedentemente esistenti... una *nuova struttura*, una *trasformazione dei concetti fondamentali* riguardanti ciò che è il sapere»[2]. Una tale trasformazione, che giustifica appunto l'idea di un *nuovo sapere*, comporta un *cambiamento nello stesso modo di comprendere la scienza e il suo modo di operare* e conduce a considerare, sulla scia della moderna teoria matematica dei gruppi, le operazioni metodiche delle moderne scienze come gruppi isomorfi di operazioni[3].

Per comprendere il cambiamento prospettico dei nuovi saperi rispetto alla concezione antica e medioevale di scienza, occorre ricordare alcuni aspetti di quest'ultima, almeno nella sistemazione che fu data da Aristotele. Nel suo quadro epistemologico, i termini e le relazioni fon-

---

[1] Osserva Paolo ROSSI: «L'insistenza sul tema della novità attraversa tutta la cultura europea: *Novum Organum* di Bacone, *Nova de universis philosophia* di Francesco Patrizi (1591), *De mundo nostro sublunari philosophia nova* di William Gilbert (1651), *Astronomica nova* di Keplero (1609), *Discorsi intorno a due nuove scienze* di Galilei (1638), *Novo teatro di machine* di Vittorio Zonca (1607): il termine *novus* ricorre, in modo quasi ossessivo, nel titolo di centinaia di libri scientifici pubblicati nel corso del seicento». P. ROSSI, *La nascita della scienza moderna*, Laterza, Bari-Roma 2002, 60.

[2] B. LONERGAN, *Sull'Educazione*, ediz. italiana a cura di N. Spaccapelo – S. Muratore, Città Nuova, Roma 1999, 196.

[3] Riprenderemo più avanti questo tema.

damentali sono quelle metafisiche, poiché la metafisica è la scienza fondamentale e totale dei principi e delle cause ultime, e delle conclusioni necessarie dell'ente in quanto ente, mentre le altre scienze (fisica, biologia, psicologia) si occupano delle cause prossime di particolari tipi di enti e dipendono dalla metafisica per i loro termini e le loro relazioni.

Se la metafisica garantisce l'unitarietà del sapere, la logica deduttiva è lo strumento (*Organon*) fondamentale delle scienze antiche, poiché la scienza è «il conoscere mediante dimostrazione» e questo non è altro che il sillogismo scientifico[4]. Da questo punto di vista, la scienza nella concezione antica è un sistema assoluto di tipo categorico/deduttivo costituito da deduzioni a partire da premesse note, dimostrabili con altre premesse fino a giungere a principi primi non più dimostrabili. Il sistema dei saperi così costituito è rigoroso, coerente e chiaro, una conquista permanente, perché tali verità riguardano le strutture immutabili ed eterne delle cose. Il prezzo di ciò è una concezione statica e definitiva del reale, per cui non è possibile se non uno sviluppo materiale del sapere, cioè l'allargamento di un orizzonte puramente materiale a nuovi oggetti che dovranno essere integrati nel sistema complessivo già acquisito.

Tale ideale greco di scienza comporta enormi conseguenze per l'elaborazione della nozione di *cultura*. La logica è lo strumento principale che conduce a una ben precisa sistemazione dei saperi secondo uno schema gerarchico fondato sul fine (scienze poietiche, pratiche e teoretiche) e sul grado di astrazione operato in base all'oggetto formale (fisica, matematica, filosofia prima). In questo schema culturale non si sente l'esigenza di cambiare forme, strutture e metodi, poiché ogni cambiamento avviene nel concreto, che in questa mentalità è trascurato. Tutto ciò ha dato origine all'ideale di *cultura classica*. Essa è una ben determinata visione della realtà, dell'uomo (metafisica dell'anima) e del significato dell'umanità attraverso l'idea di natura e anche della società. Secondo questo ideale, tutto l'essenziale è già stato detto dalla sapienza dei pensatori antichi, si tratta solo di trovare le regole opportune per comunicare oggi un tale studio dell'uomo, già prefissato nelle sue linee essenziali.

---

[4] Cf. ARISTOTELE, *Analitici Secondi*, I,2,16-20.

Le scienze naturali sono umanistiche?

Si può dunque ben comprendere come la rivoluzione operata nell'epoca moderna dalle nuove scoperte geografiche e dall'insorgere dei nuovi saperi, sia stata la novità culturale più fondamentale della nostra era. Pensiamo alla rivoluzione scientifica di Galileo-Newton fino a metà Ottocento con l'emergere di un nuovo metodo empirico di ricerca fondato su osservazioni/ ipotesi/ verifica/ leggi/ nuovi osservazioni/ correzione delle leggi e così via. Pensiamo alla seconda rivoluzione scientifica di fine Ottocento e del primo Novecento: la relatività di Einstein, la fisica quantistica fino al modello standard dell'universo, la biologia molecolare e l'ingegneria genetica, la teoria matematica dei giochi e del comportamento economico, l'applicazione dei metodi statistici nelle scienze non solo della natura ma anche umane, l'avvento dell'Intelligenza Artificiale, i modelli matematici dei sistemi caotici applicati nei campi più disparati e la geometria frattale. Tali rivoluzioni sono a tal punto all'origine del mondo moderno e della formazione della nostra mentalità, che eventi quali il Rinascimento e la Riforma si collocano in quell'epoca come episodi significativi, ma particolari, all'interno del processo di nascita della modernità. Il motivo di questa *centralità della scienza* si può ravvisare nel cambiamento del carattere delle operazioni mentali abituali dell'uomo e del modo di intendere sia l'universo fisico, sia la stessa vita dell'uomo.

I nuovi saperi non sono più soltanto una serie di discipline all'interno di una prospettiva teoretico/contemplativa, appannaggio di pochi uomini dediti alla speculazione, ma esprimono un nuovo modo di intendere la ricerca scientifica e la cultura, non più secondo un ideale aristocratico e teoretico slegato dai problemi concreti della vita, bensì un'impresa conoscitiva non disgiunta da scopi pratici e finalizzata al dominio sulla natura a favore dell'uomo e del suo sviluppo. Da una parte, nasce così il mito di un progresso umano necessario e senza limiti, un mito introdotto dalle anticipazioni utopiche della tecnologia già descritte nella *Nuova Atlantide* di Bacone, sviluppato dalla filosofia della storia di Hegel e portato a termine dalle teorie evoluzionistiche, fatte valere come chiave d'interpretazione positivista della realtà da Comte e da Spencer. Dall'altra parte, la realizzazione di un progressivo dominio della natura è legata, come già si diceva, a una concezione della scienza molto diversa da quella contemplativa e disinteressata del mondo greco. Il sapere è potere, diceva Bacone, ossia ha una finalità anche pratica, connessa alla trasformazione di questo mondo a vantaggio dell'uomo: così acquistando dignità, la tecnica s'intreccia sempre più inscindibilmente con la scienza. Essa potrà essere concepita come strumento, in sé neutrale, di crescita non solo del sapere, ma anche dello sviluppo dell'umanità, o diventerà una manifestazione di una cieca volontà di potenza che si vuole affermare sempre di più nel mondo, anche a costo di un asservimento ad essa dell'uomo. Oggi le scienze della natura – trasformate tutte quante in *tecno-scienze* – sono inscindibilmente legate allo sviluppo della tecnica e al dominio di prospettive tecnologiche.

2. Tecno-scienze ed etica

Da questo sommario accenno alle trasformazioni della scienza, si può ricavare indubbiamente la liceità della domanda che fa da sfondo a quest'articolo. Essa chiede della possibilità che ancora possano avere le scienze naturali odierne di mettersi al servizio dell'umanità e nel rispetto dell'uomo. Si tratta di una questione di non poco conto se pensiamo alle molte implicazioni che il progresso tecnico-scientifico ha avuto sulla configurazione del mondo attuale.

Anzitutto, l'oggettivismo elaborato sulla base del metodo sperimentale e matematico applicato alle scienze naturali è stato indebitamente esteso e utilizzato anche nell'ambito dell'umano, ad esempio delle scienze sociali e psicologiche. Ciò ha comportato una riduzione del concetto di esperienza a ciò che è sperimentabile empiricamente, che rimane comunque il punto di partenza ineliminabile del metodo scientifico. Conseguentemente, si è imposta una nozione riduttiva di oggettività e di verità, fondata sul solo paradigma empirico di protocolli sperimentali. È ben nota la denuncia di Edmund Husserl[5] secondo il quale «la crisi globale di esistenza e di pensiero che l'Europa sta attraversando è il frutto di un'alienazione scientifica per cui le scienze dell'uomo non hanno ancora trovato un loro metodo e, scim-

---

[5] Cf. E. HUSSERL, *La crisi delle scienze europee e la fenomenologia trascendentale*, trad. italiana di Enrico Filippini, prefazione di Enzo Paci, il Saggiatore EST, Milano 1997.

miottando i metodi oggettivi e quantitativi delle scienze naturali, producono inevitabilmente un'alienazione dell'uomo. L'uomo con la sua soggettività, la sua esistenza quotidiana, i suoi orizzonti pratici, le sue credenze pre-scientifiche (il cosiddetto "mondo-della-vita" come è chiamato da Husserl) non può essere manipolato a piacere dal dominio tecnocratico, dal cattivo razionalismo e dal positivismo: la reazione è il rifugiarsi in un mondo irrazionale, dove si invoca qualche sciamano per essere guariti»[6].

Sembrerebbe, così, che a una visione umanistica delle scienze prospettata dalla cultura classica – attraverso la *paideia* greca e l'*humanitas* latina – si sia progressivamente sostituita nella modernità una visione tecnologica e riduttiva delle scienze come strumento di dominio dell'uomo sulla natura, uno strumento che, grazie all'uso indiscriminato della tecnica, ha condotto ad esiti anti-umanistici, oltre che irrispettosi dei tanti ecosistemi che costituiscono il nostro mondo naturale, di cui l'uomo dovrebbe essere non il despota, ma il saggio amministratore.

Nel complesso panorama delle tecno-scienze odierne va evidenziata la dimensione collettiva dell'opera scientifica. È del tutto superato lo stereotipo quasi romantico dello scienziato solitario, che nel suo laboratorio esegue gli esperimenti ed elabora nuove teorie esplicative, sentendosi totalmente esente dall'obbligo etico che non sia quello dell'onestà intellettuale e del perseguimento ad ogni costo della conoscenza, sulla quale l'etica non ha di per sé alcuna giurisdizione. Oggi, essendo il sapere scientifico un'opera comunitaria, richiede continui confronti degli scienziati fra di loro e con il *corpus* preesistente di conoscenze acquisite. Inoltre, l'impresa tecno-scientifica richiede strumenti e macchine sempre più sofisticate e costose che rientrano nello stesso programma del progresso della conoscenza scientifica e quindi sono legate al reperimento di mezzi finanziari non indifferenti, spesso provenienti da fonti private che condizionano l'orientamento degli stessi fini della ricerca e impongono un continuo accorciamento dei tempi che intercorrono tra una scoperta e le sue ricadute applicative.

Già fin dall'inizio del XX secolo, alcuni pensatori si sono resi conto

---

[6] V. Danna, *Percorsi dell'intelligenza*, Effatà, Cantalupa (Torino) 2003, 177-178.

del problema della tecno-scienza nei suoi risvolti inquietanti tanto da parlare di decadenza della civiltà occidentale (Spengler, Rops) e di dominio delle macchine sull'uomo (Camus, Weil, Jaspers), ma è stato soprattutto il già citato E. Husserl a interpretare la tecnica nel suo legame con la scienza come un progressivo e inesorabile degrado della ragione dalla pura contemplazione dell'essere al suo asservimento a scopi utilitari. Per M. Heidegger[7], la tecnica porterebbe a compimento il percorso della metafisica occidentale intesa come totale oblio dell'essere, nel senso che l'uomo ha ridotto la natura a un fondo di energia utilizzabile, a un'enorme macchina al servizio della volontà di potenza; in tal modo, riducendo le cose a oggetto di manipolazione e, quindi, l'essere a semplice ente, l'uomo finisce con lo smarrire anche se stesso. Da queste denunce altri hanno sviluppato riflessioni sulla tecnica come strumento di potere (tecnocrazia) in campo economico, politico e militare e come stravolgimento ecologico: inquinamento dell'acqua e dell'aria, sfruttamento indiscriminato delle risorse naturali, distruzione dei paesaggi naturali e a volte di monumenti storico/artistici per il moltiplicarsi degli impianti industriali, alienazione e isolamento degli individui con i loro bisogni fondamentali insoddisfatti.

D'altra parte, lo sviluppo tecnico appare irreversibile: esso, secondo A. Gehlen[8], fornisce all'uomo, essere carente per definizione, una serie di equipaggiamenti e strumenti indispensabili per la sua sopravvivenza e capaci di sostituire organi e capacità di cui manca, di potenziare organi e capacità che ha, e di alleggerire le sue fatiche. Pensiamo ai vari mezzi di trasporto, alle svariate forme di energia utilizzate, alle tecniche telematiche e informatiche senza le quali il mondo si paralizzerebbe, ai progressi della medicina, della biologia e di quel suo ramo applicativo che è l'ingegneria genetica che si occupa della modificazione artificiale del patrimonio genetico degli esseri viventi, trasfe-

---

[7] Heidegger usa, addirittura, un termine specifico per indicare le caratteristiche della tecnica moderna. È il termine *Ge-stell*, tradotto con «im-posizione» da Vattimo, che mette così insieme l'idea del *porre* con quella del *costringere* (disporre, imporre ecc.).

[8] A. GEHLEN, *L'uomo nell'età della tecnica* (1957), trad. italiana di A. Burger Cori, Sugarco, Milano 1984.

Le scienze naturali sono umanistiche?

rendo parti di DNA da un organismo a un altro. Il ripudio del sapere tecnico-scientifico o la semplicistica demonizzazione dell'industrializzazione o del mondo informatico e globale sarebbero il rifiuto dell'uomo. La soluzione dei molti problemi creati da un uso non controllato della tecno-scienza non consisterà, dunque, nella rinuncia a essa, ma nella definizione e nell'attuazione di comportamenti e strategie che almeno limitino, o meglio ancora, riducano gradualmente gli effetti distruttivi o altamente ambigui delle tecniche produttive. È, appunto, una tale ambiguità della tecnica che richiede una riflessione e un'integrazione di carattere etico, ma per questo serve piuttosto individuare un terreno comune sul quale gli uomini possano incontrarsi per riflettere e collaborare per un nuovo ordine sociale ed economico mondiale, oggi quanto mai più che necessario.

Un altro aspetto legato a una possibile *umanizzazione* delle tecnoscienze odierne è il modo di usare la divulgazione scientifica. Essa fa spesso da portavoce a una specie di messianismo scientifico e tecnologico che amplifica le promesse e le attese di miglioramento sociale riposte nel progresso scientifico e tecnico, ritenuto inarrestabile. Con il crescente potere dei *mass media*, si è amplificato il ricorso al sensazionalismo, che dà per certo imminenti cambiamenti e salta tutto il processo e la complessità della ricerca e delle ipotesi scientifiche. Basti pensare alla complessa ricerca sulle cellule staminali, così strumentalizzata da un certa ideologia mass-mediatica. Il lettore ha l'impressione – data la raffinatezza delle tecniche comunicative – di possedere i termini reali del problema, mentre in realtà l'informazione che detiene è una visione predeterminata e parziale delle cose, proprio come nel caso della sperimentazione con le cellule staminali e, in generale, nella divulgazione dei temi di biologia.

La divulgazione scientifica s'inserisce nel più vasto panorama dei *media*, e ne assume le finalità e i metodi, che sostanzialmente sono sintetizzabili in un'omogeneizzazione culturale. Data la crescente specializzazione dei saperi che conduce a una parcellizzazione del lavoro anche all'interno di una stessa disciplina (a pochi scienziati di spicco e, spesso, abili *manager* si contrappongono molti esecutori dotati di bassa autonomia e scarsa visibilità), si motiva la divulgazione come necessità di aggiornamento continuo anche da parte degli stessi scienziati che non possiedono conoscenze oltre i campi di loro stretta competenza. Dietro una tale divulgazione c'è l'errata idea di fondo che la somma di tante specializzazioni costruisce una cultura: lo sviluppo culturale è concepito in termini solo estensivi e quantitativi, con gravi conseguenze soprattutto a livello educativo. Per non dire poi dei motivi economico-politici connessi alla concentrazione dei poteri mass-mediatici nelle mani di pochi grandi gruppi come le multinazionali, che li gestiscono in modo indiscriminato a favore di un interesse meramente economico.

La sottostante concezione di un tale *homo technologicus* è quella di un essere orientato al possesso delle cose e al successo personale, padrone assoluto della sua vita, dominatore del mondo, indifferente alle domande del senso, e, tuttavia, insicuro e impaurito: un uomo che si esprime nella drammatica alternanza di orgoglio positivista e delusione postmoderna. È un uomo sovente «*appiattito* sulla sola dimensione materiale, visto come frutto dell'evoluzione in totale continuità con gli altri esseri viventi, *non al vertice della creazione* ma come potenziale fattore di turbamento dell'armonia cosmica»[9].

3. Alcuni contributi per un'umanizzazione delle scienze della natura

Il primo contributo proviene dalla riflessione filosofica di Hans Jonas[10] ne *Il principio responsabilità*. Si tratta di un'opera principalmente etico-antropologica in cui si ritiene che il nuovo rapporto che l'uomo tecnologico ha instaurato con la natura richieda una nuova etica fon-

---

[9] M. GARGANTINI, «L'impatto della divulgazione scientifica sulla cultura contemporanea», in G. TANZELLA-NITTI – A. STRUMIA, ed., *Dizionario Interdisciplinare di Scienza e Fede*, Urbaniana University Press – Città Nuova, Roma 2003, vol. 1, 427.

[10] Hans Jonas (1903-1993), filosofo ebreo tedesco, allievo di Heidegger e Bultmann, si era occupato di problemi riguardanti la biologia (cf. *Il fenomeno della vita*, 1966) e la tecnica (cf. *Saggi filosofici. Dalla fede antica all'uomo tecnologico*, 1974); pubblicò in seguito un saggio divenuto subito famoso come sintesi epocale di grande attualità: *Il principio di responsabilità. Un'etica per la civiltà tecnologica* (1979), Einaudi, Torino 1990. Importante è anche un suo successivo saggio *Tecnica, medicina ed etica. Sulla prassi del principio di responsabilità* (1985).

data sul senso di responsabilità dell'uomo nei confronti del destino della natura stessa. Dopo la separazione tra uomo e natura operata nel pensiero occidentale moderno a causa di uno sviluppo delle scienze che ha portato ad applicazioni dagli effetti imprevedibili e catastrofici, occorre riformulare una teoria etica universale fondata sul fatto che il bene e il valore si radicano nella struttura stessa dell'essere. Si tratta di un'etica teleologica, fondata su un primato del bene, e in particolare del bene umano, che giustifica e fonda il dovere, l'obbligatorietà morale di certi comportamenti, in particolare l'aspetto deontologico della ricerca tecnico-scientifica e delle sue applicazioni pratiche nella società.

L'ambiguità fondamentale dell'essere umano, libero e, perciò, capace di scegliere tra il bene e il male, ci rende cauti nell'assolutizzare la centralità dell'uomo e il suo incontrastato dominio sulla natura, come sostengono certe antropologie moderne. I rischi per la sopravvivenza dell'uomo sono sotto i nostri occhi: la catastrofe nucleare, il collasso ecologico, gli effetti perversi della manipolazione genetica con il rischio di perdere l'unità e l'integrità del genere umano. Ciò giustifica l'estensione della responsabilità umana alla natura, oltre che ai rapporti inter-umani. Alla natura, manipolata dall'uomo al punto che le serie causali introdotte in essa dalla tecnica risultano ormai irreversibili e cumulative nei loro effetti, vanno riconosciuti i suoi diritti e, non solo il singolo, ma anche l'intera collettività con la sua politica pubblica è responsabile di essa. Da queste riflessioni, Jonas formula il seguente nuovo imperativo etico: «Agisci in modo che le conseguenze delle tue azioni siano compatibili con la permanenza di un'autentica vita umana sulla Terra». Ma un tale imperativo avrà veramente efficacia soltanto se si riconoscono alcune istanze di tipo metafisico. La prima istanza è l'assoluta priorità dell'essere sul nulla e la sua identificazione con il valore, secondo la tradizionale concezione dei trascendentali dell'essere che concepiscono il reale nella sua convertibilità di essere, bontà, verità e bellezza. La seconda istanza è il ricorso alla nozione di scopo/fine e, in particolare, allo scopo e al valore oggettivo della natura verso la quale abbiamo anche dei doveri. In terzo luogo, riguardo alla ricerca biologica e genetica, vale un fondamentale principio di rispetto per l'uomo e per la sua integrità, contro una tecnologia che vorrebbe rimodellare l'uomo secondo un'immagine *ideale* precostituita attraverso selezioni e manipolazioni biologiche di dubbio valore, comprese quelle che intenderebbero affrancare l'uomo dai suoi caratteri aggressivi. Ci ammonisce Jonas: noi non siamo soggetti chiamati a creare l'uomo, perché già noi stessi siamo stati creati.

Questo riferimento alla biologia ci porta al secondo contributo interessante per un'etica della scienza e della tecnica, quello di Jürgen Moltmann[11] noto teologo protestante di Tubinga. Per ovviare alla dissociazione fra la scienza e l'etica che ha come conseguenza che l'etica arriva sempre troppo tardi sul terreno delle applicazioni scientifiche, Moltmann propone un duplice itinerario di analisi, che applica in specifico al campo dei progressi biomedici: analisi dell'*ethos* degli attuali progressi in biomedicina e, poi, analisi delle ripercussioni che su questo *ethos* hanno tali progressi. La ricerca biomedica è certamente animata dal desiderio di migliorare la condizione dell'uomo, di perseguire l'ideale di una vita priva di sofferenze e, al limite, indefinitamente prolungata e anche di creare generazioni migliori di quelle esistenti e questa impresa ha certamente connotazioni etiche di vasta portata. Nello stesso tempo, il perseguimento concreto di tale ideale ha introdotto una serie di problemi di rilevante interesse etico. Esiste una fondamentale ambivalenza connessa con il progresso della biomedicina. Tale ambivalenza è dovuta alla sostanziale inaffidabilità dell'essere umano che facilmente abusa delle acquisizioni di tale progresso utilizzando il potere sulla vita contro la vita stessa. Biologia e medicina, poi, con le loro migliorie nel campo della vita e della salute, pongono nuovi problemi di politica sociale e generazionale, ad esempio la ricerca di un nuovo equilibrio tra invecchiamento e crescita/crisi demografica. Infine, non è detto che l'appagamento delle speranze di una qualità migliore della vita, fino all'improbabile estinzione della sofferenza e della morte, rendano più sensata e piena l'esistenza umana. Questa proposta si basa sul fatto che la scienza e la tecnica bio-medica sono sempre ispirate da motivazioni umane e sociali, perciò occorre tenere presente non solo l'influsso che l'uomo e la società hanno sul progresso biomedico, ma anche l'influsso che tale progresso ha sull'uomo e sulla società. Per questo il sapere tec-

---

[11] Cf. J. MOLTMANN, *Scienza e sapienza. Scienza e Teologia in dialogo*, (1926), trad. italiana di D. Pezzetta, Queriniana, Brescia 2003.

noscientifico deve entrare il dialogo con la società, con la politica e con l'etica per stabilire dei consensi di fondo su certi valori e priorità e, nello stesso tempo, anche la società dovrà acquisire una sua dimensione scientifica nel senso di essere capace di comprendere almeno i principali nodi teoretico-pratici di un'impresa molto complessa. Questo discorso si ricollega, a nostro parere, con quanto abbiamo già illustrato sopra a proposito dell'informazione e della comunicazione tecno-scientifica.

Un terzo contributo contrasta la pretesa sempre risorgente della scienza, in particolare della fisica, di rivendicare una competenza sull'intero ambito della ricerca umana. Un esempio recente di tale atteggiamento si trova nell'ultimo libro di S. Hawking (scritto insieme a Mlodinov), *The Grand Design* (2010), nel quale gli autori affermano che le teorie unificanti dell'attuale fisica quantistica liquidano i tentativi della filosofia, ormai incapace di dare risposte alle grandi domande umane, in quanto non ha mantenuto un vivo contatto con gli enormi progressi attuati in campo scientifico[12]. Insomma i filosofi (e i teologi) non sono riusciti a tenere il passo con il progresso delle teorie scientifiche, le uniche in grado di rispondere ai nostri più profondi interrogativi conoscitivi. Credo che non ci si debba scandalizzare di queste affermazioni, bensì piuttosto si debba, come filosofi e teologi, accogliere l'invito a un'informazione più precisa e attenta dei risultati attuali della scienza, per cogliere in questi sia domande di dialogo sia occasioni di integrazione delle reciproche prospettive di ricerca. La sbrigativa distinzione di campo tra scienze naturali e saperi umanistici, dettata dalla distinzione del tipo di domande (la scienza si occupa del *come*, i saperi umanistici, filosofia e teologia si occupano del *perché*) è oggi superata dalla consapevolezza che tali ambiti differenti del sapere, in realtà, appartengono al comune campo dell'esperienza umana, sempre alla ricerca di un'integrale comprensione. L'umanista, il filosofo e il teologo non possono oggi ignorare i risultati scientifici e le teorie più accreditate che descrivono e interpretano i dati riguar-

---

[12] Per una rilettura filosofico-teologica critica di questo *best seller* di Hawking si veda: V. DANNA – A. PIOLA, «Un grande disegno senza Dio?"», *Rassegna di Teologia*, 53, 2012, 4, 625-639.

danti la struttura della materia, il cosmo, la vita e i dati sull'uomo delle scienze umane. D'altra parte è quasi naturale che lo scienziato giunga a chiedersi il senso delle sue scoperte e delle sue teorie riguardo alla sua esistenza in questo universo, alla sua origine e alla sua fine, esplicitando così quella dimensione metafisica che è «latente» nella coscienza di ciascun uomo e che diviene «metafisica problematica»[13] nella coscienza del soggetto teoretico, cioè del ricercatore.

Non tutti i fisici, per fortuna, sono così perentori e sicuri nelle loro affermazioni metafisiche come Hawking e Mlodinow! Basti pensare al grande fisico Richard Feynman, giustamente citato, e celebrato anche nel testo di Hawking.Nel suo libro *Il senso delle cose*[14], il grande fisico quantistico riflette sulla natura della scienza, sul suo rapporto con la politica e la religione, sulle possibili implicazioni sociali delle scoperte scientifiche nel futuro. Alcune tesi di questo testo costituiscono il terzo contributo cui accennavamo poc'anzi.

Per Feynman lo scienziato ricerca la risposta ai misteri della natura per l'emozione della scoperta in sé, che altro non è se non la meraviglia, il desiderio disinteressato di sapere, molla di ogni scienza e filosofia; e lo fa attraverso il metodo dell'osservazione e della verifica empirica che consente di fare delle previsioni. Tuttavia, senza misconoscere il forte legame che oggi rinsalda la scienza alla tecnica, – continua Feynman – «*se una cosa non è scientifica*, se non può essere verificata tramite l'osservazione, *non significa che sia inutile, o stupida, o sbagliata*. Non stiamo cercando di dimostrare che la scienza è buona e le altre cose no. (…) Molte cose rimangono escluse, fenomeni per i quali il metodo [scientifico] non funziona, e non significa che non siano importanti. In un certo senso sono più importanti [es. le decisioni]. (…) *La scienza può aiutarmi a fare previsioni, ma non a prendere decisioni*»[15].

La scienza non insegna il bene e il male e non risponde alle grandi domande sul senso della vita, sul mistero dell'esistenza che l'uomo si pone. Su tali fronti, dice Feynmann, bisogna ammettere di non sa-

---

[13] B. LONERGAN, *Insight. Uno studio del comprendere umano*, ediz. italiana a cura S. Muratore – N. Spaccapelo, Città Nuova, Roma 2007, 510-511.
[14] R. FEYNMAN, *Il senso delle cose*, trad. italiana di L. Servidei, Adelphi, Milano 2004.
[15] Ivi, 26 (corsivi e parentesi quadre nostre).

pere, contro il dogmatismo e la fede cieca. L'unica speranza per il progresso umano (e per non cadere in un vicolo cieco) è ammettere l'ignoranza e l'incertezza. È a questo livello che interviene la *religione* e si pone il suo rapporto con la scienza. Feynman non era personalmente credente, ma il suo atteggiamento verso la ricerca religiosa suona certamente in modo meno dogmatico di quello di Hawking e Mlodinow.

4. La proposta lonerganiana per "umanizzare" le scienze della natura

Il pensiero del gesuita canadese Bernard J. F. Lonergan(1904-1984), oggetto dei numerosi Seminari presso l'Università cattolica nella sede di Piacenza, ha saputo trarre dalle scienze naturali elementi di riflessione in ordine al problema antropologico e metafisico. Nella sua maggiore opera filosofica, *Insight*, egli offre un quadro piuttosto articolato sul tema della scienza, avendo presente da una parte *proprio il nuovo sapere sorto dalle rivoluzioni scientifiche* moderne e, dall'altra, la *svolta operata da Kant* con la sua filosofia critica, una svolta portata a compimento proprio nel contesto della rivoluzione scientifica moderna, condotta a piena maturazione nel sistema scientifico euclideo/newtoniano.

Come è noto, la meta di *Insight* è l'*autoappropriazione*, il raggiungimento della propria autocoscienza razionale, cioè il riconoscimento e il possesso del dinamismo conscio e intenzionale che ci caratterizzano come soggetti conoscitivi ed esistenziali. Tale meta fu da Lonergan raggiunta attraverso l'analisi dell'operatività metodica delle scienze naturali, del senso comune e della filosofia; attraverso il riconoscimento (comprensione) della struttura che soggiace alle varie operazioni conoscitive (i livelli di coscienza), e l'affermazione di sé come conoscenti in tale senso. Questa meta, come ebbe a esprimersi Lonergan, è come «un picco al di sopra delle nuvole» (cf. «Prefazione originale» di *Insight*), un nuovo cominciamento per uno sviluppo autentico del soggetto umano. Tuttavia, non possiamo dimenticare quali siano le ragioni per un'attenzione così massiccia alla scienza empirica della natura nel capolavoro filosofico di Lonergan (ma anche in altri suoi scritti).

Un primo motivo è che gli esempi del conoscere matematico e scientifico permettono una apprensione chiara e distinta di fondamentali fatti conoscitivi (che avvengono nella coscienza di ciascuno)[16]. In questo sforzo di introspezione, in particolare nei primi cinque capitoli di *Insight*, Lonergan attinge alla sua propria autoappropriazione per dare ragione del fatto che i metodi scientifici moderni funzionano, del fatto che riguardano la realtà oggettiva, del perché seguono le regole che essi stessi costruiscono e quali siano le implicazioni di tali procedure. Tutto questo fa di Lonergan uno dei pochi pensatori ad articolare veramente i fondamenti della scienza moderna in un'autentica e innovativa fenomenologia della scienza naturale.

Il contributo originale di Lonergan circa la scienza è certamente l'aver messo in luce la centralità del comprendere nel processo scientifico, oltre all'importanza della verifica, già sottolineata dalla scuola neopositivista. L'auto-appropriazione comporta il raggiungimento della verifica in se stessi degli atti di comprensione dell'esperienza sensibile. Ora, la scienza empirica è l'esempio più esatto, accessibile e definito della conoscenza umana, perché essa procede con *metodo* e lo scienziato ha fiducia nella validità di esso al di là delle attuali (e pur sempre provvisorie) spiegazioni del mondo. I *passi* di tale metodo sono ricorrenti: (i) fare attenzione ai dati, (ii) chiedere come vadano spiegati e formularne la spiegazione, (iii) chiedere se la spiegazione sia corretta e trovare i motivi per rispondere di sì. La scienza ci mostra che cos'è un *metodo*: un insieme preciso di operazioni strutturate fra loro, ricorrenti e feconde di risultati progressivi. Il metodo scientifico empirico nella sua chiarezza porta alla luce delle operazioni che non sono altro che la specializzazione delle naturali operazioni dell'intelligenza umana. La conclusione è che una medesima teoria della conoscenza sta alla base di ogni tipo di sapere, poiché è lo stesso fondamentale dinamismo di coscienza che opera in tutti i casi. L'uomo nella ricchezza della sua interiorità è il soggetto

---

[16] Sono i *fatti conoscitivi* ampiamente analizzati nella prima parte di *Insight. Uno studio del comprendere umano*: indagine sulle presentazioni empiriche, intellezione, accumulo e sviluppo di intellezioni, formulazioni e definizioni, passaggi a punti di vista superiori, intellezione inversa, astrazione dal residuo empirico.

Le scienze naturali sono umanistiche?

che produce sia il sapere tecno-scientifico (coscienza razionale e tecnica) sia la riflessione etica sul buon uso di tale sapere a vantaggio del bene comune (coscienza morale responsabile).

Un terzo motivo importante per riferirsi alle scienze empiriche è che, solo nel secolo XX, esse hanno compreso che «gli oggetti della propria indagine non hanno bisogno di essere entità immaginabili che si muovono attraverso processi immaginabili in uno spazio-tempo immaginabile»[17]. Il vecchio meccanicismo e determinismo ottocentesco, con il suo ingenuo modello immaginabile del mondo, ha lasciato il posto alla relatività di Einstein e alle leggi statistiche che offrono *modelli* sul continuum spazio/tempo e sui processi fondamentali della materia non più illustrabili attraverso l'immaginazione. Questa evoluzione ci ha avvertito che conoscere il reale non significa semplicemente rappresentarselo attraverso una vasta sintesi immaginativa. In ciò Lonergan trova una conferma della sua definizione di *realtà*: non ciò che si può vedere o immaginare (l'oggetto del *"picture thinking"*), bensì «*ciò che è*», ciò che si può conoscere mediante comprensione intelligente e affermazione razionale.

Lonergan può dunque rispondere a Kant. Questi attraverso la scienza fisico/matematica del suo tempo aspirava ad una conoscenza del reale in sé che la sua critica trascendentale rendeva tuttavia inattingibile dalla mente umana. Lonergan fa vedere, invece, che la scienza moderna con il suo procedere metodico riesce a perseguire e raggiungere il reale anche se solo con giudizi probabili. La scienza ci aiuta ad affrontare quella dialettica umana che ha alla sua base la *dualità* della conoscenza umana[18]. Pertanto, il processo operativo della scienza consente a Lonergan di risolvere le difficoltà kantiane circa le condizioni per raggiungere l'oggetto reale attraverso la sua originale teoria del giudizio[19].

---

[17] B. LONERGAN, *Insight. Uno studio del comprendere umano*, Introduzione, 18.
[18] Tale dialettica è dovuta al fatto che nell'uomo c'è una "conoscenza di tipo animale" esclusivamente estroversa, sensibile/immaginativa e che porta a «dare uno sguardo» al mondo "già lì fuori ora", e c'è una conoscenza umana «in senso pieno» che si dà solo quando uno compie le operazioni che fondano il giudizio razionale.
[19] Cf B. LONERGAN, *Insight. Uno studio del comprendere umano*, Capp. 9 e 10, ma anche ID., *Sull'Educazione*, Lez. VI, 215-224.

La centralità del *comprendere* («intellezione», *insight*) messa in luce in *Insight* conduce in seguito Lonergan a considerare la scienza in termini di *gruppo di operazioni*[20]: «La caratteristica principale del *gruppo di operazioni* è che ogni operazione nel gruppo si accoppia a un'operazione opposta, e ogni combinazione di operazioni si accoppia a una combinazione opposta. Per cui, in quanto le operazioni costituiscono un gruppo, l'operatore può sempre ritornare al suo punto di partenza»[21]. In qualunque sistema che rientri nella definizione di *gruppo* sono importanti le operazioni caratteristiche di esso e non i termini di quel sistema. Quest'assoluta generalità della teoria dei gruppi permette a Lonergan di parlare di *isomorfismo tra vari sistemi,* poiché in essi è in gioco la stessa forma fondamentale e quindi *la stessa intellezione di base.* Sono gruppi isomorfi i diversi sistemi matematici caratterizzati da operazioni *concrete,* o *intermedie,* o *molto astratte.* Sono pure gruppi isomorfi i differenti sistemi scientifici se il gruppo di operazioni sui simboli adottati è il medesimo, benché i simboli siano diversamente interpretati in senso fisico, in senso geometrico o in senso numerico. C'è isomorfismo anche tra pensiero scientifico e filosofia tomista, come Lonergan aveva già precedentemente affermato in un articolo del 1955 dove non si parla di teoria dei gruppi ma di isomorfismo come classica

---

[20] Cf. B. LONERGAN, *Sull'educazione* , 46, 122, 190ss., 285; tutta la Lez. VIII su J. Piaget, e ID., *Il Metodo in Teologia,* Città Nuova, Roma 2001, Cap.I, 35ss.; Cap. II, 57ss. dove Lonergan introduce la nozione matematica di gruppo ancora in riferimento ai lavori di Piaget.

[21] B. LONERGAN, *Il Metodo in Teologia,* 57s. Più chiaramente in ID., *Sull'Educazione,*191s.: «Le operazioni formano un *gruppo* quando le loro relazioni reciproche sono tali che voi potete procedere in qualsiasi direzione e ritornare indietro... I termini non sono importanti; è il gruppo di operazioni che deve essere considerato. I termini sono qualsiasi cosa sia presupposta o generata dalle operazioni... Pensate all'operazione di identità, l'operazione che lascia le cose come stanno. Così voi definite lo «zero» come ciò che addizionate o sottraete per ottenere ciò che avevate già; con ciò avete definito un termine fondamentale. Allo stesso modo, voi definite l'«uno» come ciò che moltiplicate o dividete per ottenere ciò che avevate già. E con zero e uno potete procedere a costruire tutti i numeri. Ma ciò che viene per primo non sono i numeri, bensì le operazioni. Un numero è qualunque cosa che possiate derivare dalle operazioni». È da notare la straordinaria capacità di Lonergan di saper esprimere concetti matematici non semplici in modo chiaro e non troppo tecnico.

«analogia di proporzione» centrata su una somiglianza strutturale e prescindere del tutto dai materiali che entrano nelle strutture. Infine, sono gruppi isomorfi la struttura operativa del conoscere e la struttura ontologica del conosciuto, come ampiamente è dimostrato in *Insight* che Lonergan considera come uno studio di operazioni in cui l'operazione fondamentale è l'intellezione e «ogni altra cosa è definita nei termini della propria esperienza di intellezione»[22]. In fondo, dunque, in *Insight* Lonergan usa implicitamente la teoria dei gruppi per presentare una filosofia sulla base della scoperta che la struttura del conoscere umano è un ben definito gruppo di operazioni.

Tutte queste considerazioni permettono, secondo Lonergan, di considerare la scienza sotto tre punti di vista. Anzitutto, in termini di oggetti formali, la scienza è simile alla matematica dei greci che erano interessati all'oggetto (geometrico e aritmetico). In secondo luogo, in termini di studio dello sviluppo, essa è simile alla matematica moderna che passa dall'oggetto contemplato (ed eterno) alla *genesi dell'oggetto* (cfr. calcolo differenziale). In terzo luogo, in termini di gruppo di operazioni, essa è simile alla teoria matematica dei gruppi in cui l'astrazione non riguarda l'oggetto matematico, né la genesi di tale oggetto, bensì *le operazioni del soggetto* che generano determinati oggetti.

Proprio considerando la scienza come gruppo di operazioni, si ha la possibilità di affrontare il problema della *divisione e integrazione dei saperi* in modo nuovo e alternativo. In modo nuovo, poiché si tratta ora di una questione di divisione e integrazione di gruppi di operazioni; in modo alternativo all'approccio tradizionale «dell'integrazione delle scienze, dell'integrazione nel soggetto dei diversi settori di conoscenza, della connessione del sapere del soggetto con la storia della vita umana o con il vissuto concreto dell'individuo»[23], poiché si tratta di individuare opportune specializzazioni corrispondenti ai diversi gruppi di operazioni considerate. Per quest'ultimo punto il discorso diventerà più chiaro e concreto solo con la composizione de *Il Metodo in Teologia* in cui Lonergan richiama *i tre possibili modi* in cui classificare e collegare

---

[22] B. LONERGAN, *Sull'Educazione*, 195. Il testo è del 1959: due anni dopo la pubblicazione di *Insight. Uno studio del comprendere umano*.
[23] *Ibidem*.

le specializzazioni nella teologia, concepita metodologicamente come «un insieme di operazioni connesse tra di loro e ricorrenti le quali avanzano verso una meta ideale in modo cumulativo»[24].

I preziosi contributi che Lonergan ricava dallo studio dei metodi delle scienze naturali non gli impediscono di occuparsi ampiamente anche degli altri tipi di conoscere come, ad esempio, la conoscenza del senso comune. Anzi, contrariamente a quanto pensava Karl Popper, egli non ritiene che la scienza sia il genere più importante del conoscere umano, ma un ambito, che egli chiama «teoria», accanto a molti altri quali il «senso comune», l'ambito della «interiorità» che è lo spazio specifico della filosofia in quanto indagine intenzionale della coscienza e l'ambito della «trascendenza» di cui si occupano le religioni umane e la teologia.

«Come c'è una complementarità tra metodo classico e statistico della scienza, così esiste una complementarità più ampia tra l'intera scienza e la conoscenza del senso comune. Questi due domini dello sviluppo dell'intelligenza non sono da intendersi in antitesi, come se fossero l'uno la razionalità e l'altro l'irrazionalità, oppure l'uno la razionalità completa e l'altro la razionalità imperfetta. Sono invece due ambiti entrambi importanti del conoscere umano: la scienza per giungere a conoscenze universali, il senso comune che riguarda il particolare (...). Il confronto con la scienza mostra che il senso comune è una nuova e, per certi versi, più fondamentale forma della coscienza intellettuale e razionale dell'uomo. Infatti, come Lonergan sottolinea, il senso co-

---

[24] B. LONERGAN, *Il Metodo in Teologia*,157ss. Anzitutto, vi sono le «specializzazioni del campo», ottenute con successive *suddivisioni del campo dei dati* in modo che ogni specialista si occupi della sua parte (es. gli studi su Scrittura, Padri, Medioevo, Riforma vanno divisi in specie e sottospecie..., es. AT suddiviso in Legge, profeti, Scritti). Poi, vi sono le «specializzazioni del dipartimento e del soggetto» (di insegnamento), ottenute dividendo *i risultati* delle indagini in soggetti differenti in modo che si possano tenere corsi diversi sui diversi soggetti (es. lingue semitiche, storia ebraica, teologia cristiana...). Infine, vi sono le «specializzazioni funzionali», ottenute attraverso la distinzione e la separazione degli stadi successivi del processo che va dai dati ai risultati (es. critica testuale che determina ciò che è stato scritto, interpretazione che ne cerca il significato, storia che mette insieme i testi interpretati e ne dà una visione unica e così via).

mune è intelligente. Rappresenta uno sviluppo del soggetto a cui sono riferite le cose; il senso comune, perciò, implica delle intellezioni (o gruppi di intellezioni), sorge da un flusso di domande (la gente vuole sapere il perché e subito), è la stessa curiosità intellettuale che sta alla radice della scienza, comprende le cose simili nello stesso modo, ma senza perseguire l'universalità per se stessa»[25].

Se tutto questo è vero, tuttavia occorre anche sottolineare l'importanza che Lonergan attribuisce alle rivoluzioni intellettuali dell'epoca moderna che hanno introdotto i nuovi saperi di cui abbiamo parlato antecedentemente. Si tratta, anzi, di portare il sapere filosofico e teologico all'altezza dei tempi, raccordandolo con le attuali acquisizioni scientifiche nei vari campi, ma facendo anche soprattutto della filosofia uno strumento di mediazione e di integrazione nell'attuale panorama, amplissimo e frammentato, dei saperi. L'epistemologia lonerganiana non è, pertanto, in senso strettamente etimologico una teoria del conoscere scientifico, bensì una teoria generale del conoscere umano in cui rientra anche il caso del sapere scientifico, in quanto caso particolarmente significativo e paradigmatico. Si tratta di una posizione, a nostro parere, assai ampia ed equilibrata che rispetta anche l'ampia gamma di conoscenze possibili all'inventiva dell'uomo. Una posizione che può fornire una serie di criteri per umanizzare la conoscenza delle scienze naturali (oggi tecno-scienze), ossia per considerarle all'interno di un quadro articolato di saperi che non devono mai perdere la prospettiva dell'integralità del bene della persona e del bene comune della società.

5. Conclusioni

La soluzione dei molti problemi etici, economici e politici sollevati dal progresso tecno-scientifico non può passare attraverso il ripudio di tale sapere e nemmeno attraverso la demonizzazione del mondo postindustriale informatico e globale; serve piuttosto individuare un terreno comune sul quale scienziati e ingegneri, economisti e politici,

---

[25] V. DANNA, *Percorsi dell'intelligenza*, 289 s.

filosofi e teologi possano incontrarsi per riflettere e collaborare in vista di un nuovo ordine sociale ed economico eticamente orientato a livello mondiale[26]. Ha ragione Jonas quando ritiene che senza il ricorso a istanze fondative di tipo *metafisico* non troveremo mai una piattaforma comune sulla quale trovare dei principi etici da far valere a livello mondiale: *essere, valore, fine* sono realtà che vanno liberate dall'ambiguità di cui il pensiero postmoderno e post-metafisico li ha caricati. Pur ritenendo le scienze naturali il modello perfetto della conoscenza umana, persino Popper pensa che le idee metafisiche siano spesso precorritrici di quelle scientifiche; anzi, nella misura in cui una teoria metafisica possa venir razionalmente criticata occorrerebbe essere disposti a prendere sul serio la sua implicita rivendicazione ad essere considerata, almeno provvisoriamente, come vera. Qualcuno ha detto che nel secolo ventesimo la fisica ha rianimato la metafisica e, d'altra parte, ancora Popper sottolinea che spesso la metafisica ha aiutato lo sviluppo della scienza. Naturalmente si tratta di intendersi sul tipo di ricerca metafisica: essa è costituita non da un sistema o una *summa* che diriga e unifichi i saperi in un quadro unitario di principi ultimi, ma da una ricerca euristica, nella linea dell'integrazione dinamica dei complessi saperi odierni, da ricondursi alla coscienza umana, all'intenzionalità conscia dell'uomo, che è l'unico principio a non aver bisogno di verifica perché sta alla base di ogni verifica e a fondamento di ogni scienza. Non, dunque, una conoscenza diversa da quella offerta dalle scienze, ma una epistemologia generale che metta in dialogo i saperi verso una conoscenza prospettica dell'universo concreto dell'essere e che tenga sempre conto che è l'uomo, con i suoi desideri e valori, con le sue speranze e dubbi, la fonte di ogni autentico sapere[27].

Non si tratta di un'osservazione banale dire che anche il sapere e

---

[26] Queste conclusioni sono sostanzialmente riprese, con alcune modifiche, da un mio recente studio: V. DANNA, «I bisogni etici della scienza nel post-moderno», *Archivio Teologico Torinese*, 14 (2008), 57-60. A questo studio s'ispira anche il secondo paragrafo di questo articolo.

[27] Per un ampliamento della proposta cf. V. DANNA, «*Insight. Uno studio del comprendere umano*: epistemologia per un'integrazione dei saperi», in ID., *Bernard Lonergan. Il metodo teologico, le scienze e la filosofia*, Effatà, Cantalupa (Torino) 2006, 27-43.

l'operare in campo tecno-scientifico trovano i loro principi ultimi nei concreti dinamismi interiori di intelligenza, razionalità e responsabilità del soggetto umano. Il fatto è che noi siamo un miscuglio di bontà e cattiveria, di ragionevolezza e irrazionalità, d'intelligenza e stupidità, di attenzione e disattenzione. Il nostro entusiasmo morale mal diretto, la nostra ansia, non di rado patologica (perché narcisistica), di migliorare il mondo in cui viviamo, ci impediscono di «renderci conto che i nostri principi morali, certamente troppo semplici, sono spesso di difficile applicazione alle complesse situazioni umane e politiche nelle quali ci sentiamo indotti ad applicarli»[28]. Il nostro progresso intellettuale ha superato il nostro sviluppo morale e la nostra maturità politica, la nostra abilità si mescolano con la nostra cattiveria[29].

La tradizione cristiana ci permette di unire le due prospettive (intellettuale e morale), quando afferma che tra gli effetti del peccato originale c'è sia un oscuramento dell'intelligenza (disattenzioni, stupidità e irrazionalità), sia un indebolimento delle volontà (irresponsabilità e cattiverie) e che il male prodotto dell'uomo è certamente dovuto a un miscuglio di stupidità e di cattiveria, accanto a una indubbia prova di abilità e intelligenza. La coscienza – intesa come l'insieme delle forme in cui si realizza la presenza del soggetto a se stesso all'interno di una determinata cultura e civiltà – può essere distorta almeno in quattro modi[30]: dalla deformazione della nevrosi, da quella dell'egoismo individuale, dalla deformazione dell'egoismo di gruppo, e dalla deformazione generale espressa nell'illusoria competenza universale del senso comune, che può condurre a svariate forme di alienazione sociale e anche politica.

Se menti aperte sono alla base di quella creatività che nella storia favorisce i processi di sviluppo e di crescita culturale e scientifica di un popolo, l'intromissione di queste deformazioni nel processo di sviluppo di tale popolo, lo distorce trasformando il progresso in declino.

---

[28] K. POPPER, *Congetture e confutazioni. Lo sviluppo della conoscenza scientifica*, Il Mulino, Bologna 1972, 620.
[29] È ancora Popper che fa queste osservazioni, richiamandosi a B. Russell. *Ibidem*, 619.
[30] Per una trattazione della quadruplice deformazione si veda ancora di B. LONERGAN, *Insight. Uno studio del comprendere umano*, Capp. 6-7.

«La situazione diventa, progressivamente, non il prodotto cumulativo di comprensioni coerenti e complementari, ma la discarica in cui sono ammassati i prodotti amorfi e incompatibili di tutte le deformazioni di individui e gruppi auto-centrati e di corte vedute»[31]. Occorre invocare una giusta creatività, per trovare delle risposte adeguate al problema etico nel campo tecno-scientifico. Le risposte etiche adeguate ancora non ci sono, è una questione di comprendere il punto e di articolare le molte e necessarie comprensioni in un sistema auto-correttivo non di tipo concettuale, ma secondo una comprensione piena della posta in gioco che è il bene stesso dell'umanità e del mondo in cui viviamo. E il bene non è mai un'astrazione o un insieme di concetti, è sempre concreto e storico e, quindi, è colto solo da un processo di comprensione cumulativa nel concreto e a partire dal concreto.

Accanto al vettore della creatività, va collocato il vettore della guarigione dai mali diffusi, con cui lavorare per avviare un nuovo modo di sviluppo umano. Il primo vettore è quello che opera dal basso verso l'alto, come processo virtuoso di conoscenza e azione che, dall'esperienza e attraverso comprensione crescente e giudizio equilibrato, arrivi ad attuare fecondi corsi di azione e, partendo da nuove situazioni che si vengono a determinare, giunga a ulteriore comprensione e giudizio più approfondito, in vista di corsi di azioni più ricchi. Il secondo vettore opera dall'alto verso il basso e consiste nella trasformazione operata dall'amore verso gli altri e verso la natura, il quale rivela dei valori – mentre l'odio vede solo il male – e dissolve la deformazione, rompendo i vincoli dei determinismi psicologici e sociali. Intrinseco alla natura della guarigione è il requisito estrinseco di un concomitante processo creativo. Si deve esigere che oggi s'incontrino i due requisiti:

---

[31] B. LONERGAN, *Guarigione e creatività nella storia*, trad. italiana. in «La Civiltà Cattolica» (2001) III 501. In questo articolo Lonergan tratta di malattia, guarigione e creatività nella storia a proposito dell'economia. Anche a questa scienza occorre applicare criteri etici adeguati, e ciò è possibile a due condizioni. Primo, che si esiga da parte degli economisti un'analisi nuova e creativa che mostri come i precetti etici abbiano una base nel processo economico. Secondo, che si richieda ai moralisti di elaborare dei precetti specificamente economici che sorgano dal medesimo processo economico e ne promuovano il corretto (cioè, etico) funzionamento, realizzando una guarigione dagli attuali processi distorti e perversi in campo economico mondiale.

Le scienze naturali sono umanistiche?

creatività per la tecno-scienza (come per l'economia) e guarigione da parte dei teorici della morale. I ricercatori mostrino come i precetti morali abbiano una base nel processo tecno-scientifico (ed economico) e un'efficace applicazione ad esso. Dai teorici della morale dobbiamo esigere dei precetti specificamente tecno-scientifici che sorgano dallo stesso processo di ricerca e promuovano il suo corretto funzionamento.

Questo intreccio interdisciplinare ci porta a domandare se esista una sorgente non inquinata dalla quale far rifluire le nozioni di essere, valore e fine e poter coniugare insieme guarigione e creatività. Tra le proposte minimaliste e nominaliste di accordo contrattuale e tolleranza reciproca, basate sulla rinuncia e stabilire il vero, e quelle monolitiche e antidemocratiche, che si rifanno ad una improbabile visione metafisica del tutto, basata su una ingenua concezione della verità, ci sta l'uomo concreto con la sua storia, i suoi progressi e i suoi fallimenti sia a livello personale che socio-culturale. Quest'uomo, che ciascuno di noi è, possiede però una coscienza caratterizzata da un dinamismo intenzionale che dirige le sue conoscenze e il suo agire morale, la struttura del desiderio e dell'esperienza religiosa. Forse qui può essere trovato il terreno comune da cui partire per riflettere insieme verso un nuovo ordine mondiale capace di regolare anche il potere delle tecnoscienze: accogliere con una nuova fiducia la propria interiorità intenzionale per una proposta creativa di collaborazione. Ma questo implicherebbe l'apertura di un nuovo e spinosissimo capitolo: quello dell'educazione dell'uomo. L'educazione è il primo bene che la persona umana ha diritto di ricevere per il suo personale sviluppo e per un vivere e collaborare insieme agli altri in modo creativo e ad un livello che, oggi, non può che essere planetario.

CAPITOLO QUINTO

L'APPLICAZIONE DEL CONCETTO DI SCIENZA AI DIVERSI CAMPI DELLA RICERCA.
IL PROBLEMA DEL FINALISMO IN BIOLOGIA

CARLO CIROTTO

1. L'importanza della causa formale secondo Lonergan

Insegno materie biologiche da molti anni e dai tempi successivi alla laurea mi sono dedicato alla ricerca su argomenti di biologia dello sviluppo. L'impegno professionale ha accresciuto il mio particolare interesse per tutte le scienze empiriche e, in modo speciale, per la biologia. La docenza e soprattutto la ricerca, se condotte con coinvolgimento personale e passione, non fanno che stimolare continue domande su ciò si sta facendo, sulla correttezza dei metodi usati e sul significato dei risultati ottenuti. A ben guardare, si tratta di domande sulla validità di quanto con la scienza è possibile conoscere e sull'influenza che tutto ciò può avere sulla costruzione di una visione del mondo che, almeno tendenzialmente, permetta di abbracciare in un unico colpo d'occhio quella parte della realtà che i nostri sensi intercettano. Operazioni, queste, che, sviluppandosi su un terreno di confine tra scienza empirica e filosofia, richiedono competenze nell'uno e nell'altro ambito per evitare sia i rischi dell'elaborazione infondata che della banalizzazione grossolana.

In questo percorso di approfondimento critico, Lonergan mi è stato maestro scrupoloso ed esigente. Soprattutto il Lonergan epistemologo con le sue sorprendenti capacità di puntare al cuore delle problematiche scientifiche e di saperle inquadrare in una visione unificata della realtà, frutto maturo dell'esplorazione scientifica e dell'approfondimento filosofico. Quelle stesse capacità di integrazione alle quali si deve, secondo Crowe, il «contributo peculiare di Lonergan: la sua organizzazione delle categorie, il carattere integrale del suo pensiero»[1].

Facendo leva sull'esperienza acquisita in ambito scientifico e certo della validità della guida lonerganiana, proverò a rispondere ad una domanda che ricorre in maniera chiara o che aleggia, come presenza imbarazzante, non solo nelle meditazioni di scienziati e filosofi ma anche nei discorsi e nelle menti della gente comune. Esiste una finalità in quelle realtà non umane che siamo soliti chiamare *naturali*?

È, questa, la domanda che nasce spontanea in chiunque si fermi a contemplare l'ordine, la bellezza, la raffinata funzionalità dei sistemi naturali che ci circondano, da quelli inanimati, dotati di apparente semplicità, a quelli vivi, meravigliosamente organizzati, interagenti con il proprio ambiente in maniera spesso tanto imprevedibile – ma al tempo stesso così appropriata – da far sorgere il dubbio che ci sia in essi una qualche forma di intelligenza.

Non sono pochi i filosofi e gli uomini di scienza che, fidandosi del bagaglio delle proprie esperienze e delle personali elaborazioni teoriche hanno cercato di risolvere l'intricato problema; non si può dire che le soluzioni siano mancate. Sono state infatti molteplici e spesso anche contrastanti[2]. Tra gli uomini di scienza, in particolare, le risposte sono state diverse. Accanto a coloro – la grande maggioranza – che l'hanno decisamente negata, c'è stato anche chi non solo ha riconosciuto l'esistenza di una finalità nella natura, ma ne ha addirittura proposto l'introduzione nell'armamentario metodologico della scienza come criterio fondante[3].

Tra le scienze cosiddette dure, a porre con forza il problema è soprattutto la biologia. Le strutture viventi, infatti, sono così ben strutturate e così raffinate nella loro funzionalità da sembrare finalizzate al

---

[1] F.E. Crowe, *Bernard J.F. Lonergan. Progresso e tappe del suo pensiero*, Città Nuova, Roma 1995, 158.

[2] Cf. R. Spaemann – R. Löw, *Fini naturali. Storia e riscoperta del pensiero teleologico*, Ares, Milano 2013.

[3] Cf. W. Heitler, *Causalità e teleologia nelle scienze della natura*, Boringhieri, Torino 1967.

benessere degli individui e alla sopravvivenza della specie. Ciò risulta evidente nelle strutture macroscopiche di organi e tessuti, ma spicca ancor più chiaramente in quelle microscopiche e sub-microscopiche. Le moderne acquisizioni della biologia molecolare e della genetica spalancano davanti ai nostri occhi paesaggi straordinariamente vari di micro-strutture complesse il cui corretto funzionamento è il necessario presupposto della stabilità e dello sviluppo dell'organismo[4].

I filosofi medievali di osservanza aristotelico-tomista erano convinti che tutti gli esseri viventi fossero in possesso di fini intrinseci come crescere, conservarsi e riprodursi, posti dalle rispettive anime. La rivoluzione scientifica del diciassettesimo secolo, con il suo impianto riduzionistico, deterministico e meccanicistico, eliminò dal discorso scientifico ogni riferimento a finalità, obiettivi, e cause finali. Tutto doveva essere spiegato rifacendosi alle proprietà meccaniche della materia in movimento, proprio come nella fisica delle palle da biliardo che si urtano e degli ingranaggi che muovono le lancette degli orologi. Cartesio, e con lui molti altri scienziati, riconosceva ai soli esseri umani la capacità di agire in vista di una qualche finalità, ma negava decisamente questa prerogativa al resto della natura, anche quella vivente. L'anima razionale degli uomini era infatti considerata al di là e al di sopra della natura materiale e, quindi, in grado di abilitare gli uomini a proporsi dei fini.

Gli uomini di scienza moderni generalmente rifiutano questo modo di vedere la realtà umana. Pensano che gli uomini non siano qualitativamente diversi dal resto della natura e che una cosa come l'anima immateriale semplicemente non esista: esistono solo cervelli che agiscono in maniera meccanica[5].

Ciò nonostante, i fini, cacciati dalla porta, continuano a rientrare dalla finestra, magari dietro la maschera di parole che incutono soggezione come la *teleonomia* di Monod[6] o di ipotesi affascinanti come quella dei *geni egoisti*, che Dawkins immagina spinti da un incontenibile desiderio di replicarsi [7].

---

[4] Cf. E. SOLOMON – L. BERG – D. MARTIN, *Biologia*, EdiSES, Napoli 2006.
[5] Cf. G. BONIOLO – P. VIDALI, *Filosofia della scienza*, Mondadori, Milano 1999.
[6] Cf. J. MONOD, *Il caso e la necessità*, Mondadori, Milano 1970.
[7] Cf. R. DAWKINS, *Il gene egoista*, Mondadori, Milano 1992.

Da ciò derivano situazioni equivoche sotto il profilo culturale e imbarazzanti sotto il profilo psicologico, che coinvolgono per primi i biologi, indecisi fra l'accettazione dei criteri finalistici, a causa della loro comprovata utilità nella quotidiana pratica di ricerca, e il loro rifiuto imposto dalla correttezza metodologica. Il biologo von Brucke espresse l'imbarazzo di questa situazione con una frase ad effetto divenuta famosa: «La teleologia è una signora senza la quale il biologo non può vivere, ma con la quale non si presenterebbe mai in pubblico»[8]. In effetti, nel complesso panorama della biologia contemporanea si nota ovunque la stridente schizofrenia tra il ricorso massiccio a criteri finalistici nel campo pratico della ricerca e la loro negazione sul piano della giustificazione teorica.

Tale situazione, di per sé equivoca, è ulteriormente aggravata da errori e confusioni, spesso banali, che inquinano il sapere biologico. Un esempio fra i tanti possibili è la frequente confusione che viene fatta tra i due livelli logici ed organizzativi sui quali si sviluppa l'attività di ricerca del biologo: il piano dell'*ontogenesi*, cioè della crescita, conservazione e riproduzione dei singoli organismi e il piano della *filogenesi*, cioè della successione dei vari tipi di organismi durante l'evoluzione. È evidente che nei due casi il problema dei fini si pone in maniera differente.

Nonostante le esigenze metodologiche delle scienze dure, comunque, l'esperienza di ognuno continua a testimoniare il fondamentale carattere intenzionale della mente umana. Sono gli scopi ad orientare costantemente l'azione di ogni uomo che non sia un folle. Per tale motivo il mio contributo si svilupperà tenendo costantemente presente la differenza che passa tra la realtà umana e quella non umana, tra le dinamiche intenzionali della mente dell'uomo e le dinamiche delle realtà naturali, tra l'uomo-scienziato che indaga l'ordine materiale servendosi della metodologia scientifica e l'immagine del mondo che i risultati di una simile indagine suggeriscono. Darò, insomma, per acquisito che l'uomo è capace di porre degli scopi a guida del proprio agire cosciente e, a supporto di questa mia posizione, chiamo le stesse pubblicazioni scientifiche che, nella quasi totalità, concludono la se-

---

[8] Citato da S. JAKI, *Lo scopo di tutto*, Ares, Milano 1994, 52.

zione introduttiva con le rituali parole: «Scopo di questa ricerca è...».
Questa frase è emblematica della differenza che passa tra la mente dell'uomo di scienza, capace di porsi dei fini, e il metodo scientifico seguito che, al contrario, escluderebbe qualsiasi riferimento a scopi e cause finali.

Se, come a ragione sostiene Lonergan, la scienza pura non prevede nel suo equipaggiamento metodologico l'aristotelica *causa finale*, ma si avvale unicamente della *causa formale* per progredire nella conoscenza[9], è inappropriato pretendere da essa una parola definitiva sull'esistenza o meno di finalità in natura. Quand'anche vi fossero, infatti, essa non sarebbe in grado di evidenziarle per mancanza di adeguati strumenti metodologici. Ciò non significa, tuttavia, che l'immagine del mondo proposta dalla scienza non possa fornire un aiuto efficace nel dipanare l'intricata matassa.

Data, quindi, per acquisita l'esistenza di un doppio binario costituito dall'immagine scientifica del mondo e dal comportamento umano, lungo il quale si muoveranno le mie considerazioni, la domanda di partenza se vi siano finalità nelle realtà naturali non umane, deve essere così riformulata: in quale maniera l'immagine del mondo offerta dalla scienza è di aiuto al nostro modo di comprendere la finalità?

2. La visione scientifica del mondo. Lonergan e gli aggregati

Non è facile presentare la visione del mondo fornita dalla scienza con una descrizione più concisa ed eloquente di quella proposta da Jacob, lo scienziato vincitore, insieme a Monod, del premio Nobel per la scoperta dei meccanismi della regolazione genica. Scrive infatti Jacob:

«... a ciascun livello [di complessità] unità di dimensioni relativamente definite e di struttura pressoché identica si associano per formare un'unità di livello superiore. Si può chiamare *integrone* ciascuna di tali unità formata dall'integrazione di sotto-unità. Un integrone si

---

[9] Cf. B. LONERGAN, *Insight. Uno studio del comprendere umano*, Città Nuova, Roma 2007, 128-129.

forma mediante la combinazione degli integroni appartenenti al livello immediatamente inferiore ad esso e partecipa alla costituzione dell'integrone del livello successivo»[10].

Il neologismo *integrone* fa evidentemente parte della strategia seguita da Jacob per sollecitare l'attenzione del lettore. Può non piacere ma non gli si può negare una forte carica semantica. *Integrone* dice, infatti, che la storia dell'universo può essere letta come una concatenazione di integrazioni successive di materiali pre-esistenti.

Il termine *integrone*, tuttavia, anche se ideato e pubblicizzato da un Nobel, non è entrato nell'uso comune. Si preferiscono termini come *olomero* [11] o, più di frequente, *sistema* che, se pur capaci di comunicare con efficacia l'idea di «una configurazione di elementi strutturati, interagenti, che danno origine a entità aventi caratteristiche, proprietà e aspetti peculiari»[12], non lasciano intuire le modalità di comparsa. E così, non vi è dubbio che gli atomi, le molecole, le cellule, gli organi, gli organismi e le popolazioni siano sistemi, cioè *configurazioni di elementi strutturati interagenti*, ma qual è la loro genesi? I termini *olomero* e *sistema* non lo lasciano intendere.

La visione degli oggetti della scienza empirica come risultati di integrazioni successive, suggerita da Jacob, sembra essere l'eco in ambito scientifico di quanto affermato più di un decennio prima in ambito filosofico da Lonergan. È quasi certo che Jacob fosse all'oscuro delle considerazioni lonerganiane, tuttavia è interessante notare come le conclusioni dei due Autori, anche se scaturite in ambiti di pensiero differenti, appaiano molto simili persino nella forma. Basti qui ricordare la descrizione magistralmente compatta di cui Lonergan si serve per descrivere gli oggetti propri dell'indagine scientifica: «aggregazioni di aggregati di aggregati di aggregati»[13]. Per la profondità e l'ampiezza del significato attribuito da Lonergan al termine, oltre che per ovvi motivi lessicali, in questa mia relazione *aggregato* verrà preferito ad *integrone*.

È importante sottolineare come le indagini odierne condotte sui più diversi versanti della scienza confermino appieno le intuizioni conver-

---

[10] F. Jacob, *La logica del vivente. Storia dell'ereditarietà*, Einaudi, Torino 1971, 384.
[11] Cf. A. Koestler, *Il fantasma dentro la macchina*, SEI, Torino 1971, 459.
[12] G. Minati, *Sistemica*, Apogeo, Milano 1998, 44.
[13] B. Lonergan, *Insight. Uno studio del comprendere umano*, 358.

genti di Lonergan e Jacob. Oggi, ad esempio, è inconfutabile il fatto che i sistemi a noi noti siano comparsi sulla terra in tempi successivi: prima quelli più semplici, poi i più complessi; prima i sistemi abiotici, poi quelli viventi; prima lo psichismo animale, poi la mente umana[14]. Sappiamo che l'universo, così come ora lo conosciamo, è il risultato di processi evolutivi cosmici e biologici interagenti, durati all'incirca 14 miliardi di anni, che solo in epoche molto recenti hanno portato alla comparsa di esseri coscienti in grado di porsi delle domande sull'universo di cui sono parte.

Per motivi che risulteranno chiari con il procedere del discorso, è opportuno mantenere la distinzione tra sistemi inanimati, sistemi viventi e uomo.

3. Prima della vita

I fisici propongono una panoramica, chiara nelle sue linee fondamentali, di ciò che è avvenuto ai costituenti elementari del nostro universo a partire dal Big Bang[15]. Dicono che tutto ebbe inizio all'incirca 14 miliardi di anni fa con l'esplosione di un concentrato indescrivibile di energia da cui ebbero origine lo spazio, il tempo e le componenti radiative e materiali dell'universo. Durante il primo secondo di esistenza, l'universo era un ammasso brulicante di radiazioni e particelle elementari alla temperatura di alcuni miliardi di gradi centigradi, il *plasma cosmico*[16]. Quando l'orologio cosmico segnò il primo secondo, la temperatura del plasma risultava di molto diminuita a causa dell'espansione dell'universo ed era tale da favorire l'unione di protoni e neutroni con la conseguente formazione di nuclei di idrogeno e di elio.

Quando i fisici iniziarono a scoprire tali processi elementari di aggregazione, sperarono che lo stesso meccanismo, riproposto ciclicamente, rendesse ragione della formazione di tutti i nuclei conosciuti ed immaginarono che le catture successive di protoni e di neutroni avessero originato sistemi nucleari via via più complessi, fino all'uranio. Oggi però sappiamo che questo non poté verificarsi. In quel primo

---

[14] Cf. F. FACCHINI, ed., *Complessità, evoluzione, uomo*, Jaca Book, Milano 2011.
[15] Cf. H. REEVES, *L'evoluzione cosmica*, Feltrinelli, Milano 1982.
[16] U. AMALDI, «La seconda domanda di Leibniz e il Big Bang», in F. FACCHINI, ed., *Complessità, evoluzione, uomo*, 17.

periodo di sintesi, l'evoluzione si fermò all'elio e non fu generato nessun nucleo più pesante. Le ragioni di questa fermata sono importanti nell'economia del nostro discorso: i processi di produzione di nuclei più pesanti si arrestarono, perché quello dell'elio è un nucleo troppo stabile. Le particelle elementari che lo compongono, infatti, sono tenute insieme da legami tanto forti da determinare una sorta di chiusura del sistema in se stesso, sbarrando la strada ad ulteriori associazioni. Fu così che, al termine di questo primo periodo di integrazioni, l'universo si ritrovava a contenere soltanto nuclei di idrogeno e di elio. Si trattava, evidentemente, di un universo sterile perché senza nuclei pesanti non sarebbe potuta apparire alcuna forma di vita.

L'espansione dell'universo, comunque, continuò e con essa proseguì l'abbassamento della temperatura. Ai nuclei di idrogeno e di elio si legarono, allora, gli elettroni formando atomi di elio e molecole di idrogeno che si condensarono in protogalassie e stelle per effetto della gravitazione. E fu nel cuore delle stelle che si ricrearono le condizioni per la ripresa della fusione nucleare. Da tre nuclei di elio si originò così il carbonio, elemento base della vita. La fusione di quest'ultimo con l'elio portò all'ossigeno mentre dalla fusione di nuclei di carbonio ebbero origine diversi nuovi elementi come il neo, il sodio, il magnesio, l'alluminio, il silicio, ecc. La descrizione dell'esatto ordine di comparsa non è rilevante ai fini della presente esposizione. È importante invece sottolineare il fatto che il meccanismo di formazione è quello dell'aggregazione di materiali preesistenti. Esprimendosi con la terminologia di Lonergan, nuclei di idrogeno si sono aggregati ed hanno formato l'aggregato elio, dall'aggregazione di nuclei di elio si è formato poi l'aggregato carbonio, dall'aggregazione del carbonio e dell'elio l'ossigeno e così via. Aggregazione dopo aggregazione, si formarono i nuclei di tutti gli elementi che conosciamo. Nessun atomo, però, e nessuna molecola possono formarsi nel cuore troppo caldo di una stella. È nelle fredde distese dello spazio intergalattico che si formeranno gli atomi attraverso l'aggregazione dei nuclei con gli elettroni e successivamente le molecole per aggregazione degli atomi tra loro.

Da questa prima parte della relazione, che presenta con brevità le vicende che portarono alla nascita delle molecole a partire dalle particelle elementari, qualcuno forse potrebbe concludere che nei processi chimici e fisici primordiali esiste il fine di produrre molecole sempre più complesse. In realtà, più che rilevare *un fine* è più corretto rilevare *una fine*; la fine di un processo, lungo e complesso, in cui tutti gli stadi intermedi e in particolar modo lo stadio finale trovano la loro giustificazione nel fatto che da strutture meno stabili si passa a strutture più stabili: le unità più semplici si aggregano per formare unità più complesse e fanno ciò perché i prodotti finali possiedono una maggiore stabilità. Il guadagno in stabilità è la motivazione energetica che giustifica l'andamento sia delle reazioni nucleari che delle reazioni chimiche. Dell'uno e dell'altro tipo di reazioni sono noti i meccanismi, almeno nelle loro linee fondamentali, e questo apre la strada ad ulteriori approfondimenti che rivestono un'importanza non secondaria nell'economia argomentativa della relazione. E poiché tra i due meccanismi quello delle reazioni chimiche si presta meglio ad essere descritto con il linguaggio quotidiano, farò ricorso alla cinetica chimica per illustrare e motivare alcune considerazioni che vado ad esporre.

Gli studenti di chimica, anche i principianti, sanno che ogni tipo di molecola si origina dalla combinazione di atomi o di molecole più semplici che reagiscono tra loro. È noto, ad esempio, che per ottenere acqua è sufficiente far reagire, in condizioni opportune, un volume di gas ossigeno con due volumi di gas idrogeno. Questa affermazione, assolutamente ineccepibile, può far pensare che la reazione segua criteri deterministici per cui, mescolando insieme i due volumi di idrogeno con il volume di ossigeno, non si può che ottenere, sempre e comunque, un volume di acqua. Il fatto è senz'altro vero se l'osservazione viene limitata a ciò che i nostri sensi sono in grado di percepire, ma le dimensioni proprie degli oggetti del mondo sensibile non sono neanche lontanamente paragonabili a quelle delle unità che sono le effettive responsabili della reazione: le molecole che, a causa delle minuscole dimensioni, sono presenti in numero elevatissimo anche in quelli che giudichiamo volumi minimi. Una semplice goccia d'acqua, ad esempio, contiene circa 10^{21} molecole, cioè, mille miliardi di miliardi; così numerose che, se le contassimo alla velocità di una al secondo, impiegheremmo trenta mila miliardi di anni[17].

---

[17] Cf. V. BALZANI – M. VENTURI, «*Dall'atomo all'uomo: la complessità dalla chimica alla biologia*», in F. FACCHINI, ed., *Complessità, evoluzione, uomo*, 86.

Tutti gli oggetti che ci circondano, anche i più piccoli, sono formati da numeri elevatissimi di particelle e il loro comportamento complessivo non è, quindi, che la risultante dell'insieme dei comportamenti delle singole componenti.

Quando mescola sostanze per ottenerne altre, il chimico è consapevole di avere a che fare con numeri stratosferici di particelle e che la descrizione complessiva della reazione si riferisce solo al loro comportamento medio. Ma che cosa avviene concretamente alle singole particelle che reagiscono? Nel caso della formazione dell'acqua, la nostra ricostruzione immaginaria parte da nubi fittissime di molecole di idrogeno e di ossigeno tenute in agitazione vorticosa dall'energia termica ambientale. È un continuo precipitarsi in ogni direzione e gli urti reciproci avvengono con altissima frequenza. Perché si formino molecole d'acqua, però, non è sufficiente che idrogeno ed ossigeno vengano in contatto. È anche necessario che si urtino secondo modalità definite: devono muoversi a determinate velocità, lungo traiettorie che si incrociano secondo angoli ben precisi e così via. Nel contenitore della reazione quindi avviene che, in preda all'agitazione termica, le particelle reagenti urtano le une contro le altre in tutti i modi possibili, sperimentando tutte le possibilità di incontro-scontro, ma solo in quelle circostanze particolari in cui si urtano con le modalità favorevoli alla reazione – quelli che i chimici chiamano *urti efficaci* – dal loro incontro si forma l'acqua.

Poiché fra tutti gli urti solo alcuni sono efficaci, la formazione di molecole d'acqua è esprimibile in termini probabilistici. Una volta avviata la reazione, poi, altri fattori subentrano ad aumentare ulteriormente la probabilità degli urti efficaci fino a giungere, in tempi brevissimi, ad una quasi completa trasformazione dell'idrogeno e dell'ossigeno in acqua.

Questo esempio conduce a tre rilievi:

a) La probabilità che avvengano urti efficaci è molto alta perché il numero delle particelle che interagiscono è straordinariamente elevato: più alto è il loro numero, maggiore è la probabilità che, nell'unità di tempo, si verifichino urti efficaci. È possibile ottenere risultati analoghi mantenendo fisso il numero delle particelle ma allungando il tempo a disposizione per le loro interazioni.

b) Le leggi deterministiche che giustificano gli eventi a livello macroscopico hanno il loro fondamento nei comportamenti probabilistici degli eventi molecolari sottostanti.

c) Le quantità relative dei prodotti finali sono proporzionali alla probabilità che avvengano i processi che portano alla loro formazione. Se alle stesse condizioni è possibile che avvengano processi diversi che portano a prodotti differenti, sarà più abbondante il prodotto che ha maggior probabilità di formarsi e poi, in proporzione, tutti gli altri.

4. Le strutture viventi

Distinguere un essere vivente da uno che non lo è non sembra un problema così difficile da risolvere. Tutti noi siamo convinti di poterlo fare senza incorrere in errori particolarmente grossolani; basta far affidamento sulle proprie capacità intuitive. Cosa completamente diversa, però, è dire che cosa sia la vita. Un conto infatti è saperla riconoscere, tutt'altro è darne una definizione. La riprova di questa affermazione si trova nel fatto che tutti i tentativi finora compiuti per dare una definizione compatta e credibile di vita sono falliti. Ciò non significa, comunque, che sia esclusa anche la possibilità di fare affermazioni sulla vita che abbiano una loro buona validità. Di sicuro si può affermare, ad esempio, che quando si parla di vita si parla sempre di strutture cellulari; non si conoscono esseri viventi che non siano organizzati su base cellulare, dai più 'semplici' formati da una sola cellula ai più complessi formati da comunità cellulari spesso numerosissime. È d'obbligo far uso di virgolette quando si parla di semplicità di una cellula: esse indicano che è necessaria una puntualizzazione di tipo semantico. Certamente il termine significa che la cellula è la più piccola parte della materia organizzata a presentare le caratteristiche della vita. Non significa però che il sistema cellula sia fatto da componenti molecolari di numero limitato né in possesso di un modesto livello di organizzazione intrinseca. È vero l'esatto contrario: le unità molecolari che interagiscono e si integrano a formare le cellule sono per lo più molecole giganti di tipo polimerico, le cui strutture e funzionalità sono assai complesse. È grazie alla loro complessità se riescono ad interagire, integrandosi in strutture sopra-molecolari che funzionano da veri e propri minuscoli organi (non a caso vengono chiamati *organuli*) all'interno dell'organismo-cellula, e la buona salute cellulare è assicurata dalla buona funzionalità e dalla corretta interazione dei suoi organuli[18]. Non è semplice trovare tra le realtà artificiali della vita quotidiana esempi di complessità paragonabile. Forse una grande, moderna fabbrica può fornire una qualche idea dei meccanismi che permettono alla cellula di vivere e riprodursi, a patto che gli elementi della fabbrica vengano immaginati capaci di auto-costruirsi e, una volta usurati, di essere sostituiti da nuovi pezzi identici.

In questa descrizione, seppur sommaria, dei livelli di organizzazione della materia cellulare non è difficile vedere una chiara conferma dell'intuizione di Lonergan e di Jacob. In ogni cellula, infatti, sono ben distinguibili molti livelli di complessità, ognuno dei quali è frutto dell'integrazione degli elementi del livello inferiore.

La complessità delle molecole biologiche e della loro organizzazione nella cellula è tale che ogni ipotesi che intenda spiegare la comparsa della vita sulla terra si scontra con difficoltà non indifferenti legate alla necessità di giustificare l'elevatissimo livello di ordine e la conseguente bassissima probabilità della sua comparsa. Come ci si può aspettare, vi sono diverse teorie che tendono a spiegare l'evento, ma nessuna è convincente in maniera conclusiva[19]. Su di un fatto, comunque, non si possono nutrire dubbi: in qualunque modo il processo sia avvenuto, sulla terra o in qualche altro luogo dello spazio, molecole organiche semplici devono aver interagito per formare polimeri pre-biotici dal cui successivo assemblaggio è sorta la vita cellulare[20].

L'estrema improbabilità di questi eventi è in parte attenuata da due circostanze. La prima è che, trattandosi di popolazioni molecolari assai numerose e avendo a disposizione tempi estremamente lunghi, possono essere state esperite anche soluzioni improbabili; la seconda è la natura ciclica della maggior parte dei processi biologici. È noto infatti

---

[18] Cf. G. KARP, *Biologia cellulare e molecolare*, EdiSES, Napoli 2010.

[19] Cf. I. FRY, *L'origine della vita sulla terra*, Garzanti, Milano 2005; G. MONASTRA, *Le origini della vita*, Il Cerchio, Rimini 2000.

[20] Cf. P. GRECO, *Evoluzioni*, CUEN, Napoli 1999; L. MARGULIS, *Symbiotic planet*, Basic Books, New York 1998.

che, mentre la probabilità che si verifichi una serie lineare di eventi concatenati è data dal prodotto delle probabilità di ogni singolo evento, nel caso di un processo ciclico, la probabilità totale è data dalla somma delle probabilità dei singoli eventi. E quest'ultimo valore è decisamente maggiore del primo. Lonergan, come altri studiosi prima di lui, sottolinea con forza quest'aspetto della teoria probabilistica nel capitolo IV di *Insight*, dove analizza, confrontandoli, i processi conoscitivi di tipo classico e statistico[21].

Una volta accertata la probabilità non nulla della formazione di macromolecole biologiche prima, e di strutture cellulari poi, il problema della diffusione della vita sulla terra non pare comunque risolto. I casi di tali combinazioni fortunate infatti sarebbero stati, verosimilmente, di rarità estrema se non addirittura unici. A tale proposito va tenuto presente però che, mentre nel caso della materia inanimata un solo incontro fortunato tra molecole è assolutamente ininfluente a livello macroscopico se non è accompagnato da una miriade di altri incontri identici, nel caso degli esseri viventi è sufficiente, al limite, un solo incontro fortunato perché da esso si possa sviluppare un'intera popolazione di altri viventi simili. Uno dei caratteri fondamentali degli organismi vivi, infatti, è la capacità di riprodursi, cioè produrre copie di se stessi. Evento, questo, sconosciuto nel mondo inanimato dove un numero elevato di nuovi sistemi può solo derivare da un numero altrettanto elevato di incontri favorevoli. Nel mondo pre-biotico, insomma, ogni processo di formazione di strutture complesse è una storia a sé stante e non influenza le altre[22].

Gli organismi mono- o pluri-cellulari che hanno invaso la terra, allora, possono ben essere la conseguenza di eventi di per sé decisamente improbabili. A ragione Dawkins intitolò una sua opera del 2003: «Alla conquista del monte improbabile. L'incredibile avventura dell'evoluzione»[23]!

---

[21] Cf. B. LONERGAN, *Insight. Uno studio del comprendere umano*, 180-182.

[22] Cf. M. FERRAGUTI – C. CASTELLACCI, *Evoluzione, modelli e processi*, Pearson, Milano 2011.

[23] Cf. R. DAWKINS, *Alla conquista del monte improbabile. L'incredibile avventura dell'evoluzione*, Mondadori, Milano 2003.

Un'altra differenza, di non poco conto, che c'è tra i sistemi inanimati e quelli vivi riguarda il diverso tipo di stabilità che assicura la loro durata temporale. Nel caso dei sistemi inanimati, la stabilità di un assetto organizzativo è assicurata dal permanere nelle rispettive posizioni delle particelle materiali che li costituiscono, senza la possibilità di essere rimpiazzate da altre se non in condizioni particolari. Nel caso dei sistemi vivi, invece, la stabilità è dovuta proprio all'esatto contrario: al flusso continuo di componenti materiali che rimpiazzano i precedenti all'interno di un assetto ordinato. È quindi l'assetto a rimanere inalterato e non i singoli componenti materiali. Ciò che determina la stabilità di un vivente, infatti, non è la persistenza nel tempo delle sue molecole ma la persistenza del tipo di organizzazione nella quale vengono arruolati sempre nuovi individui molecolari[24].

Nei viventi, allora, la stabilità del sistema non è legata al raggiungimento di uno stato finale di maggiore stabilità, come accade nella materia inanimata, ma, trattandosi di una continua sostituzione di materiali all'interno di uno schema organizzativo, la stabilità è una conquista che va fatta istante per istante. Ciò significa che, nel caso degli esseri viventi, *il fine* – inteso come la raggiunta stabilità – non coincide con *la fine* del processo, che invece è morte, cioè radicale negazione di vita.

Il meccanismo di integrazione non si è arrestato con la comparsa delle primitive forme di vita, i batteri, ma è proseguita con la loro fusione che ha portato alla comparsa delle cellule eucariotiche, simili a quelle grandi e complesse che formano oggi i nostri corpi[25]. Gli eucarioti, infatti, non sono stati sempre presenti sul nostro pianeta. Per quasi 2 miliardi di anni gli unici abitanti delle acque furono i batteri, colonizzatori degli habitat più diversi e più estremi grazie alla loro straordinaria capacità di adattamento. Se ne trovano tracce fossili anche nelle rocce più antiche, vecchie di 3 miliardi e mezzo di anni.

Oltre che a crescere e riprodursi, i batteri si differenziarono in molte

---

[24] Cf. F. CAPRA, *La rete della vita*, Rizzoli, Milano 1997, 189.
[25] Cf. L. MARGULIS – D. SAGAN, *What is life?*, University of California Press, Berkeley 1995.

tipologie alcune delle quali, grazie alle caratteristiche acquisite, furono in grado di fondersi con altre dai caratteri diversi e complementari (*simbiogenesi*), formando in questo modo cellule più grandi e complesse dalle inedite proprietà funzionali[26]. Fu questo l'atto di nascita delle cellule eucariotiche.

Non trattandosi di molecole che si uniscono, ma di cellule che si fondono, la probabilità che avvenga la simbiogenesi è di molto inferiore a quella che governa la formazione di macromolecole a partire da molecole semplici. Quando si tratta di molecole, infatti, il numero delle interazioni reciproche, e quindi la probabilità che ne avvengano di speciali, è reso elevato dal numero stratosferico delle particelle coinvolte, neanche lontanamente paragonabile al numero, pur ragguardevole, delle possibili interazioni batterio – batterio all'interno di una colonia.

Da eventi diversi di simbiogenesi ebbero origine, due miliardi di anni fa, le cellule eucariotiche che, dopo circa un miliardo di anni di vita solitaria, trovarono il modo di inaugurare nuove tipologie di integrazione che portarono ai tessuti, agli organi e agli interi organismi pluricellulari[27]. Anche quelli umani.

5. L'uomo definito da Lonergan «fonte di sistemi più alti»

Gli uomini, fin dalla loro comparsa, hanno proseguito la scalata al monte improbabile avvalendosi di un nuovo equipaggiamento. Essi condividono con gli altri viventi l'espediente di fissare ed amplificare, mediante la riproduzione, sistemi organizzativi favorevoli alla vita, pur se altamente improbabili. Tuttavia, a differenza degli altri organismi, godono di una modalità conoscitiva intelligente e razionale che li rende, secondo una efficace definizione di Lonergan, «una fonte di sistemi più alti»[28]. È questo l'aspetto dell'uomo che più ci interessa di approfondire: l'essere sistema e, al contempo, generatore prolifico di nuovi sistemi.

---

[26] Cf. L. MARGULIS – R. FESTER, *Symbiosis as a Source of Evolutionary Innovation*, MIT Press, Cambridge 1991.
[27] Cf. C. DE DUVE, *Come evolve la vita*, Raffaello Cortina, Milano 2003.
[28] B. LONERGAN, *Insight. Uno studio del comprendere umano*, 359.

Paley, massimo esponente della teologia naturale inglese della prima metà dell'ottocento, di impostazione rigorosamente meccanicistica, considerava come prova dell'esistenza di Dio creatore l'ordine finalistico presente in tutta la natura, ma in modo speciale in quella vivente. È famoso l'esempio che portava in apertura della sua argomentazione. Vale la pena rileggerlo[29].

«Attraversando una brughiera, supponiamo che io avessi urtato col piede contro una pietra, e che qualcuno mi avesse chiesto in che modo la pietra fosse venuta a trovarsi là; io avrei forse potuto rispondere che, a quanto ne sapevo, quella pietra poteva trovarsi là da sempre; né forse sarebbe stato molto facile dimostrare l'assurdità di quella risposta. Supponiamo però che io avessi trovato al suolo un orologio, e che mi fosse stato chiesto in che modo l'orologio si trovasse là; io non avrei certo potuto pensare alla risposta che avevo dato prima, ossia che, a quanto ne sapevo, l'orologio poteva essere là da sempre. [...] L'orologio deve aver avuto un costruttore; devono essere esistiti [...] un artefice o degli artefici che lo formarono in vista del fine al quale noi vediamo che effettivamente risponde, che ne comprendevano la struttura e ne progettarono l'uso. [...] Ogni indicazione di inventiva, ogni manifestazione di un progetto intelligente che esistevano nell'orologio esistono anche nelle opere della natura; con la differenza, a vantaggio della natura, di una maggiore grandezza, e ciò in un grado che sfida ogni calcolo»[30].

L'esistenza di strutture biologiche enormemente più complesse di un orologio e chiaramente finalizzate al bene dell'individuo, come l'occhio umano, non può che essere, secondo Paley, la dimostrazione dell'opera intenzionale di un orologiaio divino intelligente: «I segni del progetto sono troppo evidenti per essere ignorati. Il progetto deve prevedere un progettista. Il progettista deve essere stato una persona. Quella persona è Dio»[31].

---

[29] Cf. W. PALEY, *Natural Theology: or, Evidences of the Existence and Attributes of the Deity*, Lackington, Allen and Co. – James Sawers, Edinburgh 1818, 12-14; versione italiana tratta da R. DAWKINS, *L'orologiaio cieco*, Mondadori, Milano 2003, 21-22.
[30] Ivi, 473.
[31] *Ibidem*.

Al di là delle scorrette estrapolazioni teologiche, stigmatizzate da tempo da pensatori della levatura di J.H. Newman[32], e degli errati punti di vista scientifici – più che comprensibili vista la limitatezza delle conoscenze biologiche del tempo e il forte orientamento meccanicistico del suo pensiero – il racconto degli incontri campestri di Paley e le riflessioni che ne seguono costituiscono un utile punto d'avvio per una serie di considerazioni sul binomio naturale – artificiale e un approfondimento chiarificatore dell'affermazione lonerganiana sull'uomo come «fonte perenne di sistemi più alti».

La prima considerazione, che solo ad una valutazione superficiale può apparire banale, è che la formazione spontanea dell'orologio non è un fatto di per sé impossibile ma solo estremamente improbabile. Spiegare l'orologio significa dar ragione di una serie di fatti del mondo macroscopico che vanno dalla fusione dei metalli alla preparazione delle diverse leghe, dalla sagomatura dei pezzi al loro corretto assemblaggio. Ora, pensare che questa serie di eventi possa avvenire per cause naturali, senza alcun intervento intenzionale umano, potrebbe apparire degno della mente di un folle – tanto bassa è la probabilità che avvenga in maniera spontanea – tuttavia non si tratta di fatti impossibili e almeno una volta, in passato, potrebbero essersi verificati grazie alla concomitanza di eventi altrettanto improbabili che li hanno causati. Ovviamente, il fatto che, nella nostra storia, la produzione di quell'unico esemplare di orologio naturale sia giunta a completezza proprio al tempo di Paley e l'oggetto, ormai terminato, sia capitato tra le sue mani ... non fa che portare acqua al mulino del teologo dando di fatto ragione alle sue conclusioni.

Nel mondo dei corpi inanimati, microscopici o macroscopici che siano, gli eventi improbabili annegano nel mare di quelli probabili! Nel mondo dei viventi, invece, anche eventi assolutamente improbabili, ma funzionali al benessere dell'organismo e al suo mantenimento in vita, possono essere fissati e riprodotti in un numero sterminato di copie grazie all'espediente della riproduzione. In ciò è consistito l'errore *scientifico* di Paley: aver confrontato – e quindi implicitamente posto sullo stesso piano – un oggetto complesso, inanimato, macro-

---

[32] Cf. J.H. NEWMAN, *L'idea di Università*, Studium, Roma 2005, 66.

scopico, com'è un orologio, con oggetti viventi la cui complessità si situa soprattutto al livello submicroscopico e, per giunta, strutturati in modo da poter perfezionare nel tempo la propria organizzazione complessa. E nel mondo submicroscopico degli oggetti molecolari la probabilità che si formino strutture complesse altamente ordinate non è così bassa come nel mondo degli oggetti macroscopici.

È importante notare che la classificazione delle realtà materiali secondo la scala di complessità intrinseca, come suggerito da Jacob con la sua gerarchia di *integroni*, comprende oggetti che sono diversi non solo per composizione, ma anche per dimensione man mano che si procede dalle unità più semplici a quelle più complesse. Infatti, con l'eccezione delle interazioni tra particelle e onde, l'integrazione di atomi e molecole porta alla formazione di strutture di dimensioni mediamente maggiori di quelle degli elementi di partenza. L'aumento delle dimensioni comporta poi la proporzionale diminuzione della velocità di spostamento e, soprattutto, la progressiva diminuzione del numero di unità disponibili per le integrazioni successive. Ciò significa che procedendo lungo la scala della complessità si assiste anche ad una progressiva diminuzione della probabilità di formazione spontanea delle unità che sono situate al livello di complessità superiore[33].

Un esempio concreto, quello della ruota, può aiutare a comprendere meglio questo ragionamento.

Tutti siamo fermamente convinti che la ruota sia stata un'invenzione della mente umana. Ma non è così. Uno splendido esemplare di ruota, perfettamente funzionante, era già stato modellato dalla natura fin da tempi immemorabili. Si tratta di un complesso di molecole giganti strutturato e funzionante esattamente come una ruota, che è presente nei mitocondri di ogni cellula eucariotica. Il movimento di rotazione attorno al proprio asse è causato dal passaggio di cariche elettriche attraverso la membrana. È lo stesso asse a trasformare l'energia elettrica in energia meccanica. La rotazione del sistema, poi, fa avvenire nella giusta successione una serie complessa di trasformazioni – la *catalisi*

---

[33] Cf. M. HAW, *Nel mondo di mezzo*, Zanichelli, Bologna 2008; B. LONERGAN, *Insight. Uno studio del comprendere umano* 183.

rotazionale – che è a fondamento della vita stessa della cellula[34].

Milioni di anni dopo, si affacciò alla mente umana l'idea di fabbricare ruote modellando grossi materiali inanimati allo scopo di spostare più facilmente carichi pesanti fino ad allora trascinati con grande fatica. Nel mondo delle realtà macroscopiche nasceva così un oggetto, del tutto nuovo per quel mondo – ma, come s'è appena visto, non nuovo in assoluto – dovuto esclusivamente alla capacità umana di inventare nuovi sistemi. Sistemi *artificiali* talmente improbabili che per ciechi meccanismi naturali non sarebbero mai giunti all'esistenza.

Dopo aver inventato la ruota, poi, l'uomo si fece anche carico di moltiplicarne e diffonderne gli esemplari, instaurando al riguardo una vera tradizione culturale. Invenzioni successive la resero più agile, più maneggevole, tanto da poter essere inserita in sistemi complessi ... come l'orologio di Paley. La scalata al monte improbabile della ruota, dopo essere iniziata in maniera inconsapevole nel mondo vivo delle cellule, proseguiva inarrestabile come frutto della mente conscia e intenzionale dell'uomo.

Come è stato per la ruota, così tanti altri sistemi sono stati introdotti dall'uomo nel suo mondo macroscopico. Alcuni, come la ruota stessa, erano stati già costruiti dalla natura e diffusi nel mondo submicroscopico, altri erano assolutamente inediti. Grazie poi alle nuove acquisizioni della chemio- e della bio-informatica e alle tecniche d'avanguardia dell'ingegneria genetica, la capacità umana di produrre nuovi sistemi sta interessando sempre più estesamente anche il mondo submicroscopico, invaso anch'esso da oggetti nuovi che il gioco spontaneo della mutazione-selezione non ha avuto il tempo, o l'occasione, di fissare. Grazie al proprio intelletto, l'uomo è oggi in grado di orientare al proprio benessere e alla propria crescita tanto le realtà inanimate che quelle biologiche, tanto quelle macroscopiche che quelle microscopiche e submicroscopiche, promuovendo un'infinità di modifiche, manipolazioni e riorganizzazioni[35].

Se, quindi, si volesse definire in modo adeguato la specie umana,

---

[34] Cf. I. SCHEFFLER, *Mitochondria*, Wiley – Liss, New York 1999, 208–218; G. KARP, *Biologia cellulare e molecolare*, 216–218.

[35] Cf. M. BUIATTI, *Le biotecnologie. L'ingegneria genetica fra biologia, etica e mercato*, Il Mulino, Bologna 2001.

oltre ai classici criteri riproduttivo, genealogico e strutturale, si dovrebbe tener conto anche della sua peculiare capacità di essere, secondo la già citata definizione di Lonergan, «fonte di sistemi più alti».
Come è noto, le dinamiche della mente e le sue espressioni immateriali non rientrano tra le competenze del biologo, limitate esclusivamente agli aspetti misurabili degli esseri viventi e del loro comportamento. Eppure è interessante notare come la capacità di compiere operazioni intenzionali nel fabbricare utensili litici, dimostrata da alcune specie umane arcaiche, influì non poco sulla assegnazione dei loro resti al genere *Homo*. Ed ecco come andarono le cose.

6. Comportamento intenzionale e genere Homo

Gola di Olduvai (Tanzania), 1961. Ad un livello inferiore a quello in cui erano inclusi resti fossili di *Australopithecus boisei* (un ominide vissuto 1,7-1,8 milioni di anni fa) furono scoperte parti di un cranio il cui volume era maggiore di quello dell'australopiteco. Si trattava, evidentemente, di un ominide più antico, ma al tempo stesso più evoluto, vista la sua capacità cranica. Un vero e proprio enigma antropologico che fu possibile sciogliere due anni più tardi quando fu rinvenuto un altro fossile simile, accompagnato però da alcuni artefatti particolarmente significativi: un certo numero di ciottoli di fiume lavorati. Venne spontaneo attribuire la loro produzione all'ominide dal cranio più voluminoso e, nel 1964, Leakey, Tobias e Napier proposero di assegnarlo non al genere *Australopithecus* ma al genere *Homo* e alla specie *Homo habilis*[36]. Il riferimento agli aspetti fisici più evoluti, ma anche all'abilità di fabbricare artefatti trovavano riscontro nella stessa scelta del nome di genere e specie.

Non si può dire che questi artefatti destino grande impressione in chi li osserva. I più antichi consistono per lo più in schegge affilate, staccate da ciottoli tanto piccoli da essere tenuti in mano. Fino a non

---

[36] Cf. F. FACCHINI, *Le origini dell'uomo e l'evoluzione culturale*, Jaca Book, Milano 2006; I. TATTERSALL, *Il cammino dell'uomo*, Garzanti, Milano 1998; G. MANZI, *L'evoluzione umana*, Il Mulino, Bologna 2007.

molto tempo fa si riteneva che gli strumenti effettivamente adoperati fossero i ciottoli scheggiati (*chopper*) ma osservazioni più recenti ed accurate suggeriscono piuttosto che ad essere utilizzate fossero soprattutto le schegge mentre i ciottoli non fossero che un sottoprodotto[37]. Per quanto primitiva e rudimentale possa apparire una scheggia lunga non più di 5 cm, essa, alla prova dell'archeologia sperimentale, si rivela uno strumento da taglio sorprendentemente efficiente.

È da sottolineare il fatto che la fabbricazione di strumenti litici richiede, oltre a notevoli capacità manuali, anche la conoscenza delle proprietà del materiale impiegato. Occorre una notevole capacità intellettiva per colpire con l'angolazione e l'intensità giuste il ciottolo al fine di staccare una scheggia che sia successivamente utilizzabile. Non importa che il cervello di questi primi scheggiatori di pietre avesse dimensioni modeste; è molto più importante il fatto che essi scheggiando pietre dimostravano di aver superato il livello cognitivo delle altre specie animali e in particolare delle scimmie antropomorfe. Quasi tutti gli animali, infatti sono in grado di utilizzare degli strumenti. Gli scimpanzé, ad esempio, sono addirittura maestri nello scegliere e scortecciare bastoncini freschi da inserire nelle bocche dei formicai per poi estrarli ricoperti di formiche, vere leccornie per il loro palato[38]. Il loro, comunque, è un comportamento stereotipo ed opportunistico, messo in atto quando lo impone la necessità o la convenienza immediata.

Caratteristiche totalmente diverse avevano i processi di produzione dei primi strumenti litici da parte dell' *Homo habilis*. I produttori degli artefatti di Olduvai non solo erano in grado di ottenere strumenti utilizzandone intelligentemente altri – nessuna specie animale è in grado di farlo[39] – ma mostravano di conoscere quali fossero le pietre più adatte allo scopo e spesso le trasportavano nella previsione di servirsene. Lo si deduce dal fatto che i luoghi in cui sono stati trovati i più antichi strumenti sono spesso assai lontani dalle località dove si trovano le rocce utilizzate per fabbricarli. La pietra veniva generalmente lavo-

---

[37] Cf. I. TATTERSALL, *Il cammino dell'uomo*.
[38] Cf. B. BECK, *L'abilità tecnica degli animali*, Boringhieri, Torino 1986, 208.
[39] Cf. Ivi, 220.

rata sul luogo di macellazione (dove lo strumento era utilizzato) che, a sua volta, era quasi sempre diverso dal luogo di provenienza delle pietre. Sicure testimonianze di macellazione, realizzata utilizzando schegge di pietra, sono date dalle tipiche incisioni lasciate sulle ossa dagli strumenti litici durante lo smembramento dell'animale.

Le più efficaci testimonianze dell'attività intenzionale degli antichi fabbricatori di strumenti non ci giungono dai singoli manufatti, ma dalla natura dei luoghi in cui sono rinvenuti. I siti olduvaiani sono aree ristrette del territorio nelle quali i primi uomini lasciarono testimonianze della loro attività, consistenti, per lo più, in cumuli di strumenti di pietra e ossa fratturate di animali. In alcuni di questi siti la percentuale delle ossa degli arti, particolarmente elevata, fa pensare che esse vi furono trasportate dai luoghi di caccia. Ciò implica che tali siti fossero luoghi riparati in cui l'*Homo habilis* era solito ritirarsi per mangiare, lontano dai pericoli delle zone aperte. I primi studiosi delle località olduvaiane li definirono *siti di soggiorno*. Successivamente si preferì usare il termine più pregnante di *accampamento*, luogo in cui gli uomini primitivi rientravano abitualmente dopo le battute alla ricerca di cibo[40]. Da qui a considerare questi luoghi come il punto focale di uno stile di vita complesso che contemplava la condivisione del cibo procurato nelle zone circostanti e trasportato con le mani libere dalla funzione locomotoria, il passo è breve.

L'esistenza di accampamenti suggerisce anche una qualche forma di comunicazione fra i membri del gruppo, la definizione di rapporti sociali e la divisione del lavoro. Non abbiamo modo, evidentemente, di sapere come di fatto si configurassero tutte queste relazioni; possiamo solo intuire che sotto una qualche forma dovessero già essere presenti.

Comunque sia, è evidente che questi nostri antichi antenati erano molto più abili degli attuali scimpanzé in un'ampia gamma di lavori. È inoltre interessante sottolineare che dalla stessa configurazione delle schegge si può desumere che gli antichi fabbricatori fossero destrimani. Ciò implica una significativa riorganizzazione cerebrale rispetto alle antropomorfe, che non lo sono, ed è esattamente quanto

---

[40] Cf. I. TATTERSALL, *Il cammino dell'uomo*.

indicano anche i calchi endocranici dai quali risulta evidente l'asimmetria dei due emisferi cerebrali che anche noi possediamo[41].

Quali siano state le ricadute della riorganizzazione cerebrale sulle capacità cognitive non è dato saperlo. È, comunque, plausibile che la ricerca del cibo nella savana richiedesse ai primi appartenenti al genere *Homo* un'acutezza di osservazione, una capacità associativa e, soprattutto, un'intenzionalità che superavano di molto quelle degli altri primati.

La finalità come *dinamismo* orientato. Conclusione

L'uomo, grazie alla sua mente intelligente e intenzionale, continua a ritmo sostenuto la scalata al monte improbabile, arricchendo il mondo macroscopico, quello microscopico e quello submicroscopico di sistemi sempre nuovi.

Credo che la capacità umana di agire in vista di uno scopo non possa essere messa in dubbio senza negare la stessa esperienza quotidiana e senza pagare il pesante scotto di una contraddizione logica distruttiva del proprio stesso agire. Quella stessa contraddizione sottolineata, non senza una buona dose di sarcasmo, da Whitehead con le parole: «Coloro che si dedicano allo scopo di provare che non c'è scopo costituiscono un interessante oggetto di studio»[42].

Data, allora, per acquisita la capacità umana di comportamenti finalizzati e tenendo nel debito conto la visione del mondo suggerita dalla scienza, che ho cercato di esporre a grandi linee, possiamo porci di nuovo le medesime domande che hanno introdotto queste considerazioni. Esiste una qualche forma di finalità nelle realtà naturali non umane? E in che modo la visione del mondo suggerita dalla scienza può aiutarci a comprenderla?

Per prima cosa, credo che si debba rinunciare all'idea di ritrovare, nei processi naturali, un'intenzionalità analoga a quella che si riscontra nell'agire umano. Solo l'uomo, infatti, ha una mente capace di co-

---

[41] Cf. Ivi, 122.
[42] Citato in S. Horn – S. Wiedenhofer, ed., *Creazione ed evoluzione*, EDB, Bologna 2007, 85.

gliere in maniera intelligente le relazioni che legano gli esseri tra loro e, grazie alla sua auto-consapevolezza, è in grado di programmare il proprio agire ponendosi degli scopi. Facendo questo, si svincola dagli automatismi delle leggi dei grandi numeri, forzando il verificarsi di eventi in sé assai poco probabili e magari legandoli causalmente l'uno all'altro così da formare sistemi e sistemi di sistemi, veri monumenti all'improbabilità. Un aereo, un grattacielo o un sistema socio-politico ne sono esempi eloquenti. È proprio il sigillo dell'improbabilità a distinguere il risultato dell'intervento intenzionale umano da ciò che chiamiamo *evento spontaneo*, a separare l'*artificiale* dal *naturale*, l'*intenzionale* dal *casuale*.

Niente di tutto ciò è rintracciabile nel mondo infraumano. Alcuni comportamenti degli animali superiori potrebbero far pensare a qualcosa di simile, ma sono ben poca cosa a confronto delle capacità umane. Non è un caso che i paleo-antropologi, nell'incertezza se attribuire un insediamento al genere *Homo* o ad *Australopithecus* per la carenza di resti ossei significativi, optino decisamente per *Homo* non appena trovano testimonianze dell'industria litica.

Nonostante queste grandi differenze, tuttavia, c'è un minimo comun denominatore che accomuna le realtà dell'universo che conosciamo. Tutte, a vario titolo, sono coinvolte in un unico, grandioso, dinamismo che favorisce interazioni reciproche provocando la comparsa di nuovi sistemi via via più complessi e in possesso di caratteristiche inedite. Nessuna di queste realtà pare costituire il fine, o comunque segnare la fine, di questo gigantesco flusso. Tutte compaiono, portano il loro contributo all'aumento generale di complessità e poi scompaiono, lasciando il posto a quelle che nel frattempo si sono affacciate all'esistenza. Neanche quei sistemi che, per la loro particolare stabilità, permangono più a lungo sulla scena, possono essere considerati il fine del dinamismo universale. Al contrario, gli sono d'intralcio perché sottraggono spazio e risorse ai nuovi sistemi. Così, all'inizio, fu per l'elio che, proprio a motivo della sua stabilità, bloccò la formazione dei nuclei più pesanti nel plasma cosmico. La stessa cosa si è verificata durante l'evoluzione della vita con i Sauri che bloccarono l'evoluzione dei Mammiferi fin quando una catastrofe planetaria ruppe la stasi. E così, molti esempi possono essere portati e tutti confermano la definizione lonerganiana: «la finalità è la direzione immanente nel dinamismo del reale»[43].

Con questa conclusione giungo ai confini del campo di competenza della scienza. Spetta ora alla filosofia e alla teologia rispondere alle domande sull'origine e sul significato di un simile orientamento.

---

[43] B. Lonergan, *Insight. Uno studio del comprendere umano*, 579.

CAPITOLO SESTO

IL METODO EMPIRICO GENERALIZZATO, LA COSCIENZA DIFFERENZIATA, IL PLURALISMO

Pierpaolo Triani

1. Il dinamismo universale della coscienza: fondamento del metodo

La tesi che si vuole qui presentare e sviluppare, seppure in modo non esaustivo, è che il pensiero di Lonergan possa aiutare ad affrontare il tema del pluralismo dei costumi, delle culture, delle convinzioni e delle dottrine filosofiche, religiose, morali, senza lasciarsi prendere né da atteggiamenti difensivistici, che tendono a minimizzare il dato della pluralità, né da posizioni riduzionistiche che tendono ad affermare il relativismo come unica strada percorribile.

Il pluralismo rappresenta una questione così rilevante per la riflessione antropologica e pedagogica[1] che richiede contributi, come quello di Lonergan[2], capaci di rendere ragione della complessità del fenomeno, delle sue potenzialità, della sua criticità, senza sminuire la possibilità dell'uomo di affermare giudizi veri e di compiere scelte giuste. L'autore canadese, come vedremo, non pone in contrapposizione la pluralità e l'unità, ma ritiene che nel dinamismo universale della coscienza umana, fondamento

---

[1] Per un breve approfondimento del rapporto tra pluralità e formazione mi permetto di rinviare a P. Triani, «La pluralità teologica e la pluralità formativa nella riflessione lonerganiana», in Id., *L'antropologia di Bernard Lonergan. Educazione, valori e cambiamento*, Edizioni AIMC, Roma 2012, 187-201.

[2] Uno studio importante per cogliere la capacità di Lonergan di rendere ragione della complessità della dinamica coscienziale, storica, sociale del soggetto umano è rappresentato dal saggio di N. Spaccapelo, «Presentazione. Bernard Lonergan e il suo "orizzonte"», in H.A. Meynell, *Bernard Lonergan*, San Paolo, Cinisello Balsamo (MI) 1994, 9-57.

del Metodo Empirico Generalizzato (MEG)[3], stia la chiave di volta, in quanto esso già in sé comporta una pluralità, che a sua volta richiama un principio di unità. Le diverse espressioni del pluralismo hanno, infatti, la loro fonte nella molteplicità dei modi di sperimentare, comprendere, giudicare, scegliere che caratterizzano la vita coscienziale dell'uomo; ma a loro volta le domande che fondano la comprensione, il giudizio e la scelta chiedono al soggetto di andare oltre la frammentazione delle esperienze, per cercare dei punti di approdo che diano ordine e senso a quanto egli vive.

Per presentare il contributo di Lonergan si propongono tre passaggi, tesi a: - mostrare, brevemente, il progressivo interesse del nostro autore, verso la tematica del pluralismo;- precisare alcuni aspetti di fondo della posizione lonerganiana che rappresentano, anche per il tema in oggetto, una sorta di orizzonte di riferimento; evidenziare il contributo di Lonergan per affrontare in modo costruttivo e critico la questione del pluralismo.

Nell'articolazione dei tre passaggi si cercherà di mostrare il pensiero del nostro Autore, facendo parlare il più possibile direttamente i testi dei suoi scritti.

2. Un interesse progressivo

L'attenzione di Lonergan nei confronti del pluralismo delle culture e delle dottrine è andata via via crescendo nel corso del tempo per trovare una trattazione esplicita agli inizi degli anni settanta.

Se infatti nei periodi precedenti vengono trattati alcuni aspetti del tema[4],

---

[3] Per un approfondimento Cf. N. SPACCAPELO, *L'opera di Bernard Lonergan e la costruzione di un Novum Organum*, in P. TRIANI, ed., *Sperimentare, conoscere, decidere. Riflessioni sull'educare a partire da Bernard Lonergan*, Berti, Piacenza 2001, 19-56.

[4] In *Insight. A Study of Human Understanding* (1957), ad esempio, Lonergan affronta il tema del poliformismo della coscienza e in *Topics in Education* (1959) evidenzia la questione del pluralismo nel modo di fare storia.
Cf. B. LONERGAN, *Insight. A Study of Human Understanding*, CWL 3, University of Toronto Press, 1992; ediz. italiana a cura di N. Spaccapelo – S. Muratore, *Insight. Uno studio del comprendere umano*, OBL 3, Città Nuova, Roma 2007; B. LONERGAN, *Topics in Education*, CWL 10, University of Toronto Press, 1993; ediz. italiana a cura di N. Spaccapelo – S. Muratore, *Sull'educazione*, OBL 10, Città Nuova, Roma 1999. Le citazioni dei testi lonerganiani che seguiranno sono prese, quando presenti, dall'ediz. italiana.
A proposito del pluralismo in Lonergan, N. Spaccapelo ha notato: «Il problema

è in concomitanza con il Concilio Vaticano II e soprattutto con la partecipazione dal 1969 al 1973, alla Pontificia Commissione Teologica Internazionale, presieduta dal Joseph Ratzinger, che la riflessione di Lonergan si fa più articolata. Essa trova una prima chiara espressione nella conferenza sul *Doctrinal Pluralism*, tenuta alla Marquette University di Milwaukee (Wisconsin) il 3 aprile 1971[5], che rappresenta una base di quanto esposto in modo più esteso nei Capitoli undicesimo e soprattutto dodicesimo di *Method in Theology*, pubblicato l'anno successivo[6].

Gli stessi contenuti vengono poi ripresi, in modo sintetico nel 1982, in quella che sembra essere l'ultima conferenza di Lonergan[7], pubblicata con il titolo *Unity and Plurality: The Coerence of Christian Truth*[8], ma in tutti gli scritti dell'ultimo periodo della sua produzione troviamo i segni di un'attenzione al tema[9].

Lo scritto sul «Pluralismo dottrinale» del 1971 e i suoi sviluppi successivi hanno, come ha evidenziato G.B Sala, origini più lontane e risalgono «agli studi di Lonergan in vista di una metodologia teologica appropriata al contesto culturale nel quale oggi la teologia deve svol-

---

del "pluralismo" o della "molteplicità", nei vari campi del sapere e del vivere umani, è sempre stato presente nell'attenzione e nella riflessione di Lonergan. Dai primi studi sullo sviluppo dell'intelligenza teologica di San Tommaso ai rinnovati studi sull'intelligenza economica». N. SPACCAPELO, «Presentazione. Bernard Lonergan e il suo "orizzonte"», nota 83, 45.

[5] B. LONERGAN, «Doctrinal Pluralism», in ID., *Philosophical and Theological Papers 1965-1980*, CWL 17, University of Toronto Press, 2004, 70-104; trad. italiana, «Il pluralismo dottrinale», Presentazione dell'edizione italiana di G.B. Sala, Edizioni Paoline, Catania 1977.

[6] B. LONERGAN, *Method in Theology*, University of Toronto Press, Toronto 1971; ediz. italiana a cura di N. Spaccapelo – S. Muratore *Il Metodo in Teologia*, OBL 12, Città Nuova, Roma 2001[3]. La prima (1875) e la seconda edizione (1985), furono curate da G.B. Sala, autore anche della Presentazione.

[7] N. SPACCAPELO – S. MURATORE, «Prefazione», in B. LONERGAN, *Il Metodo in Teologia*, 12, nota 5.

[8] B. LONERGAN, «Unity and Plurality. The Coherence of Christian Truth», in ID., *A Third Collection*, Paulist Press, New York/Mahwah – Geoffrey Chapman, London, 1985, 239-250; trad. italiana «Unità e pluralità: la coerenza della verità cristiana», in K.H. NEUFELD, ed., *Problemi e prospettive di teologia dogmatica*, Queriniana, Brescia 1983, 121-131.

[9] Cf. gli altri saggi presenti in B. LONERGAN, *A Third Collection*.

gere il suo compito»[10]. Ed è proprio in ragione di questo impegno costante per una teologia all'altezza dei tempi, capace di fare i conti con le caratteristiche e i travagli delle culture contemporanee, che lo studioso canadese affronta la questione dell'esistenza di modi diversi di comunicare, di comprendere la realtà, di elaborare dottrine e sistemi culturali, di riconoscere e scegliere valori di riferimento per la propria vita. Egli parla perciò di pluralismo dell'espressione[11], delle dottrine[12], di differenziazione degli ambiti di significato[13]; non parla direttamente di pluralismo etico, ma mette in luce, come si vedrà anche in seguito, l'esistenza di tipi differenti di bene e di livelli diversi di valore.

3. L'orizzonte della posizione lonerganiana

Come ha messo bene in luce N. Spaccapelo[14], il concetto di orizzonte ha una primaria importanza nel pensiero di Lonergan, tanto da essere posto all'inizio del capitolo di *Method* dedicato alla dialettica.

«Letteralmente il termine orizzonte indica il circolo limite, la linea dove cielo e terra sembrano congiungersi. Tale linea segna il confine della propria visuale [...] Al di dentro dell'orizzonte stanno gli oggetti che attualmente si possono vedere. Come il campo della visuale, così anche la portata della nostra conoscenza e l'ambito dei nostri interessi hanno il loro limite. Come il campo di visuale varia con il variare della propria posizione, così anche la portata della propria conoscenza e l'ambito dei propri interessi varia secondo il periodo in cui uno vive, lo sfondo e l'ambiente sociale, l'educazione e lo sviluppo personale. È sorto così un significato metaforico o forse analogico del termine orizzonte»[15].

Il pensiero e le azioni di ogni uomo si collocano all'interno di un preciso orizzonte di esperienze, di comprensioni e giudizi; questo vale, naturalmente anche per Lonergan. Per questo motivo per comprendere meglio il suo contributo sul pluralismo è opportuno richiamare tre aspetti fondamentali di quello che potremmo chiamare il suo più

---

[10] G.B. SALA, « Presentazione», in B. LONERGAN, «Il pluralismo dottrinale», 5.
[11] Cf. B. LONERGAN, *Il Metodo in Teologia*, 303-308.
[12] Cf. B. LONERGAN, «Il pluralismo dottrinale», 34-44.
[13] Cf. B. LONERGAN, *Il Metodo in Teologia*, 113-117.
[14] Cf. N. SPACCAPELO, «Bernard Lonergan e il suo "orizzonte"», 11.
[15] B. LONERGAN, *Il Metodo in Teologia*, 265-266.

vasto orizzonte di riflessione: il tramonto della posizione classicista della cultura, la nozione di bene, il carattere decisivo dell'autenticità. Il discorso di Lonergan sul pluralismo si colloca innanzitutto all'interno della sua analisi sul *superamento della 'posizione classicista' e della nozione di cultura che essa veicola*. «Secondo la concezione antica la cultura era intesa non empiricamente bensì normativamente. Era l'opposto della barbarie. Consisteva nell'acquisire e assimilare i gusti e le capacità, gli ideali, le virtù e le idee che venivano inculcate in una buona famiglia e attraverso il curriculum delle arti liberali. Essa poneva l'accento non sui fatti, ma sui valori. Non poteva che rivendicare il proprio carattere universale. I suoi classici erano opere d'arte immortali, la sua filosofia era la filosofia perenne, le sue leggi e le sue istituzioni erano il deposito della prudenza e della saggezza del genere umano. L'educazione classicista consisteva nell'imitare i modelli, nell'emulare i personaggi ideali, nelle verità eterne e nelle leggi universalmente valide. Essa mirava a formare non il puro specialista ma piuttosto "l'uomo universale", il quale fosse in grado di por mano a qualsiasi cosa e farla brillantemente»[16].

Colui che vive all'interno di questa nozione di cultura, il classicista, insiste sull'aspetto della permanenza e tende a ritenere le differenze e la pluralità come qualcosa di poco importante e accidentale.

Nota Lonergan: «Il classicista non è un pluralista. Sa che le circostanze alterano i casi, ma è molto più profondamente convinto che le circostanze sono qualcosa di accidentale e che, al di là, di esse, c'è una sostanza o un nucleo o una radice che quadra con i presupposti classicisti di stabilità, fissità, immutabilità. Ogni cosa ha la sua natura specifica; questa natura può essere conosciuta adeguatamente, almeno in linea di principio, attraverso le proprietà che essa possiede e le leggi cui essa obbedisce. Al di là della natura specifica c'è soltanto la individuazione mediante la materia, per cui la conoscenza di un esemplare di una specie è automaticamente la conoscenza di qualsiasi esemplare»[17].

La concezione classicista della cultura è stata sostituita, in tempi abbastanza recenti[18], da un'altra che Lonergan definisce empirica:«La cul-

---

[16] B. LONERGAN, «Il pluralismo dottrinale», 18; cf. anche ID., *Il Metodo in Teologia*, 331.
[17] Ivi, 18-19; Cf. anche ID., *Il Metodo in Teologia*, 332.
[18] Cf. B. LONERGAN, *Il Metodo in Teologia*, 332.

tura è un insieme di significati e di valori che informano un modo comune di vita, per cui ci sono tante culture quanti sono gli insiemi distinti di questi significati e valori»[19].

All'interno di questa concezione si colloca la posizione del pluralista il quale «fa notare che un'azione umana, determinata solamente secondo proprietà astratte, principi astratti, leggi astratte, sarebbe soltanto astratta, ma altresì inumanamente inetta in qualsiasi occasione concreta»[20]. I concetti e le azioni sono lette dal pluralista come frutto di processi dinamici e storicamente condizionati: «Infatti i corsi possibili di azione sono le scoperte dell'intelligenza umana; potranno essere guidati remotamente da principi e leggi, ma certamente sono colti con un atto di intelligenza nelle rispettive situazioni concrete. E ancora, è mediante un atto ulteriore di intelligenza che i risultati probabili di ciascun corso di azione vengono determinati; ma tale determinazione a sua volta, lungi dal condurre a termine la cosa, ha bisogno di una scelta libera e, è da sperare, responsabile, affinché l'azione segua effettivamente. […] Il pluralista si differenzia quindi dal classicista in quanto riconosce la storicità umana sia in linea di principio che di fatto»[21].

Nel descrivere questo passaggio dal classicismo al pluralismo Lonergan, da un lato, evidenzia quelli che a suo parere sono i limiti della prima posizione, che rischiano di chiudere coloro che l'assumono, compresa la Chiesa, al confronto con il mondo moderno[22]. Essi sono: scarsa considerazione della processualità e della dinamicità del conoscere e del vivere umano, concettualismo, astrattezza.

Dall'altro lato egli è ugualmente consapevole dei rischi di relativismo che la posizione pluralista porta con sé. Vi sono, afferma Lonergan, tre premesse dei relativisti che si possono criticare attraverso una logica di completamento e superamento, non contrapponendo principi astratti, ma «scoprendo la struttura invariante degli atti umani consci e intenzionali»[23].

La prima premessa dei relativisti è che «il significato di qualsiasi af-

---

[19] *Ibidem*.
[20] B. Lonergan, «Il pluralismo dottrinale», 19.
[21] Ivi, 20.
[22] Cf. Ivi, 22.
[23] Ivi, 23.

fermazione è relativo al contesto dell'affermazione stessa»[24]. A questo riguardo il teologo canadese osserva: «E' vero che il significato di qualsiasi affermazione è relativo al contesto dell'affermazione stessa. Ma da questo non ne segue che il contesto sia ignoto o, se lo è, che non possa essere scoperto. Meno ancora ne segue che l'affermazione capìta nel suo contesto sia sbagliata o falsa. Al contrario, ci sono molte affermazioni vere il cui contesto può essere facilmente determinato»[25].

La seconda premessa relativistica può essere formulata: «ogni contesto sottostà a cambiamenti dal momento che si trova entro un processo di sviluppo o rispettivamente di decadenza»[26]. Ad essa Lonergan risponde: «È vero che i contesti cambiano, per cui può avvenire che un'affermazione, la quale era vera nel suo contesto, risulti inadeguata in un altro contesto. Resta però, che essa era vera nel suo contesto originario, che procedimenti storici ed esegetici assodati sono in grado di ricostruire il contesto originario in misura più o meno grande, e così, nella stessa misura, arrivare a cogliere la verità originaria»[27].

La terza premessa afferma che «non è possibile prevedere quale sarà il contesto futuro». Anche in questo caso Lonergan ritiene che occorra completare e superare una tale posizione: «È vero che non è possibile prevedere nei particolari quali saranno i futuri cambiamenti del contesto. Ma è possibile prevede, ad esempio, che i contesti delle affermazioni descrittive sono meno soggetti a cambiamento che non i contesti delle affermazioni esplicative. E ancora, quanto alle affermazioni esplicative, è possibile predire che una teoria la quale rivedesse in maniera radicale la nostra tavola periodica degli elementi chimici fornirebbe la spiegazione non soltanto di tutti i dati spiegati dalla tavola periodica, ma anche di un'ampia gamma di dati dei quali la nostra tavola periodica non fornisce nessuna spiegazione»[28].

Il riconoscimento di un pluralismo di fatto, dunque, non implica necessariamente, secondo Lonergan, né la negazione della tensione dell'uomo verso il vero, e il buono, né l'affermazione dell' impossibilità di formulare giudizi veri. Egli invece ritiene che la struttura della cono-

---

[24] *Ibidem*.
[25] Ivi, 23-24.
[26] Ivi, 23.
[27] Ivi, 24.
[28] *Ibidem*.

scenza e della realtà si caratterizzino per una dinamica di pluralità e di unità e che la negazione dei due aspetti non possa portare che ad una deformazione della comprensione della realtà stessa. La staticità della posizione classicista secondo Lonergan chiede di essere superata da una concezione dinamica e aperta della coscienza umana; il relativismo che assume come unica categoria interpretativa il dato della pluralità delle realtà, chiede di essere superato dal riconoscimento di una struttura coscienziale universale, che non può essere soltanto descritta verbalmente, ma chiede di essere assunta e riconosciuta da ogni singola persona. Non si tratta di un processo di facile attuazione ed è proprio nel travaglio di questi passaggi che si trova secondo il nostro autore il contesto culturale contemporaneo: «La cultura classica ha ceduto il posto alla cultura moderna e, a mio parere, la crisi del nostro tempo è dovuta in non piccola parte al fatto che la cultura moderna non è ancora arrivata alla maturità»[29].

Un secondo aspetto interno all'orizzonte lonerganiano che occorre prendere in considerazione, se si vuole mettere a fuoco la questione del pluralismo, soprattutto quello di carattere etico, è relativo alla nozione di bene, che egli presenta diverse volte nei suoi scritti e che sintetizza in alcune pagine di *Topics in Education* e di *Method*.

Il nostro Autore distingue tra la nozione generale del bene umano e la sua struttura invariante.

Per quanto riguarda la nozione, egli la descrive principalmente *per via negationis*: «Possiamo ripetere nei confronti del bene umano tutte le negazioni che riguardano il bene in generale: il bene umano non è un'astrazione, non è un aspetto, non è una negazione, non è una doppia negazione, non è un puro ideale, non è qualcosa di separato dal male, non è statico»[30].

Esso non è frutto di una mera deduzione e applicazione, ma un processo cumulativo determinato dalla comprensione, che può essere anche erronea, e dalla scelta, che può essere anche sbagliata. «Ne ri-

---

[29] B. LONERGAN, «Dimensions of Meaning», in ID., *Collection*, CWL 4, University of Toronto Press, 1988, 238. La prima edizione fu pubblicata nel 1967; la traduzione italiana comparve nel 1977 nel volume B. LONERGAN, *Ragione e fede di fronte a Dio*, a cura di G. B. Sala, Queriniana, Brescia 1977, 112.

[30] B. LONERGAN, *Sull'educazione*, 63.

sulta così che il bene umano ha una storia, un processo cumulativo nel quale c'è sia l'avanzamento dell'apprensione che la distorsione, l'aberrazione, a causa del male»[31].

Per quanto riguarda la struttura invariante essa presenta tre aspetti principali.

In primo luogo vi è il bene particolare che «è ciò a cui di solito pensa la gente quando parla di bene [...] In ogni dato caso, il bene particolare potrebbe essere una cosa, come un'auto nuova, oppure un avvenimento, come qualcuno che viene o che va, oppure un appagamento o un'operazione. Il bene riguarda l'appagamento di un appetito particolare»[32].

In secondo luogo vi è il bene d'ordine che è l'organizzazione che cerca di rendere ricorrenti a più persone beni particolari attraverso il coordinamento e la collaborazione. «Tale è la famiglia come istituzione, la tecnologia, l'economia, lo Stato. Il bene d'ordine non è l'oggetto di qualche singolo desiderio, perché esso sta ai singoli desideri come il sistema sta al sistematizzato»[33].

In terzo luogo vi è il valore che «è il bene come un oggetto di scelta razionale possibile»[34]. Esso è ciò che viene inteso nelle domande per la deliberazione, che possono essere affrontate secondo almeno tre approcci: estetico, etico, religioso[35].

Questa struttura invariante del bene umano, che secondo Lonergan, può essere verificata in ogni situazione umana, ad ogni livello di civiltà o di cultura, presenta alcune caratteristiche tra le quali l'essere *aperta* e *interconnessa*.

Essa è *aperta* in quanto: «Il suo contenuto è senza specificazione. Abbiamo parlato di beni particolari, ma non abbiamo detto che cosa essi siano. Essi possono essere i beni particolari di qualsiasi livello di sviluppo o di civiltà. Allo stesso modo, riguardo al bene d'ordine

---

[31] *Ibidem*.
[32] *Ivi*, 64
[33] B. LONERGAN, *Understanding and Being*, CWL 5, University of Toronto Press, 1990, 226; ed. italiana a cura di N. Spaccapelo – S. Muratore, *Comprendere ed essere*, OBL 5, Città Nuova, Roma 1993, 279.
[34] *Ibidem*
[35] B. LONERGAN, *Sull'educazione*, 68.

abbiamo dato delle indicazioni generali che hanno molte applicazioni [...] Abbiamo distinto i valori estetici, etici e religiosi, ma di nuovo, non li abbiamo fissati. La struttura del bene umano è una struttura aperta che può diventare più determinata individuando delle serie di beni particolari, dei tipi di ordine e il modo di realizzare il valore»[36].

Essa è *interconnessa* in quanto i tre aspetti si richiamano progressivamente l'un l'altro: «I beni particolari non bastano. L'uomo è intelligente; egli non si accontenta di una colazione oggi: egli vuole pure il pranzo e la cena, e li vuole ogni giorno. [...] Il bene particolare porta l'uomo nel bene d'ordine, e il bene d'ordine porta l'uomo a riflettere sull'ordine, a valutarlo e a criticarlo. In questa valutazione e critica emerge la nozione di valore: ne vale la pena?»[37].

Alla luce di quanto fino ad ora descritto si può comprendere più facilmente come nell'orizzonte della posizione lonerganiana abbia un ruolo centrale la questione *dell'autenticità del soggetto*. La vita, con la sua complessità culturale ed etica, chiede ad ogni uomo di prendere sul serio il proprio dinamismo coscienziale, la propria capacità di fare esperienza, la propria intelligenza, la propria razionalità, la propria responsabilità.

L'autenticità è per Lonergan necessaria, in quanto lo sviluppo dell'uomo non è tanto un fatto di risorse esterne, ma di applicazione compiuta dei dinamismi interni al soggetto cosciente. La verità e la giustizia crescono sull'albero del soggetto autentico: «Insegnare e imparare, ricercare, arrivare a comprendere, valutare e pesare l'evidenza non sono attività indipendenti dal soggetto, dai tempi e dai luoghi, dalle condizioni psicologiche e sociali e storiche. Il frutto della verità deve crescere e maturare sull'albero del soggetto, prima di poter essere colto e posto nel regno dell'assoluto»[38].

Essa è un cammino, un processo non automatico, che richiede costanza e applicazione: «Mentre credo che l'attenzione, l'intelligenza, la ragionevolezza e la responsabilità portino gli individui fuori dall'iso-

---

[36] Ivi, 71-72.
[37] Ivi, 72-73.
[38] B. LONERGAN, «The Subject», in ID., *A Second Collection*, University of Toronto Press, 1996, 70-71 ; trad. italiana di V. Danna in V. DANNA, ed., *Bernard Lonergan. Il metodo teologico, le scienze e la filosofia*, Effatà, Cantalupo (TO) 2006, 145.

lamento e dalla privacy dell'infrastruttura dell'esperienza, non sto suggerendo che questa liberazione verso la verità, la realtà, l'oggettività, l'eccellenza, sia automatica o a prova di stupidità. Non lo è. L'uomo è chiamato all'autenticità. Ma l'uomo ottiene l'autenticità solo tramite una fedeltà infallibile all'esigenze della sua intelligenza, della sua ragionevolezza, della sua coscienza»[39].

Come si può cogliere da quest'ultima citazione l'autenticità è anche un *processo strutturato* di uscita da sé, di autotrascendenza[40], che ha il suo caposaldo nella struttura dinamica della coscienza: «Esiste dunque una roccia sulla quale è possibile costruire. Ma mi sia permesso ripetere qui propriamente il carattere di questa roccia. Qualsiasi teoria, descrizione, esposizione delle nostre operazioni consce ed intenzionali sarà certamente incompleta e quindi ammetterà chiarifiche e ampliamenti ulteriori. Ma tutte queste chiarifiche e questi ampliamenti vanno derivati dalle stesse operazioni consce ed intenzionali. Sono queste operazioni in quanto date dalla coscienza che costituiscono la *roccia*; esse confermano ogni comprensione esatta; confutano ogni comprensione inesatta o incompleta. La *roccia* è quindi il soggetto nella sua attenzione, intelligenza, ragionevolezza, responsabilità consce, ma non ancora oggettivate. L'utilità del lavoro di oggettivare il soggetto e le sue operazioni consce sta in questo: che in tal modo uno incomincia a imparare che cosa sono queste operazioni e che esse esistono»[41].

La roccia costituita dallo schema delle operazioni coscienziali rappresenta il metodo trascendentale dello sviluppo umano o Metodo Empirico Generalizzato che fonda tutti i metodi specifici dei singoli campi della conoscenza: «In breve alla base dei metodi speciali vi è quello che io chiamo metodo empirico generalizzato. Le sue operazioni sono le operazioni che ognuno può verificare nella propria coscienza. E lo schema normativo che mette in relazione queste operazioni è il dinamismo cosciente della sensibilità spontanea, dell'intelligenza che chiede delle domande e si aspetta risposte soddisfacenti, della ragionevolezza che insiste sull'evidenza sufficiente prima che possa dire sì

---

[39] B. LONERGAN, «The Ongoing Genesis of Methods», in ID., *A Third Collection*, 151-152.
[40] Cf. B. LONERGAN, *Il Metodo in Teologia*, 136.
[41] Ivi, 51.

e che poi è costretta ad accettare davanti all'evidenza, della coscienza morale che presiede sopra tutto e che rivela al soggetto la sua autenticità o non-autenticità mentre segue o viola le norme immanenti della sua sensibilità, la sua intelligenza, la sua ragionevolezza, la sua libertà e responsabilità»[42].

Oltre ad essere un processo strutturato di autotrascendenza, il cammino permanente verso l'autenticità è segnato, inesorabilmente, dalla precarietà che rende ancora più forte la necessità del cammino stesso.

«L'autenticità umana non è una qualità pura, una serena libertà da tutti gli abbagli, da tutti gli insuccessi nel capire, da tutti gli sbagli, da tutti i peccati. Consiste piuttosto nel tirarsi fuori dall'inautenticità, e questo tirarsi fuori non è mai la conquista di una volta per tutte. È sempre precario, sempre di nuovo da farsi; consiste, in molta parte, nello scoprire sempre altri abbagli, riconoscere altri casi nei quali non si è capito, correggere ancora altri sbagli, pentirsi di peccati nascosti a profondità sempre maggiori»[43].

4. Il contributo di Lonergan

La descrizione di alcune caratteristiche dell'orizzonte lonerganiano ci hanno già permesso di cogliere la centralità che ha nel suo pensiero il Metodo Empirico Generalizzato, ossia il dinamismo che caratterizza ogni persona e che per questo sta alla base di tutti i processi umani intenzionali.

Esso è anche la chiave di volta per affrontare la questione del pluralismo, alla cui comprensione Lonergan contribuisce specificatamente in tre modi: mostrando come il fenomeno della pluralità sia un aspetto intrinseco alla stessa dinamica coscienziale; mettendo in luce il carattere ambivalente della pluralità; evidenziando come la fonte prima della pluralità sia a sua volta anche quella dell'unità, a condizione che il soggetto prenda sul serio la domanda di composizione, attivando i dispositivi di integrazione che caratterizzano la vita coscienziale.

---

[42] B. LONERGAN, «The Ongoing Genesis of Methods», in ID., *A Third Collection*, 150.
[43] B. LONERGAN, *Il Metodo in Teologia*, 283.

Il Metodo Empirico Generalizzato, la coscienza differenziata, il pluralismo

In primo luogo, dunque, per comprendere il fenomeno del pluralismo occorre innanzitutto cogliere la dinamicità stessa della vita coscienziale che è caratterizzata da una insieme articolato di *pluralità*. Innanzitutto vi è una pluralità di *operazioni* consce ed intenzionali che facendo riferimento a quanto descritto nel Capitolo primo e Capitolo secondo di *Method in Theology* [44], possono essere così elencate: vedere, udire, toccare, odorare, gustare, indagare, immaginare, capire, concepire, formulare, riflettere, disporre in ordine e pesare l'evidenza, giudicare, deliberare, valutare, eseguire, amare, credere.

Le operazioni pur essendo tutte consce ed intenzionali non sono tra loro eguali. A seconda delle operazioni cambia l'oggetto intenzionato dal soggetto e correlativamente la qualità della presenza a sé del soggetto stesso. Per questo Lonergan distingue, a sua volta, una pluralità di livelli di presenza e intenzionalità che definisce *livelli di coscienza*: il sonno senza sogno, il sogno, il livello empirico, il livello intellettuale, il livello razionale, il livello responsabile.

«Quando sogniamo, la coscienza e l'intenzione di solito sono frammentarie e incoerenti. Quando ci destiamo esse assumono una tinta diversa che si allarga secondo i livelli successivi, connessi tra di loro, ma qualitativamente diversi. C'è il livello empirico sul quale noi sentiamo, percepiamo, immaginiamo, proviamo sentimenti, parliamo, ci muoviamo. C'è un livello intellettuale sul quale noi indaghiamo, arriviamo a capire, esprimiamo ciò che abbiamo capito, elaboriamo i presupposti e le implicazioni di ciò che esprimiamo. C'è il livello razionale sul quale noi riflettiamo, individuiamo e disponiamo in ordine l'evidenza, emettiamo il giudizio sulla verità o falsità, sulla certezza o probabilità di un'asserzione. C'è il livello responsabile sul quale noi ci occupiamo di noi stessi, delle nostre operazioni, delle nostre finalità, per cui deliberiamo circa corsi possibili d'azione, li valutiamo, decidiamo, ed eseguiamo ciò che abbiamo deciso»[45].

Nel livello empirico la persona è presente a se stessa come soggetto esperienziale, nel livello intellettuale, come soggetto intelligente, nel livello razionale come soggetto razionale, capace di riflettere criticamente e di emettere giudizi, nel livello responsabile come soggetto esi-

---

[44] Cf. B. LONERGAN, *Il Metodo in Teologia*, 37; 57-78.
[45] Ivi, 39.

stenziale, capace di vivere nella libertà, nella responsabilità, nell'incertezza, nella cura, la propria esistenza.

Nella riflessione sul dinamismo coscienziale e i suoi diversi livelli meriterebbe un discorso a parte il tema della dimensione affettiva. Esso è decisamente rilevante nell'impostazione lonerganiana, eppure viene trattato esplicitamente in modo molto parco tanto che è ancora oggetto di confronto tra gli studiosi se lo studioso canadese abbia voluto o meno parlare anche di un specifico livello di coscienza innamorata[46]. Ciò che appare chiaro è che per Lonergan la coscienza umana trova nell'affettività la sua energia: «I sentimenti ci mettono in rapporto non soltanto con una causa o con un fine, ma con un oggetto. I sentimenti di questo genere danno alla coscienza intenzionale la sua massa, il suo momento, la sua energia, la sua forza. Senza questi sentimenti il nostro conoscere e il nostro decidere sarebbero esili come carta. È dai nostri sentimenti, dai nostri desideri e dai nostri timori, dalla nostra speranza e dalla nostra disperazione, dalle nostre gioie e dai nostri dolori, dal nostro entusiasmo e dalla nostra indignazione, dalla nostra stima e dal nostro disprezzo, dalla nostra fiducia e dalla nostra diffidenza, dal nostro amore e dal nostro odio, dalla nostra tenerezza e dalla nostra collera, dalla nostra ammirazione, venerazione, riverenza, dalla nostra paura, dal nostro orrore, dal nostro terrore che il nostro orientamento entro un mondo mediato dal significato deriva il suo peso e il suo dinamismo»[47].

Come si coglie bene dall'analitica, e in un certo senso appassionata, descrizione di Lonergan, la stessa *energia affettiva* si declina al plurale attraverso una molteplicità di sfaccettature. strutturazione di differenti operazioni e livelli, ma anche per un processo di ampliamento dei modi attraverso i quali esso si declina. Anche tale ampliamento è segnato per Lonergan dalla pluralità.

A questo proposito, in *Insight* egli parla di quattro principali *configurazioni di esperienza* che, secondo Spaccapelo sono da intendersi come «i 'tipi' primi o principali, ovvero i 'modi' organizzativi fondamentali che la 'coscienza esperienza' – nel suo vitale, naturale e spontaneo po-

---

[46] Cf. P. Triani, *Il dinamismo della coscienza e la formazione*, Vita e Pensiero, Milano 1998, 132-137.
[47] B. Lonergan, *Il Metodo in Teologia*, 61.

limorfismo – incarna (i tipi) e differenzia (i modi) nel suo polivalente rapporto con la realtà»[48].

La prima configurazione è quella biologica, dove il ruolo centrale è assunto dai bisogni vitali dell'organismo: «I sensi esterni sono i messaggeri di opportunità e pericoli biologici. La memoria è l'archivio di informazione supplementare. L'immaginazione è la proiezione di corsi di azione. La conazione e l'emozione sono la pressione contenuta di intenzionalità elementare. Infine la complessa sequenza di movimenti corporei finemente coordinati è nello stesso tempo la conseguenza dello sforzo e una causa del continuo cambiamento delle presentazioni sensibili»[49].

Nell'uomo, però, vi è anche «un amore dello sperimentare» che può andare al di là dei confini dello scopo biologico, che si presenta come «una liberazione, [...]una gioia spontanea» che si autogiustificano[50]. Si tratta della configurazione estetica dell'esperienza, segnata dalla creatività, dall'esuberanza, dalla liberazione, dalla libertà, dal piacere, dalla meraviglia e dallo stupore.

Nel momento in cui l'uomo comincia a cogliere connessioni, ad elaborare classificazioni, a giudicare ciò che ha compreso e classificato, comincia a prendere forma la configurazione intellettuale dell'esperienza. In essa la percezione, l'attenzione, l'immaginazione sono orientate a rispondere alle domande: che cosa è?, come?, perché?, è così?

Le configurazioni biologica, estetica, intellettuale accadono in un soggetto in un contesto intersoggettivo; è infatti dentro un insieme di relazioni, che la persona apprende, definisce e esplica i propri ruoli e compiti. Vi è perciò una quarta configurazione che Lonergan chiama «drammatica». La vita di ogni uomo è un dramma nel senso che è vissuta in presenza di altri, come in unico grande teatro: «è alla presenza di altri e pure altri sono anche attori nel dramma primordiale che il teatro imita soltanto»[51].

Negli anni successivi ad *Insight*, Lonergan, nel riflettere sul processo di sviluppo e differenziazione della coscienza, attribuisce sempre mag-

---

[48] N. SPACCAPELO, in B. LONERGAN, *Comprendere ed essere*, 59, annotazione 1.
[49] B. LONERGAN, *Insight. Uno studio del comprendere umano*, 254.
[50] Ivi, 256.
[51] Ivi, 259

giore importanza a quello che egli chiama il passaggio dal «mondo immediato» al «mondo mediato dal significato».

Il *mondo immediato* "è il mondo dell'esperienza immediata, del dato in quanto dato, dell'immagine e dell'affetto senza nessuna intromissione rivelabile da parte dell'intendimento o del concetto, o della riflessione, o del giudizio, della deliberazione o della scelta. E' il mondo del piacere e della sofferenza, della fame e della sete, del mangiare e del bere, della collera, della soddisfazione, del sonno"[52].

Il *mondo mediato dal significato* prende il via con la comparsa del linguaggio che comporta il sorgere progressivo di nuove capacità di elaborare, controllare, comprendere, comunicare il significato. Il linguaggio diventa il veicolo nel quale il significato diventa più articolato[53]; grazie ad esso il soggetto è aperto a ciò che è passato, a ciò che è lontano, a ciò che potrà accadere, ai ricordi di altri uomini, alle pagine delle letteratura, della filosofia, della scienza.

Come gli altri aspetti della vita umana, il *linguaggio* si caratterizza per un processo di sviluppo che porta, anche in questo caso, all'emergere di una pluralità, che Lonergan sintetizza attraverso la descrizione di tre tipi: «ordinario, tecnico, letterario».

Il linguaggio ordinario è quello della vita quotidiana; è la lingua degli ambienti di vita: della conversazione casuale, della casa, della scuola, del lavoro, dei mass media. Il linguaggio tecnico è quello legato a compiti e gruppi specifici. Il linguaggio letterario è radicato nel linguaggio ordinario, ma mentre questo è «passeggero», il linguaggio letterario è «duraturo». Esso "si propone di far sì che colui che ascolta o legge non soltanto capisca, ma anche senta"[54]; radicato nella caratteristica umana di esprimersi per simboli esso nella sua forma strutturata «tende ad ondeggiare in qualche posto a metà tra la logica e il simbolo»[55]

Il mondo mediato dal significato non va differenziandosi al suo interno solo grazie ad una progressivo arricchimento del linguaggio, ma per la progressiva comparsa di un'altra pluralità, quella dell'*esigenze*, che a loro volta danno origine ad una pluralità di *ambiti di significato*.

«Esigenze differenti danno origine a modi differenti di operazione

---

[52] B. LONERGAN, *Il Metodo in Teologia*, 108.
[53] Cf. Ivi, 145.
[54] Ivi, 104.
[55] *Ibidem*.

conscia ed intenzionale, e modi differenti di tale operazione danno origine ad ambiti diversi di significato»[56].

Vi è innanzitutto l'esigenza ordinaria, legata alla gestione quotidiana della vita che dà origine all'ambito di significato del senso comune. Esso «è l'ambito delle persone e delle cose nelle relazioni che hanno con noi»[57], è l'ambito dove il dinamismo dello sperimentare, comprendere, giudicare, decidere è applicato al particolare; in quanto legato a situazioni contestuali il senso comune varia secondo il luogo, il tempo, le situazioni di vita.

Accanto all'esigenza di risolvere in modo intelligente i problemi quotidiani, si può sviluppare nel soggetto un'esigenza sistematica che cerca nei dati una connessione, un rapporto, una sistematicità. Tale esigenza fonda l'ambito della teoria dove «le cose sono concepite e conosciute non secondo le relazioni che hanno con il nostro apparato sensoriale o con i nostri bisogni e i nostri desideri, ma secondo le relazioni costituite dalle azioni uniformi che esercitano tra di loro»[58]. È all'interno di questo ambito che la coscienza si fa teoretica e si caratterizza per un modo di operare dove il significato è elaborato e controllato attraverso la ricerca di ricorrenze, connessioni, schemi, definizioni.

Vi è poi un'esigenza critica che compare quando il soggetto si interroga sui suoi stessi dinamismi coscienziali. In forza di questo domandare il soggetto si introduce nell'ambito dell'interiorità dove egli intenziona la propria soggettività, le proprie operazioni, la loro struttura e dinamica. «Egli individua nell'esperienza personale i propri atti consci e intenzionali e le relazioni dinamiche che li connettono l'un l'altro»[59].

Secondo Lonergan l'uomo, come si è già avuto modo di accennare, è segnato originariamente da una dinamica di autotrascendenza, da una capacità di intendere un valore ultimo. Questo intendere illimitato si declina attraverso le nozioni trascendentali di vero, buono, amabile, si tematizza categorialmente attraverso le domande e diventa realtà quando ci si innamora[60]. In ragione di questa dinamica l'intendere illimitato genera un'esigenza trascendente che introduce il sog-

---

[56] Ivi, 113.
[57] *Ibidem*.
[58] Ivi, 289.
[59] Ivi, 336.
[60] Cf. P. TRIANI, *Il dinamismo della coscienza e la formazione*, 188.

getto nell'ambito della trascendenza, dove la coscienza si fa religiosa.

Vi è poi secondo Lonergan un'esigenza artistica che porta il soggetto nell'ambito dell'arte dove la differenziazione della coscienza assume la forma della coscienza artistica. Infine, ma non ultima, vi è un'esigenza di approfondire la storia e l'espressione letteraria dell'uomo che introduce nell'ambito della *scholarship* dove il soggetto opera con una coscienza storico letteraria.

Oltre che in una pluralità di ambiti, nel mondo mediato dal significato il soggetto può fare riferimento ad una pluralità di tipologie di valori, che Lonergan, ordina secondo una logica ascendente nel modo seguente: valori vitali, sociali, culturali, personali e religiosi.

«I valori vitali quali la salute e la forza, la grazia e il vigore, normalmente sono preferiti nonostante il lavoro, le privazioni, le sofferenze implicate nell'acquisire, mantenere, ristabilire questi valori. I valori sociali, quali il bene d'ordine che condiziona i valori vitali dell'intera comunità devono essere preferiti ai valori vitali di singoli membri della comunità. I valori culturali non esistono senza il presupposto di valori vitali e sociali, non di meno si trovano a un livello superiore. Non di solo pane vive l'uomo. Oltre il semplice vivere e agire, gli uomini devono trovare un significato e un valore nel loro vivere e nel loro agire. Compito della cultura è di scoprire, esprimere, convalidare, criticare, correggere, sviluppare, migliorare tale significato e tale valore. Il valore personale è la persona nella sua autotrascendenza, la persona in quanto amante e amata, in quanto ispira e invita gli altri a fare lo stesso. I valori religiosi infine stanno al centro del significato e del valore della vita umana»[61].

La descrizione della vita coscienziale proposta da Lonergan mostra con chiarezza come essa sia intrisecamente segnata dalla pluralità: delle operazioni, dei livelli coscienziali, delle configurazioni di esperienza, dei tipi di linguaggio, degli ambiti di significato, dei livelli di valore. Il prevalere di alcuni aspetti rispetto ad altri e la loro combinazione danno vita a molteplici differenze nelle forme coscienziali tra le persone.

Eppure tale pluralità non comporta necessariamente frammentazione, in quanto c'è nella dinamica stessa un principio di ordine che è dato dalla sua tensione autotrascendente, che spinge il soggetto ad

---

[61] B. LONERGAN, *Il Metodo in Teologia*, 62.

aprirsi alla realtà, a cercare il vero, il buono, l'amabile. Appare a questo proposito richiamare quanto affermato dal documento «L'unità della fede e il pluralismo teologico» scritto nei primi anni Settanta dalla Commissione Teologica Internazionale di cui Lonergan faceva parte: «Il pluralismo in campo morale appare anzitutto nell'applicazione dei principi generali a circostanze concrete. Esso risulta ancora più esteso quando si stabiliscono contatti tra culture che per l'innanzi si ignoravano, o in seguito a mutazioni rapide nella società. Tuttavia un'unità fondamentale si manifesta attraverso la stima comune della dignità umana, che implica degli imperativi per la condotta di vita. La coscienza di ogni uomo esprime un certo numero di esigenze fondamentali, riconosciute nell'epoca nostra in pubbliche dichiarazioni sui diritti essenziali dell'uomo»[62].

La pluralità trova un'integrazione e una composizione, non statica, ma aperta, nel carattere relazionale e autotrascendente della coscienza. Ha scritto R. Finamore : "Quando il soggetto conosce è impegnato in una serie di nove attività – sente, percepisce, immagina, indaga, comprende, concepisce, riflette, coglie l'incondizionato, giudica – che richiedono dinamiche differenziate. Non vi è tuttavia dispersione, frammentazione, grazie all'unità – identità – totalità del soggetto, che va riconosciuta e salvaguardata da ogni educatore, sebbene nel processo educativo egli possa insistere più su alcune attività che su altre»[63].

Oltre a mostrare con chiarezza come vi sia un pluralismo intrinseco al processo di strutturazione, differenziazione, esercizio della coscienza umana, Lonergan non nasconde che il pluralismo, che di fatto accompagna la vita coscienziale del soggetto, è in sé ambivalente, perché può essere sottoposto anche esso a quel differenziale che in *Topics* chiama peccato: «Il peccato non è una preoccupazione soltanto del pensiero religioso e teologico. Il peccato è un fatto evidente nella vita umana, qualcosa di cui bisogna darsi pensiero, qualcosa che dà una spiegazione delle differenze»[64].

Lonergan è profondamente convinto che sia impossibile avere

---

[62] COMMISSIONE TEOLOGICA INTERNAZIONALE, *L'unità della fede e il pluralismo teologico*, 1972, n°. 13.
[63] R. FINAMORE, «Il nucleo vitale dell'*education*: gli scritti dal 1949 al 1976», in P. TRIANI, ed., *Sperimentare, conoscere, decidere*, 108.
[64] B. LONERGAN, *Sull'educazione*, 97-98.

un'intelligibilità dei processi umani se non si prende in considerazione il fatto che l'uomo, oltre ad essere autentico, può anche essere non autentico, se non si considera la possibilità dell'uomo di agire male e le conseguenze che ciò comporta prima a livello individuale e poi, cumulativamente, a livello sociale. Vi sono alcuni passi di «The Method Ongoing Genesis of» molto pregnanti a questo proposito.

«L'autenticità non deve mai essere data per scontata [...] I dati possono essere un prodotto misto di autenticità e non autenticità [...] L'investigazione stessa dei dati può essere influenzata dalla non autenticità personale o ereditata dagli investigatori [...] Una situazione dà luogo ad una intellezione (*insight*). L'intellezione genera politiche, progetti, piani, corsi d'azione. I corsi di azione producano una situazione nuova e migliorata che a sua volta genera ulteriore intellezione e così il ciclo ricomincia. Similmente, il declino è ciclico e cumulativo, ma ora la non autenticità distorce quello che l'autenticità avrebbe migliorato. Le politiche, i piani, i progetti, i corsi d'azione che vengono dall'intellezione creativa nella situazione esistente hanno la sfortuna di imbattersi non solo in interessi acquisiti, ma in qualsiasi e in tutte le forme di non autenticità umana. Sorgono dubbi, vengono formulate obiezioni, insinuati sospetti, imposti compromessi. Politiche, piani, progetti, corsi d'azione sono modificati per rendere la nuova situazione non un prodotto progressivo di autenticità umana, ma un prodotto misto, in parte di autenticità umana e in parte di ottusità, irragionevolezza, irresponsabilità. Mentre questo processo continua, la situazione oggettiva diverrà sempre più un problema intrattabile»[65].

Nella vita umana, osserva in *Topics in Education* il nostro Autore, occorre distinguere tra le tendenze ideali dello spirito umano verso ciò che è vero, giusto, buono e dall'altra parte ciò che nell'individuo concreto si unisce a queste aspirazioni ideali, cioè il suo interesse. «Il suo interesse totale include le sue aspirazioni ideali, ma esso include anche di più; e questo può deformare, sviare, quelle aspirazioni. Ogni esclusione, blocco, negazione del soggetto empiricamente, intelligente-

---

[65] B. LONERGAN, «The Ongoing Genesis of Methods», in ID., *A Third Collection*, 157-158.

mente, razionalmente, liberamente, responsabilmente conscio, costituisce anche un'esclusione, un blocco, una negazione del primato delle aspirazioni superiori dello spirito e del cuore umano»[66].

Il pluralismo, con la sua complessità e con la sua possibilità, come ogni fenomeno umano, di essere sottoposto ad una dinamica di non autenticità e deformazione, può essere compreso, valorizzato, affrontato criticamente, non tanto confidando sulle pur necessarie definizioni e regolazioni, quanto piuttosto passando attraverso la strada stretta del percorso di autenticità del soggetto stesso. Siamo qui al terzo aspetto del contributo di Lonergan in merito alla questione del pluralismo. Il metodo empirico generalizzato non solo è fonte di molteplicità, ma può diventare fonte di integrazione nella misura in cui è reso progressivamente oggetto di auto-appropriazione da parte del soggetto cosciente.

La via dell'auto-appropriazione è il dispositivo interno che l'uomo ha a disposizione per percorrere in profondità la strada dell'autenticità e assumere seriamente la domanda di integrazione che egli porta dentro di sé.

Come ha osservato N. Spaccapelo: «Lonergan chiama "auto-appropriazione della propria coscienza" il processo fondamentale di sviluppo che tende a renderci familiari la realtà e la costituzione del nostro mondo interiore. La conoscenza, la padronanza e l'utilizzazione della nostra interiorità operativa costituisce per Lonergan la base fondante di ogni intervento umano in qualsiasi dipartimento del vivere e del sapere»[67]. Essa, in senso proprio, può essere esercitata nel momento in cui compare nel soggetto l'esigenza critica, tipica dell'ambito dell'interiorità, di comprendere i propri dinamismi.

Il primo passo dell'auto-appropriazione ha inizio con lo sperimentare le operazioni coscienziali, fare attenzione ad esse, acquisire con esse familiarità. Il secondo passo consiste nel capire l'unità e le relazioni delle operazioni tra di loro. Il terzo passo consiste nell'affermare la realtà della propria coscienza, sperimentata e compresa. Infine, vi è un quarto passo dove le operazioni non sono solo affermate, ma il soggetto de-

---

[66] B. LONERGAN, *Sull'educazione*, 104.
[67] N. SPACCAPELO, «L'opera di Bernard Lonergan e la costruzione di un Novum Organum», 40.

cide di operare in conformità al loro dinamismo. Ha scritto ancora Spaccapelo: «L'auto-appropriazione consiste nel far salire la propria interiorità coscienziale dal livello di ciò che è conscio, ma in maniera frammentata, sconnessa, disarticolata e confusa, al livello di ciò che è chiaramente, pienamente e armonicamente conscio (a livello di vissuto) e che poi diventa sempre più esplicitamente, deliberatamente, pienamente e sistematicamente conosciuto (al livello del vissuto riflesso)"[68].

Il cammino dell'auto-appropriazione tanto è significativo, quanto è arduo e in qualche modo mai pienamente compiuto. Vi sono però due altri dispositivi interni al soggetto che possono sostenere in modo decisivo questo processo di autenticazione del sé.

Il primo è il riconoscimento della presenza dei *precetti trascendentali* e la scelta di cercare costantemente di attuarli: «Il progresso viene dal valore originante dei soggetti che sono il loro vero io mediante l'osservanza dei precetti trascendentali: sii attento, sii intelligente, sii ragionevole, sii responsabile. Essere attenti include l'attenzione alle faccende umane. Essere intelligenti include il cogliere possibilità finora non notate o non realizzate. Essere ragionevoli include il rifiuto di ciò che probabilmente non funzionerebbe, come pure il riconoscimento di ciò che probabilmente funzionerebbe. Essere responsabili include il fondare le proprie decisioni e scelte su una valutazione imparziale dei costi e dei vantaggi a breve e a lunga scadenza rispetto a se stessi, al proprio gruppo ed ad altri gruppi»[69].

L'importanza dei precetti trascendentali è stata osservata anche da C.M. Martini che ha scritto: "Da ultimo vorrei sottolineare che il *sapere aude* di Kant, che segna come l'inizio dell'epoca illuministica, viene assunto da Lonergan in un contesto che gli dà un suo inconcusso fondamento, il quale consiste nell'appropriazione del metodo trascendentale operante in ogni nostra ricerca seria, che diviene, mediante i precetti trascendentali 'sii attento, sii intelligente, sii ragionevole, sii responsabile', come un fondamento per un sapere umano autonomo e insieme capace di accogliere il dono dell'amore di Dio"[70].

L'attuazione dei precetti, logicamente, comporta la tensione verso il

---

[68] *Ibidem*.
[69] B. LONERGAN, *Il Metodo in Teologia*, 84.
[70] C.M. MARTINI, *Bernard Lonergan al servizio della Chiesa*, La Civiltà Cattolica, 2005, I, 341.

vero, il bene, l'amabile ed è per questo che è altrettanto decisivo un secondo dispositivo interno, quello delle *conversioni*. È grazie ad esse, in ultima istanza, che l'auto-appropriazione di sé e l'integrazione delle proprie molteplicità può compiersi.

«La conversione è un cambiamento di direzione ed esattamente un cambiamento in meglio. Ci si libera da ciò che è inautentico. Si cresce nell'autenticità»[71]. Essa è tridimensionale[72] in quanto può essere intellettuale, morale, religiosa.

La conversione intellettuale, espressione dell'auto-trascendenza conoscitiva, consiste nel comprendere che il conoscere non coincide con il guardare e che i criteri dell'oggettività sono «l'insieme dei criteri propri rispettivamente dello sperimentare, del capire, del giudicare e del credere»[73]. Attraverso di essa «l'uomo arriva a superare la confusione tra i criteri del mondo dell'immediatezza e i criteri del mondo mediato dal significato»[74].

La conversione morale, espressione dell'auto-trascendenza morale, consiste nel cambiare il criterio delle proprie decisioni: dalla semplice soddisfazione ai valori. «Vi è un momento della vita in cui il soggetto scopre che la scelta che egli fa interessa lui stesso non meno di quanto essa non riguardi gli oggetti scelti o rifiutati, e che tocca a lui stesso decidere da sé ciò che egli deve fare di sé. Allora è il momento per l'esercizio della libertà verticale e la conversione morale consiste nell'optare per ciò che è veramente bene, quindi anche per il valore contro la soddisfazione quando valore e soddisfazione siano in conflitto. […] Siffatta conversione naturalmente è ancora assai lontana dalla perfezione morale. Decidere è una cosa, fare un'altra. C'è ancora da scoprire e da sradicare le proprie deformazioni individuali, di gruppo, generali»[75].

La conversione religiosa, espressione dell'auto-trascendenza affettiva e religiosa, consiste «nell'essere presi da ciò che tocca assolutamente. È innamorarsi in maniera ultramondana. È consegnarsi totalmente e per sempre senza condizioni, restrizioni, riserve»[76]. Essa

---

[71] B. LONERGAN, *Il Metodo in Teologia*,. 83.
[72] B. LONERGAN, «Il pluralismo dottrinale», 45.
[73] B. LONERGAN, *Il Metodo in Teologia*, 268.
[74] B. LONERGAN, «Il pluralismo dottrinale»,45.
[75] B. LONERGAN, *Il Metodo in Teologia*, 270.
[76] Ivi, 271.

è interpretata in modo differente secondo il contesto delle diverse tradizioni religiose. Per il cristianesimo questo innamorarsi è dato «dall'amore di Dio che inonda i nostri cuori per mezzo dello Spirito Santo elargitoci (Rom. 5,5)»[77].

Le tre forme di conversione sono strettamente unite, ma tra loro distinte «per cui la conversione può avvenire in una dimensione senza verificarsi nelle altre due, oppure in due dimensioni senza verificarsi nella terza»[78]. Tutte e tre sono necessarie nel cammino dell'autenticazione e la loro relazione può essere compresa in termini di interconnessione e di progressivo completamento. «Il cristiano autentico si sforza di raggiungere *la pienezza* della conversione intellettuale, morale e religiosa. Senza la conversione intellettuale è in pericolo di fraintendere non soltanto il mondo mediato dal significato, ma anche la parola di che Dio ha pronunciato entro tale mondo. Senza la conversione morale tende a perseguire non ciò che è veramente buono, ma ciò che è buono solo all'apparenza. Senza la conversione religiosa soffre di una desolazione radicale, in questo mondo privo di speranza e senza Dio (Ef. 2, 12)»[79].

La presenza o meno delle conversioni comporta un modo profondamente diverso, secondo Lonergan, di vivere e affrontare il pluralismo della coscienza e della realtà. Vi sono alcune righe molto chiare a questo proposito all'interno di «Doctrinal Pluralism», applicate all'esperienza e alla teologia cattolica:

«Già da solo il pluralismo derivante dalla mancanza di conversione può essere pericoloso. Ma i pericoli si moltiplicano quando la mancanza di conversione si associa ad altre forme di pluralismo. Il passaggio dalla cultura classicista alla mentalità storica moderna, se si associa alla mancanza di conversione, può condurre a diluire la fede. La coscienza indifferenziata se si associa a una mezza conversione opterà a favore del vangelo e lascerà da parte i dogmi. La coscienza differenziata secondo la religione, quando sia priva della conversione intellettuale, disapproverà l'insistenza sulla dottrina. La coscienza differenziata secondo la *scholarship* può aprire a una

---

[77] *Ibidem*.
[78] B. LONERGAN, v, «Il pluralismo dottrinale», 45.
[79] Cf. Ivi, 46. Il corsivo è mio.

fiumana di informazioni nelle quali le origini del messaggio cristiano diventano sempre più oscure e la sua continuità difficilmente discernibile. La differenziazione secondo la filosofia moderna può dimostrarsi una trappola che relega uno dentro il soggettivismo e il relativismo»[80].

5. Conclusione

Per vivere un tempo segnato paradigmaticamente dal pluralismo delle culture e delle convinzioni morali, la riflessione proposta da Lonergan porta ad un forte impegno formativo. Non sono sufficienti regole e richiami valoriali, c'è bisogno di uomini che cerchino l'autenticità. Per questo è decisivo promuovere nelle persone il riconoscimento e l'esercizio consapevole del proprio dinamismo coscienziale, la risposta responsabile ai precetti trascendentali che lo caratterizzano; è decisivo accompagnarle in un processo di crescita che veda il sorgere delle conversioni. Il tempo della pluralità richiede non uomini senza dubbi, ma l'ampliarsi della presenza di uomini convertiti intellettualmente, moralmente, religiosamente. Per questo: «il problema dell'uomo di auto-conoscenza cessa di essere semplicemente l'interesse individuale inculcato dall' antico saggio. Esso acquista le dimensioni di una crisi sociale. Può essere letto come il problema storico del ventesimo secolo. Se in tale bilancio devono prevalere l'intelligenza e la ragionevolezza umana, la responsabilità e la libertà umane, allora esse devono essere convocate dall'ambito debole e confuso dei fattori latenti e devono prorompere fuori nel pieno potere dell'auto-consapevolezza e dell'auto-possesso»[81].

---

[80] Ivi, 49.
[81] B. LONERGAN, «La prefazione originale» (1953), in ID., *Insight. Uno studio del comprendere umano*, p. XXXIV.

CAPITOLO SETTIMO

IL METODO EMPIRICO GENERALIZZATO, TRA EVIDENZA E ANALISI CRITICA

Pasquale Giustiniani

1. Osservazioni preliminari

Se la Chiesa assumesse il metodo proposto da Lonergan, dovrebbe cambiare qualcosa nel sistema teologico, nella metodica della conoscenza e nella formazione?

Nello studio dei possibili rapporti tra filosofia e teologia, il Magistero cattolico, inteso come servizio esercitato dal Pontefice in sintonia con il *sensus ecclesiae* e con le relative Congregazioni che s'interessano degli studi formativi in vista del presbiterato o dei ministeri culturali laicali nella Chiesa, – almeno nell'arco di tempo tra la *Aeterni Patris* di Leone XIII (1879) e la *Fides et Ratio* di Giovanni Paolo II (1998) – non è mai giunto esplicitamente a consacrare una qualche filosofia. La filosofia, spesso declinata al singolare come modalità conoscitiva specifica, viene ritenuta, infatti, in possesso di un suo proprio e specifico metodo, ben distinto da quello della teologia scientifica. Ma, forse, il Magistero è giunto, se non proprio a consacrare un metodo filosofico o teologico, almeno a riconoscere esplicitamente un *maestro di metodo*: e questi è fra' Tommaso d'Aquino († 1274). Papa Leone XIII stesso definisce, a posteriori, l'obiettivo del proprio memorabile intervento come *de instauranda christiana philosophia iuxta sancti Thomae doctrinam*[1], ribadendo, appunto, che la filosofia cristiana deve porsi sulle tracce dottrinali dell'Angelico. Proprio per questo la *Aeterni Patris*, esaltando l'eccellenza dell'Angelico nell'auspicato ritorno alle fonti patristiche e medievali della filosofia cristiana, ne aveva segnalato, tra l'altro, il metodo eccellente di procedere

---

[1] Leone XIII, *Litterae ad episcopum Viglebani in commendationem doctrinae sancti Thomae Aquinatis*: ASS 12 (1879), 275.

che aveva fatto di Tommaso, appunto, «inter scholasticos doctores, omnium princeps et magister»[2]. Nel Novecento, nella *Studiorum ducem* - lettera enciclica di Pio XI del 29 giugno 1923 – viene, nella medesima linea, richiamato il canone del vecchio Codice di diritto canonico, ove erano stati consacrati *il metodo, la dottrina e i principii di Tommaso* (can. 1366, par. 2)[3] e, a coloro che insegnano nelle scuole dove si preparano i chierici, si raccomanda a tener per sacri la dottrina e i principi di san Tommaso (*sancte teneant*)[4]. A sua volta, pur dovendo, in linea col Vaticano II, rinnovare ed aggiornare le proprie metodologie in vista di una più efficace evangelizzazione, Giovanni Paolo II, nell'enciclica *Fides et ratio*[5], affermerà ancora, ormai quasi alla soglia del terzo millennio, l'incomparabile valore della filosofia di san Tommaso: «A più di un secolo di distanza, molte indicazioni contenute in quel testo non hanno perduto nulla del loro interesse dal punto di vista sia pratico che pedagogico; primo fra tutti, quello relativo all'incomparabile valore della filosofia di san Tommaso»[6]; inoltre, loderà l'ininterrotto insegnamento pontificio, che lo ha posto «come guida e modello degli studi teologici», o anche come «un autentico modello per quanti ricercano la verità»[7].

Mi sembra, tuttavia, sintomatico che la *Fides et ratio* pur scrivendo che «il Magistero abbia ripetutamente lodato i meriti del pensiero di san Tommaso e lo abbia posto come guida e modello degli studi teologici»[8] non usi, tuttavia, *metodo* come termine, ma faccia sempre riferimento a delle «metodologie» (filosofica, storica, fenomenologica, teologica...). Inoltre, differenziando procedimenti filosofici (a cui *naturaliter* si perviene) e procedimenti teologici (che approfondiscono *l'intellectus Verbi sub fidei lumine*), la medesima enciclica ricorda che non compete al Magistero indicare ai teologi delle «peculiari metodologie»[9]; tanto meno,

---

[2] ID., Epistola encyclica *Aeterni Patris*: ASS 12 (1879), 97-115, qui 108.
[3] PIUS XI, Litterae encyclicae *Studiorum ducem*: AAS 15 (1923), n. 7, 309-326, qui 324.
[4] Ivi, 324.
[5] IOANNES PAULUS II, Litterae encyclicae *Fides et ratio* de necessitudinis natura inter fidem et rationem (1998): AAS 91 (1999), 1, 5-88.
[6] Ivi, n. 57 (AAS, 51).
[7] Ivi, n. 78 (AAS, 66).
[8] *Ibidem*.
[9] Ivi, n. 64 (AAS, 55).

di conseguenza, compete al Magistero di privilegiare un metodo che si proponga con un «programma» (come recita la Prefazione originale di *Insight*[10]), cioè un metodo con delle pretese di generalizzabilità (o almeno con l'intento di costituire una «base comune sulla quale gli uomini di intelligenza potrebbero incontrarsi»[11]).

Nello scacchiere terminologico lonerganiano, *metodo* appare un termine abbastanza contiguo a universalità, costruito com'è attorno al focus dell'*Insight* umano, ovvero attinto in un percorso di intelligenza dell' *intelligere umano*, il quale offre la fonte di ogni conoscenza teoretica e di ogni applicazione pratica derivata: «l'intellezione è la fonte non soltanto della conoscenza teoretica, ma anche di tutte le sue applicazioni pratiche e, invero, di tutta l'attività intelligente. L'intellezione nell'intellezione, allora, rivelerà quale attività è intelligente e l'intellezione nelle disavvertenze rivelerà quale attività è non intelligente. Essere pratico, però, è fare la cosa intelligente e essere non pratico è continuare a inciampare. Segue che l'intellezione, sia nell'intellezione che nella disavvertenza, è proprio la chiave della praticità»[12]. Pur lavorando su qualunque forma d'intelligenza, anche su quella che si svolge indipendentemente dai lumi della rivelazione, Lonergan si dichiara, tuttavia, convinto, mediante quest'analisi dell'*Insight*, di aver offerto, nel complesso, un contributo fecondo, seppur remoto, «al metodo della teologia stessa»[13]. Questo emerge

---

[10] B.J.F. LONERGAN, *Insight. A Study of Human Understanding*, Longmans, Green & Co. – Philosophical Library, London-New York 1957, Prefazione I, XXXII; ora F.E. Crowe e R.M. Doran, ed. , CWL 3, University of Toronto Press, Toronto 1992⁵; trad. italiana condotta sulla II ediz. inglese da C. Miggiano Di Scipio, *L'intelligenza. Studio sulla comprensione dell'esperienza*, Collana universale diretta da Giacomo Alberione *Multiformis sapientia* 6, Edizioni Paoline, Alba 1961; ediz. italiana a cura di S. Muratore – N. Spaccapelo, *Insight. Uno studio del comprendere umano*, Città Nuova Editrice, Roma 2007, XXXII.

[11] B.J.F., LONERGAN *Insight. Uno studio del comprendere umano*, Prefazione, 7. Un metodo generalizzato da cui promanano, come vedremo, i vari metodi settoriali disciplinari – , se eventualmente fosse assunto come plausibile dal Magistero, non significherebbe altro che consacrare uno tra i tanti possibili metodi, a discapito delle tante e molteplici legittime metodologie di ricerca, da riconoscere e rispettare sempre come settoriali, fossero anche proposte da un grande intellettuale, magari a livello di un Tommaso d'Aquino.

[12] Ivi, 8.
[13] Ivi, 910.

appunto nell'*Epilogo* dell'opera sull' *Intellezione*, nel corso della quale i paragrafi non sono conclusivi come ci si potrebbe aspettare, ma vengono redatti «non dal punto di vista in movimento le cui esigenze, spero, sto onestamente e sinceramente rispettando, ma dal punto di vista finale di un credente, di un cattolico e, si dà il caso, di un professore di teologia dogmatica»[14], cioè in vista della utilizzabilità in un percorso di *intellectus fidei*, che è altresì un'appropriazione personale, da parte del lettore, dei temi di volta in volta proposti. In tal modo, ritiene Lonergan ricorrendo alla metafora di Ortega, si porta davvero la stessa intelligenza a «salire all'altezza del proprio tempo»[15], e ciò proprio nell'ambito delle scienze teologiche che, invece, sono reputate, da diversi Autori nel corso del Novecento, come non più all'altezza rispetto ai risultati e alle metodologie delle ricerche empiriche e scientifiche. Tali scienze, oggi diventate tecno-scienze – lo si osservi *en passant* – incroceranno, come accade oggi nel territorio delle bioetiche, ambiti in cui accadono naturali connessioni tra l'empirico e l'umanistico e, di conseguenza, dovranno ricorrere, significativamente, al linguaggio del bilanciamento e del *soppesamento* tra diverse possibili opzioni metodologiche, in vista del reperimento di plausibili e possibili soluzioni.

Poste queste premesse introduttive, se ne dovrebbe, forse, già concludere che il Magistero della Chiesa non potrebbe mai assumere o consacrare un solo metodo, per quanto empirico e generalizzabile esso si proponga, come modalità tipica per produrre qualsivoglia teologia. Per il Magistero, infatti, qualunque metodo, foss'anche quello di cui è maestro l'Angelico, si pone a livello strumentale, e per così dire pedagogico, rispetto all'obiettivo. Com'è noto, a partire dal seminario di Cincinnati, B.J.F. Lonergan sembra, invece, deciso a coltivare molto più che un progetto di esclusivo ordine pedagogico. Il suo, anzi, appare non soltanto un piano *on the Education*, ma un più ambizioso progetto con obiettivo d'instaurare una nuova civiltà, al servizio della quale egli sembra voler elaborare una sorta di panto-

---

[14] Ivi, 908.
[15] B. LONERGAN, «La Prefazione originale di *Insight* (1953)», in ID., *Insight. Uno studio del comprendere umano*, XXXIII.

grafo metodologico[16]. Esso sarà significativamente definito *Metodo Empirico Generalizzato* (MEG). L'esigenza/la possibilità ipotizzata e perseguita sarà, infatti, quella di poter far ricorso ad un «metodo empirico generalizzato»[17] che, al dire del Canadese, risulta essere stato particolarmente favorito, nel corso del secolo XIX, da alcuni fattori: lo storicismo di Dilthey (gli storici non possono accedere direttamente all'esperienza delle altre persone e hanno bisogno di metodologie appropriate); la psicologia di Freud (l'inconscio ha i suoi processi sorprendenti e sfuggenti, che chiedono strategie metodologiche di

---

[16] La specifica attenzione di Lonergan per la.dimensione educativa è trasversale a tutte le opere, ma è chiaramente evidenziata nei due seminari estivi di Cincinnati (3-14 agosto 1959) e di Halifax (4-15 agosto 1958) che, insieme ad *Insight. Uno studio del comprendere umano*, rappresentano le tre opere in cui appare costante una preoccupazione formativa e in cui viene elaborata una vera e propria teoria dell'educazione. Va, tuttavia, notato che l'attenzione del canadese per la dimensione educativa è già presente nel corso del decennio precedente alla "trilogia" citata, come appare dalla conferenza del 9 febbraio 1949, *Towards a Definition of Education*, tenuta al Regis College di Toronto; cf. R. FINAMORE, B. *Lonergan e l'Education*: «*L'alveo in cui il fiume scorre*», Editrice PUG, Roma 1998, 302. In merito, B.J.F. LONERGAN, *Topics in Education*, CWL 10, University of Toronto Press, Toronto 1993; *Sull'educazione. Le lezioni di Cincinnati del 1959 sulla "filosofia dell'educazione"*, ediz. italiana a cura di N. Spaccapelo – S. Muratore, Città Nuova, Roma 1999. Sulle correlazioni tra educazione e metodo, cf N. SPACCAPELO, «L'opera di Bernard Lonergan e la costruzione di un Novum Organum», in P. TRIANI, ed., *Sperimentare, conoscere, decidere. Riflessioni sull'educare a partire da Bernard Lonergan*, Prefazione di L. Monari, Editrice Berti, Piacenza 2001, 19-56.

[17] Circa il ruolo svolto dalla coscienza psicologica (come luogo di *verifica del metodo*) nel percorso di reperimento del Metodo Empirico Generalizzato: «In sintesi, sostenendo metodi speciali troviamo quello che io chiamo metodo empirico generalizzato. Le sue operazioni sono le operazioni che ognuno può verificare nella propria coscienza. E lo schema normativo che mette in relazione queste operazioni è il dinamismo cosciente della spontaneità sensitiva, dell'intelligenza che solleva domande e si aspetta risposte soddisfacenti, della ragionevolezza che insiste sull'evidenza sufficiente prima che possa dire sì ed è ancora di più obbligata ad assentire quando l'evidenza sufficiente è raggiunta, della coscienza che presiede dappertutto e che rivela al soggetto la sua autenticità o non autenticità mentre segue o viola le norme immanenti della sua sensitività, della sua intelligenza, della sua ragionevolezza, della sua libertà e responsabilità». B. LONERGAN, *The Ongoing Genesis of Methods*, in ID., *A Third Collection. Papers by Bernard J.F. Lonergan, S.J.*, F.E. CROWE, ed., Paulist Press/G. Chapman, New York/Mahwah-London 1985, 150. Traduzione propria.

accesso); l'analisi di Marx (la coscienza è una realtà radicata nei processi economici che diventano fattori rilevanti di contesto).

In primo luogo, quanto ipotizzato e perseguito costantemente da Lonergan risulta proporsi esplicitamente come un *metodo*, cioè come un insieme strutturato e ascendente di operazioni, sia conoscitive che volitive e pratiche, le quali ricorrono secondo molteplici correlazioni, disposte su tre livelli coscienziali, distinti e superiori, denominate *operazioni sensibili, operazioni intellettuali, operazioni razionali*. Del resto, il Canadese, fin dall'inizio del suo percorso di ricerca, aveva inteso mostrare come un metodo correttamente impostato consenta successivamente di affrontare qualunque altro discorso speculativo o di mettere mano, grazie al potere di un metodo generale, a qualunque altro trattato specialistico, anche di filosofia dell'educazione e perfino di filosofia dell'essere: «Il nostro proposito non è di scrivere un trattato di metafisica, ma di far conoscere in modo concreto l'esistenza e il potere di un metodo»[18]. In secondo luogo, quello proposto è un *metodo empirico*, in quanto parte da dati osservabili mediante i sensi, li combina tutti con i dati di coscienza, operando interamente entro l'ambito empirico. Infine, esso è qualificato come un *metodo generalizzato*, sia al livello della metodologia (perché la struttura fondamentale di operazioni basilari è in grado di dar luogo a tante procedure diverse, utili in campi sempre nuovi e inusuali), sia al livello dell'empirico (in quanto utilizza tutti i dati disponibili, senza riduzioni), sia al livello dei metodi particolari delle singole scienze (rispetta cioè i singoli metodi disciplinari senza disdegnare una qualche ricomposizione universale del sapere).

Mantenendosi su questo piano trascendentale ed epistemologico, tipico del MEG, Lonergan può suggerirne le diverse possibili specificazioni, riguardanti non soltanto l'economia, la teologia, la filosofia e le discipline storiche, ma anche i vari campi delle *scienze* (ovvero quelle discipline caratterizzate da metodo empirico e dalla falsificabilità dei risultati) e degli *studi* (i quali sono caratterizzati da *scholarship*, ovvero da un passaggio dalla comprensione di un comune modo di pensare-parlare-agire alla comprensione di comuni modi di

---

[18] B. J. F. LONERGAN, *Insight. Uno studio del comprendere umano*, 624.

pensare-parlare-agire di persone diverse di tempi diversi). Del resto, lo stesso Autore, in *Insight*, dichiarava di avere soltanto lo scopo «di diffondere un invito a un atto personale, decisivo»[19], un atto da compiere nei termini di autocoscienza e di autopossesso. Lo sforzo di un solo pensatore, insomma, cioè quello di Lonergan, scritto per pagine e pagine con lo scopo di attendere gli sforzi di altri esseri umani «sensibili ai medesimi problemi», i quali, si augura ancora il Canadese, «troveranno che i miei sforzi abbreviano la loro fatica e che le mie conclusioni forniscono una base per sviluppi ulteriori»[20]. In ogni caso, è altrettanto sintomatico che Lonergan, puntando sull'intellezione nell'intellezione, intenda entrare in dialogo critico proprio con una certa modernità, quella di Cartesio e di Kant, che alla metodologia generale e trascendentale avevano dedicato non pochi sforzi[21].

2. I termini in gioco: il confronto del sapere teologico con la modernità delle certezze e delle evidenze

Lo sforzo dichiarato di Lonergan è quello, appunto, di generalizzare il metodo empirico, nella presunzione che i ricercatori empirici – quelli della storia delle scienze moderne e delle procedure scientifiche – siano intelligenti, ovvero possano correttamente e coerentemente esercitare la struttura euristica dell'*intelligere* umano. La generalizzabilità possibile e plausibile starebbe nel fatto che, alla base, di questo metodo e relative procedure, vi sia una *unità intelligibile*[22]. Inoltre, l'esame del comprendere umano dovrebbe, grazie a quanto indicato nelle opere lonerganiane, far scoprire ad ogni coscienza umana – in grado di portarsi nell'area del perché si cerchi – un punto di vista che consenta la spiegazione completa di tutti i fenomeni o dati[23]. È, questo, il punto di vista del *perché*, nel senso di *propter quid*, non del *quia*, ovvero non tanto nel senso del *che cosa* o del *come viene fatto* qualcosa nelle

---

[19] B. J. F. LONERGAN, *Insight. Uno studio del comprendere umano*, «Introduzione», 16.
[20] Ivi, 29
[21] Ivi, 14-15.
[22] Ivi, 164.
[23] Secondo il «canone di parsimonia», cf. Ivi, 129-132.

procedure scientifiche, bensì nel senso del motivo ultimo per cui qualcosa viene fatto in un determinato campo scientifico. In quest'area, che è radicale e principiale, ci s'imbatte, a un certo punto, nella necessità di procedere al soppesamento dell'evidenza e della certezza di determinati asserti, o proposizioni, o, nel gergo ricorrente di Lonergan, dell'evidenza e della certezza dei giudizi maturati.

Ora, certezza ed evidenza sono termini tipici del vocabolario filosofico moderno, esplicitamente tematizzati da Cartesio a partire dal suo *Discorso sul metodo*, che segna anche la svolta della filosofia moderna verso il soggetto e la sua mente-pensiero, di cui sono, appunto, oggetto le *idee* (intese sia come operazioni dell'intelletto, sia come modo che l'intelletto umano adotta per rappresentarsi le cose). In ogni caso, secondo il progetto metodologico moderno, la causa di un'idea deve avere formalmente tutto ciò che nell'idea è presente oggettivamente, ovvero tutto quanto in essa viene rappresentato. In particolare, nel metodo cartesiano, la *certezza* risulta essere un carattere delle conoscenze ottenute attraverso dimostrazioni razionali (quelle delle geometrie e della matematica) o anche attraverso esperimenti[24]. La certezza, nella filosofia cartesiana, si fonda sulla cosiddetta *evidenza*. Questa, a sua volta, è reputata fondamento della verità e carattere della conoscenza vera. Va infatti, secondo il padre della filosofia moderna, ritenuto evidente soltanto quanto si presenti alla mente persuasivamente in quanto razionalmente coerente, alla stessa maniera della persuasione generata dai ragionamenti dei geometri. Per esempio, nel caso della proposizione cartesiana fondamentale - *penso, dunque sono* - si osserva che non vi è proprio niente in siffatta proposizione «che mi garantisca che sto dicendo la verità, se non che vedo molto chiaramente che, per pensare, bisogna essere: giudicai di poter prendere per regola generale che le cose che concepiamo molto chiaramente e molto distintamente, sono tutte vere; ma che c'è qualche difficoltà solamente a distinguere per bene quali sono quelle che concepiamo distintamente»[25]. Come a dire: se si vede chiaramente, si può essere certi che siamo di fronte ad un'evidenza, anche se rimanesse ancora qualche dubbio circa il poter

---

[24] CARTESIO, *Discorso sul metodo*, Introduzione, trad., note e apparati di Lucia Urbani Ulivi, testo francese a fronte, Rusconi, Milano 1997.
[25] Ivi, II parte: AT 33, 16-24.

distinguere, nel mondo interiore del soggetto, quali sono le nozioni che si possono effettivamente vedere *distintamente*. Si ricorderà che anche il moderno Cartesio – come per certi aspetti farà Lonergan nei suoi scritti – avvertiva il lettore già nello scritto del 1636, di avere un suo preciso scopo nel parlare di un *metodo*: lo scopo non era d'insegnare il metodo che ciascuno deve seguire per ben condurre la propria ragione, ma solamente di far vedere in quale maniera egli ha cercato di condurre la sua. Più il racconto di una storia, forse anche di una favola, nella speranza di essere utile a qualcuno, anziché uno schema generale di lavoro, un prontuario che tutti siano in grado di imitare e di attuare singolarmente. Il filosofo francese, che aveva deciso, peraltro, di non cercare altra scienza «che quella che potessi trovare in me stesso o nel gran libro del mondo»[26], non poteva che essenzializzarne gli assunti, o precetti della logica, riducendoli a quattro. Il primo precetto riguarda appunto l'evidenza: «non accogliere mai come vera nessuna cosa che non conoscessi con evidenza essere tale: vale a dire, di evitare accuratamente la precipitazione e la prevenzione; e di non comprendere nei miei giudizi nulla di più di ciò che si presentasse alla mia mente così chiaramente e così distintamente, che io non avessi occasione alcuna di metterlo in dubbio»[27]. Infine, continuava Cartesio, altro è la *certezza metafisica* (la cosa non può essere pensata che nel modo in cui lo è), altro la *certezza morale* (che implica invece un'adesione ad una norma di comportamento, ma sempre subordinatamente ad un ragionamento).

La prospettiva metodologica di fondo viene ribadita nelle M*editazioni metafisiche*, che Cartesio compone negli anni 1639-1640[28] e fa circolare tra gli amici. In esse egli attua, appunto, la sua annunciata riforma filosofica ed espone la sua *nuova* metafisica, ribadendo che la certezza è un carattere delle cosiddette idee chiare e distinte, di fronte alla quali è impossibile dire, per la mente umana, diversamente da come si è detto, in quanto le cose non stanno diversamente da come le vediamo.

---

[26] Ivi, I parte: AT 9,20-22.
[27] Ivi, II parte: AT 18,16-23.
[28] CARTESIO, *Meditazioni metafisiche*, testo latino a fronte, versione francese in Appendice, a cura di L. Urbani Ulivi, Rusconi, Milano 1998.

L'antonimo cartesiano di certezza, quindi, è ormai diventato il *dubbio*[29]. Un *dubbio metodologico*, nel senso di euristico e funzionale all'acquisizione di certezze ed evidenze ulteriori.

Nel programma moderno cartesiano, qui sinteticamente proposto, disponiamo, insomma, già di tutti gli elementi ulteriori, ritrovabili in ogni successiva posizione che intenda costruire un metodo generalizzato; inventariamo, infatti, una teoria generale del conoscere umano, una certa nozione di evidenza e di certezza dei cosiddetti giudizi (*atti mediante cui la mente afferma o nega che un predicato inerisca a un soggetto*, insegnerà ancora a Lonergan la Scolastica), un criterio per valutare la correttezza, la congruenza e le garanzie di attendibilità delle procedure messe in atto. Non è un caso, allora, che, oltre ai tentativi moderni della fondazione di un metodo (bisognerebbe, in proposito, passare anche per Kant e per la sua fondazione di una metafisica non scientifica, che voglia ancora proporsi come "scienza"), quando tale discussione, periodicamente, ritornerà nel contemporaneo, essa apparirà sempre correlata ad una problematica di tipo conoscitivo. Un metodo – sia inteso come insieme di regole da poter seguire, sia come prontuario di passi da poter seguire singolarmente, sia nella terza peculiare maniera di come viene proposto da B.J.F. Lonergan, come vedremo di qui a poco – ha, insomma, sempre a che fare con la verità del conoscere umano, soprattutto quando gli oggetti di questo conoscere non siano già, di per se stessi, *hard* (come sembra avvenire nei campi che Lonergan avrebbe chiamato delle *scienze empiriche, comprese* quelle statistiche, la cui euristica sta nel passare dal probabile al certo, come ricorda già in un passaggio di *Insight*[30]) – , ma, come accade nelle teorie filosofiche, nelle diverse branche disciplinari della teologia e, come vedremo, soprattutto nelle branche delle discipline storiche e, più ampiamente, miranti all'ermeneutica di testi, fonti e documenti, questi oggetti sono *soft* cioè di per sé sottoponibili a verifiche, nuovi sondaggi, nuove domande, ripensamenti e revisioni.

Nel dibattito filosofico del primo Novecento sarà perciò ancora

---

[29] Ivi, 312-313.
[30] B.J.F. LONERGAN, *Insight. Uno studio del comprendere umano*, 112.

molto presente la questione metodologica, spesso in connessione con la discussione sulla validità universale della conoscenza umana, nonché con le sue certezze ed evidenze. In tale contesto, come ricorda Franz Brentano, mentre gli scolastici temono gli esiti psicologistici e soggettivistici di alcune teorie (all'interno della più ampia paura del modernismo), F. Brentano prima e, sulla sua scia, E. Husserl poi insistono invece su nuovi appoggi metodologici (l'*epochè* e il *cogito*), allo scopo di attingere le cose stesse per via intenzionale e, così, non arrestarsi alla semplice descrizione di un processo psicologico[31]. Da parte sua, E. Husserl era arrivato alla filosofia dalla matematica e probabilmente da quel tipo di approccio aveva maturato una spiccata sensibilità verso un ideale di scienza come sapere vero, rigoroso, indubitabile, incontrovertibile. In tal modo l'antica idea aristotelica di *episteme* conduce i contemporanei alla rinnovata esigenza di un sapere incontrovertibile e immutabile. Così, «per Husserl, la fenomenologia, al pari della matematica, è una scienza esatta, perché descrive le strutture e le forme fondamentali che il 'fenomeno' assume nella coscienza durante il processo conoscitivo»[32]. Il rischio che si vuole evitare, in questa specie di *humus moderno-contemporanea*, è l'*impasse* conoscitivo in cui la conoscenza si avviterebbe in una spirale, senza arrivare mai alla realtà delle cose stesse. Ecco il nodo gnoseologico e metodologico che ritroviamo anche nel progetto lonerganiano: se pensare una montagna d'oro, oppure pensare che il cielo è azzurro, è la stessa cosa – poiché entrambe sono in noi delle rappresentazioni vere, anche se soltanto una è fondata nella realtà –, come maturare una certezza ed un'evidenza tali da togliere ogni sorta di dubbio sul processo intellettivo che ci ha fatto approdare a quel tipo di giudizi?

Nel dibattito *ultracontemporaneo,* tutto questo ci viene ulteriormente ricordato dalla filosofia analitica che, nel suo insieme, è considerabile come un ambito volto a sondare e mostrare la rilevanza/non rilevanza della verità nel conoscere umano. Le stesse perplessità, o addirittura

---

[31] In merito, cf. D. Concolino, *La parola incapace. Uno studio su fenomenologia e religione in Jean-Luc Marion*, Rubbettino, Soveria Mannelli 2013, in particolare 11.73.
[32] Ivi, 23, n. 31.

talvolta il cinismo che accompagnano i saggi degli analitici circa la possibilità di attingere una verità oggettiva, non possono negare il riemergere metodologico di un'esigenza di certezza e di evidenza. Così, anche in una posizione relativista di ispirazione *liberal*, Michael P. Linch ha potuto rilanciare, nel dibattito analitico, di nuovo il problema della certezza, in una prospettiva che intende difendere, appunto, che la verità è oggettiva[33]. Di fronte alla possibilità che le assunzioni di fondo di chi tratta dei *materiali umanistici* (come fanno le filosofie, le teologie o le storiografie) siano insicure, o anche false, e che quindi tutte le nostre credenze così mature siano irrimediabilmente condannate all'incertezza ed al dubbio, resta pur sempre qualche possibilità di certezza, ovvero la certezza di poter almeno credere di credere. Così Linch: «Essere certi di una credenza equivale a essere privi di dubbi per quella credenza. In modo più specifico, sono certo della mia credenza, quando sono giustificato a crederla e non c'è alcun motivo per dubitarne»[34]. Anche nel dibattito relativista estremo dei nostri giorni resta, insomma, la qualificazione moderna della certezza, intesa come sicurezza di essere certi, al di là di qualsiasi ragionevole dubbio, anche se magari l'esperienza ci continuasse a ripetere che, «qualsiasi criterio usiamo, di fatto, è probabile che esso mancherà sempre e comunque di *assoluta certezza*»[35]. In merito, non è inutile ricordare che la letteratura critica di ambito analitico sulla certezza è immensa[36], peraltro spesso, e significativamente, elaborata per sconfiggere lo scetticismo classico (che insisteva, appunto, sul fatto che la conoscenza umana richiederebbe una certezza di cui non sempre possiamo ritenerci certi). Per tornare a Lynch, egli ha, in merito al nostro tema circa la certezza ed evidenza attinta con il metodo, una sua precisa proposta, che mantiene l'istanza veritativa, seppur più debole: «La mia tesi qui è più semplice: possiamo ancora trattare la verità come obiettivo dell'indagine, anche se non possiamo mai essere

---

[33] M.P. LINCH, *La verità e i suoi nemici*, ediz. italiana a cura di S. Moggi, Raffaello Cortina Editore 2007 (or. 2004).
[34] Ivi, 31.
[35] *Ibidem*.
[36] Cf P. KLEIN, *Certainty: a Refutation of Skepticism*, University of Minnesota Press, Minneapolis, MN, 1981.

certi di raggiungere tale obiettivo»[37], senza commettere, cioè, l'errore di far collassare il valore della certezza sul valore della verità.

3. Evidenza e certezza nel metodo di Lonergan

Anche Lonergan, in quanto docente di teologia scolastica, oltre che inventore di un *Metodo* percorribile da parte di ogni singolo che ne accetti la proposta, in ogni campo del sapere, ma soprattutto in teologia, frequenta il gergo classico e moderno della certezza e dell'evidenza (nei trattati scolastici, esso ritornava nella gnoseologia e nella logica, soprattutto per quanto concerne la verità dei concetti e delle proposizioni). E da acuto *inceptor* di una svolta nella «vecchia» - come esplicitamente la denomina – teologia, egli si rende ben conto del *potere della certezza e dell'evidenza*, particolarmente in quei saperi disciplinari, quali sono le scienze storiche e teologiche, che hanno stabilmente a che fare con dei testi, dei documenti e con delle dottrine che, seppure storicamente in sviluppo, vantano comunque di poter riferirsi ad un nucleo, se non perenne, almeno non facilmente modificabile, di evidenze chiare e distinte. Questo aspetto viene svolto all'interno di una più vasta panoramica circa i rapporti istituibili, da parte della dottrina della Chiesa col mondo moderno e contemporaneo. Il significato conoscitivo, costitutivo, effettivo della comunicazione del messaggio cristiano deve, infatti, seguire – secondo Lonergan – un metodo per poter interagire col mondo moderno e svolgervi sia un'azione redentiva (vincere il male) che costruttiva. A questo scopo, egli ha appunto «indicato un metodo, parallelo al metodo della teologia, per integrare la teologia con gli studi umani condotti dagli *scholars* e dagli scienziati», al fine di «creare politiche e piani ben informati e sottoposti e continua revisione per promuovere il bene e annullare il male sia nella Chiesa che nella società umana in generale»[38]. Se bisogna operare

---

[37] M.P. LINCH, *La verità e i suoi nemici*, 32.
[38] J.B.F. LONERGAN, *Il Metodo in Teologia*, ediz. italiana a cura di N. Spaccapelo – S. Muratore, Città Nuova, Roma 2001, 39.

all'altezza del nostro tempo, questo si potrà fare soltanto con un'azione sinergica di gruppo.

L'andare al cuore dei problemi, come Lonergan ritiene, impone di portarsi non sulle singole pratiche disciplinari e i loro specifici metodi, bensì a livello della struttura della coscienza, che egli intende in maniera né statica, né dialettica ma, come dice, «dinamica». Occorre, inoltre, ricordare che, nella sua sistematica, il Canadese distingue stabilmente quattro livelli del soggetto conoscente e indagante: *livello empirico*, cioè avere sensazioni e percezioni, usare la facoltà immaginativa, avere avvertenza di qualcosa, parlare, utilizzare i dinamismi corporei (è quello su cui più insiste l'empirismo); *livello intellettivo*, ovvero indagare, giungere ad una comprensione, valutare i presupposti e le implicazioni di una nostra espressione; *livello razionale*, cioè esercitare il soppesamento-bilanciamento, che conduce la mente all'evidenza degli asserti maturati: del resto, ragionare è più che capire e comprendere, in quanto comporta il riflettere, cioè il ritornare su quanto si è capito, prendere atto dell'evidenza di una cosa, emettere giudizi di verità e di falsità, di certezza e di probabilità (componente logica del conoscere); *livello volitivo-responsabile*, che riguarda direttamente noi stessi, i nostri scopi, le nostre operazioni, circa le quali deliberiamo, progettiamo, decidiamo, realizziamo quanto deciso. Detto altrimenti, andare al cuore dei problemi, significa andare al funzionamento della mente in quanto tale (in ciò Lonergan appare omologo al tentativo trascendentale kantiano, anche se cerca più volte di differenziarsene): «Non c'è bisogno che questa intenzionalità venga dedotta, essendo essa il contenuto dominante della struttura dinamica la quale raccoglie e unisce piú attività conoscitive in una conoscenza unica di un oggetto unico. L'intelligenza umana accoglie attivamente ogni contenuto di esperienza con la perplessità, la meraviglia, l'impulso, l'intenzione, che può essere tematizzata (ma non consiste) in domande quali: Che cos'è? Perché è cosí? L'indagine, attraverso l'atto di intelligenza, si traduce in pensiero che, quando è esaminato, si formula in definizioni, postulati, supposizioni, ipotesi, teorie. Il pensiero a sua volta è attivamente accolto dalla razionalità umana con un'esigenza riflessiva che, quando è tematizzata, viene espressa in domande quali: È cosí? Sei sicuro? Tutto l'ordinare e pesare l'evidenza, tutto il giudicare e dubitare sono sforzi per dire di ciò che è che è, e di ciò che non è che non è. Conseguentemente la struttura dinamica della conoscenza intende l'essere»[39].

Nell'opera *Il Metodo in Teologia*, Lonergan – che ha dedicato uno degli scopi principali della sua vita culturale alla definizione di un metodo che tenga comunque conto che la teologia contemporanea è specialistica e divisa in tante branche –, fin dall'*Introduzione* ci ricorda utilmente che, quando la teologia si trova a scrivere di "metodo", è perché ormai si muove in una concezione non classicista, ma *empirica*, di cultura. Qui empirico è sinonimo di scienza moderna, di *scholarship* moderna, di filosofia moderna, di storicità, di senso pratico collettivo, di responsabilità collettiva. Che il movente di Lonergan stia nella volontà di istituire una forma di collaborazione tra istanze della modernità (soprattutto scientifica, per la quale si è superato il giudizio di senso comune, pervenendo alle istanze di chiarezza e distinzione di cui abbiamo detto) e istanze veritative classiche (soprattutto nella teoria del conoscere e nella teoria dei giudizi conoscitivi), lo si può già vedere, come abbiamo osservato, in quel prolegomeno del metodo in teologia, che è *Insight*. Anche nella sua teoria generale del comprendere umano, infatti, che – nelle intenzioni di Lonergan è previa allo studio della teologia –, il Nostro aveva cominciato a usare il termine evidenza appunto in riferimento alla teoria dei giudizi, particolarmente nel corso del Capitolo X, dedicato al comprendere riflessivo[40]. Nel momento in cui il comprendere umano perviene alla conoscenza di aver «afferrato la sufficienza dell'evidenza per un giudizio su cui stiamo deliberando», un giudizio attinto con deliberati sforzi nell'analisi introspettiva[41], è in grado di emettere dei giudizi non più di senso comune (che non

---

[39] B. LONERGAN, «La struttura della conoscenza», in ID., *Ragione e fede di fronte a Dio*, trad. italiana di G.B. Sala, Queriniana, Brescia 1992, 88.
[40] B.J.F. LONERGAN, *Insight. Uno studio del comprendere umano*, 374-416. Qui si chiude la Parte Prima.
[41] Ivi, 375.

riuscirebbero ad afferrare il virtualmente incondizionato), bensì dei giudizi tali che, pur essendo in grado di affermare o non affermare in maniera assoluta, vanno ormai alla ricerca di dove stia l'*evidenza*, se «in favore dell'affermazione o in favore della negazione»[42]. Cosa significhi, appunto questa sufficienza dell'evidenza per un giudizio prospettico, è l'obiettivo del Capitolo X che, nell'orizzonte dell'esame dell'inferenza deduttiva, esamina i giudizi concreti di fatto, le intellezioni in situazioni concrete, il processo delle analogie concrete e delle generalizzazioni concrete, i giudizi di senso comune, i giudizi probabili, le proposizioni e i giudizi analitici, i giudizi matematici. L'approdo, ai nostri fini rilevante, è che l'evidenza ha a che fare con il cosiddetto *giudizio prospettico*, ovvero con delle «proposizioni (1) che sono il contenuto di un atto di concepire, pensare, definire, considerare o supporre, (2) che sono soggette alla domanda per riflessione, all'atteggiamento critico dell'intelligenza e (3) che sono quindi costituite come il condizionato»[43]. Solo allora è dato «disporre in ordine l'evidenza nella forma in cui il comprendere riflessivo può afferrare il virtualmente incondizionato»[44]. Quando, dunque, c'è *evidenza sufficiente* in tal tipo di giudizi o proposizioni? Ecco la puntuale risposta di Lonergan: quando il giudizio prospettico «può essere afferrato con il comprendere riflessivo come virtualmente incondizionato»[45]. Se il condizionato è il giudizio che qualcosa è successo, l'incondizionato, almeno virtualmente e non apoditticamente, sarà «una struttura immanente e operativa entro il processo cognitivo»[46]. Perfino nei risultati della metafisica (a *fortiori* della teologia), la loro significatività o evidenza non va, perciò, trovata tanto nelle dottrine del passato e nei resoconti, di volta in volta forniti, dei loro risultati: l'evidenza, infatti, risiede nel *presente*, nel senso che, nelle varie espressioni scritte, o risultati, o anche nell'assenso interiore prestato alla teoria metafisica proposta, si coglie come il precipitato di un lavoro antecedente, ovvero ci si porta «nell'afferrare antecedente riflessivo, che forza la

---

[42] Ivi, 398.
[43] Ivi, 415.
[44] Ivi, 410.
[45] Ivi, 415.
[46] Ivi, 378.

ragionevolezza ad assentire»[47]. Solo se una teoria, anche metafisica, si propone come «dinamica», insomma, risulterà coerente con l'evidenza; per usare la metafora militare di Lonergan, l'avanzamento dell'evidenza metafisica (ma la cosa potremmo affermarla anche per le evidenze teologiche) «è, ad un tempo, uno sfondamento, un accerchiamento e un confinamento»[48].

Anche se nei tempi in cui Lonergan formula questa prospettiva, pochi, nelle Facoltà ecclesiastiche, sarebbero stati disponibili a non ritenerla una contraddizione in termini (si allude all'espressione «metafisica dinamica»), Lonergan, mi sembra, stia compiendo (o ritenga di star compiendo) una più ampia operazione di conciliazione tra dinamismo storico (e, dunque, dinamismo di relatività e provvisorietà dei risultati) e perennità delle certezze o dei motivi evidenti di certi asserti, che sono da porre in maniera almeno virtualmente incondizionata. Sarà grazie alla distinzione tra il formalmente ed il virtualmente condizionato, nel gergo lonerganiano, che renderà possibile la coesistenza tra certezze intermedie, quindi non definitive, e certezze qualificate dall'evidenza: «è insieme possibile e salutare illuminare con certezze intermedie la lunga via verso la spiegazione completa. Quando l'evidenza sufficiente non è prossima per una interpretazione più particolareggiata, può essere disponibile per una dichiarazione meno ambiziosa»[49].

Del resto, il Canadese ha progressivamente maturato come obiettivo non più possibile l'aver di mira una teologia intesa come conquista perenne, anche se egli resta sempre del parere che, pur nel cambiare delle cose e nel mutare dello stesso comprendere umano, «c'è un'unità sottostante e quell'unità può essere formulata esplicitamente al livello dell'anticipazione euristica o di metodo adottato coscientemente o di una metafisica dialettica»[50]. Anzi, la teologia formale (nelle sue due fasi distinte, ovvero quella che cerca "che cosa" fu detto su Dio e gli altri temi teologici, e la seconda che, a sua volta, alla luce di quanto fu detto

---

[47] Ivi, 616.
[48] *Ibidem*.
[49] Ivi, 737.
[50] Ivi, 915.

in passato, cerca di affrontare i problemi del presente)[51], non potrà, a sua volta, che andare alla ricerca di un metodo generalizzato. Però, a questo scopo, non si va nella direzione di Otto Muck[52], che generalizza le caratteristiche comuni che si trovano negli scritti di coloro che fanno uso di un metodo trascendentale, quasi per trovarvi un insieme di principi e regole, se si vuole un modo di procedere *standard* [53]. Detto altrimenti, si va piuttosto in cerca di «una struttura in vista di una creatività in collaborazione»[54], o anche si cerca di delineare «i vari gruppi di operazioni che vanno eseguite dai teologi quando questi si applicano ai loro vari compiti»[55] che, fin dall'esordio, sono otto compiti distinti, di cui Lonergan offre, in quest'opera sul *metodo*, «l'insieme interconnesso di termini e relazioni che può essere opportuno avere a disposizione quando si tratta di descrivere la realtà o di formulare ipotesi»[56]. Tuttavia egli, pur potendo scivolare lungo la china del pluralismo delle condizioni storiche e relative rielaborazioni metodologiche, non perde mai l'istanza di invarianza (la potremmo forse anche definire l'*istanza metafisica?*) rispetto ai cambiamenti culturali, perché il suo obiettivo non è categoriale (cioè determinato, legato a una certa cultura, soggetto a variazioni), bensì trascendentale, cioè – in senso non del tutto coerente col pur variegato senso kantiano

---

[51] Ivi, 166. Moltiplicando le due fasi con i quattro livelli distinti della nostra coscienza (esperienza, intendimento, giudizio, decisione), si hanno le otto «specializzazioni funzionali»; cf. il Cap. V, 158-176, che chiude la prima sezione di *Method*. Il numero *otto* non viene ulteriormente giustificato da Lonergan, il quale osserva soltanto che si tratta di divisioni già presenti nei trattati tradizionali del sapere teologico, ma il nuovo «è la concezione di queste parti dell'attività teologica quali specializzazioni funzionali, quasi stadi distinti e separabili di un unico processo che va dai dati ai risultati ultimi». Ivi,169. L'impostazione del Canadese parte dalla specializzazione funzionale, per evitare i difetti sia dell'impostazione a partire dal soggetto (più attenta alla fase mediata), sia di quella a partire dal campo (che accentuava più la fase che media).

[52] O. Muck, *Die transzendentale Methode in der scholastischen Philosophie der Gegenwart*, Felizian Rauch, Innsbruck 1964; Lonergan lo legge nella versione inglese di quattro anni dopo: *The Trascendental Method*, New York 1968.

[53] J.B.F. Lonergan, *Il Metodo in Teologia*, 44.
[54] Ivi, 29.
[55] *Ibidem*.
[56] Ivi, 30.

– comprensivo quanto al contenuto-connotazione, illimitato quanto all'estensione-denotazione. Del resto, il metodo in atto accade non quando si ascoltano lezioni o si leggono trattati sul metodo, bensì quando si esercita la propria soggettività cosciente, oggettivandola, cioè il *metodo* resta un qualcosa «che ognuno, ultimamente, deve fare in stesso e da se stesso»[57].

4. L'evidenza attinta col metodo

Il capitolo-guida per rispondere a questa domanda centrale circa il grado di evidenza attingibile mediante il metodo, per indicazione dello stesso Lonergan è il primo di *Method in Theology*, il quale viene appunto redatto affinché il lettore, ogni lettore, possa scoprire in se stesso il metodo. Nel procedere, non bisogna mai dimenticare che la teologia è un campo del sapere rimasto indietro (altrove si parla di «vecchia teologia» con relativi approcci) e che, quindi, più di altri saperi ha bisogno di un *nuovo metodo*. L'obiettivo, ottenibile attraverso la ricognizione dei metodi delle scienze che hanno fatto maggiori progressi, è non soltanto quello di raggiungere i modi stessi di funzionare della mente umana (istanza epistemologica generale) bensì di attingere un «metodo trascendentale, cioè uno schema fondamentale di operazioni che viene usato in qualsiasi impresa conoscitiva»[58] dell'interiorità umana, da intendere in «termini di atti intenzionali e consci ai quattro livelli dell'esperienza, dell'intelligenza, del giudizio e della decisione»[59]. Un *metodo o schema trascendentale*, nel senso di «modo con cui va eseguita l'indagine scientifica»[60].

Tuttavia, il metodo non è mai un modello fisso e statico, bensì una ruota - «la ruota del metodo»[61], appunto. Non esiste da nessuna parte della coscienza umana, insomma, un meccanismo che tolga le vecchie impostazioni rendendole *nuovo metodo*. Dunque, il metodo generalizzato non è un insieme di regole da applicare, bensì come uno schema di

---

[57] Ivi, 46.
[58] Ivi, 34.
[59] Ivi, 153.
[60] Ivi, 35.
[61] Ivi, 36.

possibili operazioni (non soltanto nel senso di operazioni strettamente logiche, ma anche non logiche come lo sono la descrizione, formulazione di problemi, ipotesi, deduzioni dalle implicazioni, in pratica così come ha fatto la scienza moderna), da cui si possano derivare le regole per l'agire in situazione.

In connessione con questa peculiare descrizione del metodo, la prima volta che incontriamo il termine «evidenza» è nell'elenco delle operazioni nello schema. Qui l'evidenza viene posta come oggetto delle azioni verbali *disporre in ordine* e *pesare*, quindi si riferisce ai dati esterni al soggetto, il quale è chiamato, appunto, a soppesare e a fare ordine, affinché la presenza esterna divenga un dato psicologico interno al soggetto, chiamato ad operare in modo conscio. Anche ad Halifax Lonergan aveva nettamente precisato che tale processo di soppesamento o bilanciamento, che avviene nei giudizi, è un caratteristico modo di procedere per trovare l'evidenza degli asserti[62], così come si fa, ad esempio, nei tribunali, dove il giudice soppesa l'evidenza delle prove emerse, in vista della sentenza. Tuttavia, non basta dire "è così/non è così", per afferrare la «sufficienza dell'evidenza», in quanto, per afferrarla davvero, non si può tirare a indovinare, oppure aderire ad un giudizio avventato[63]. Le operazioni nello schema – una vera e propria «roccia» nella coscienza, date nella coscienza indipendentemente dalle revisioni a cui potranno essere soggette e che non potranno riguardare altro che lo schema (mentre il dinamismo della coscienza rimane fermo) – sono elencate così: «vedere, udire, toccare, odorare, gustare» (si tratta dei cinque sensi esterni della tradizione filosofica); «indagare, immaginare, capire, concepire, formulare, riflettere, disporre in ordine e pesare l'evidenza, giudicare, deliberare, valutare, decidere, dire, scrivere»[64]. Si rammenti, che quando la coscienza mette in ordine l'evidenza, siamo già al cosiddetto livello *razionale* di coscienza e di intenzionalità, che accade nei pensanti quando il contenuto dell'atto di capire viene considerato in se stesso, soltanto come un'idea brillante: «C'è il livello *razionale* sul quale

---

[62] B.J.F. LONERGAN, *Comprendere e Essere. Le lezioni di Halifax su Insight*, ediz. italiana a cura di N. Spaccapelo – S. Muratore, Città Nuova Editrice, Roma 1993, 147.
[63] Ivi, 147-151.
[64] J.B.F. LONERGAN, *Il Metodo in Teologia*, 37.

noi riflettiamo, individuiamo e disponiamo in ordine l'evidenza, emettiamo il giudizio sulla verità o falsità, sulla certezza o probabilità, di un'asserzione». A questo livello della razionalità, se oggettiviamo il contenuto dell'intendere razionale, «formiamo i concetti trascendentali del vero e del reale»[65].

Nel primo capitolo dello scritto metodologico, incrociamo anche il termine «certezza», laddove Lonergan riflette sulle affinità e differenze tra animali superiori e soggetto umano. Qui rimarca che l'io più pieno, rispetto agli animali non umani, è conscio riflessivamente; a questo livello «si sottomette ai criteri della verità e della certezza»[66], in quanto la mira è quella di determinare *che cosa è/o non è così*. Nel prosieguo del volume, non troveremo mai una trattazione *ex professo* sull'evidenza, ma essa sarà qui e là invocata, sempre in relazione al soppesare l'evidenza, per esempio allo scopo di affermare che questo è probabilmente è così e quello probabilmente non è così. *Evidenza*, in definitiva, nel Metodo proposto dal Canadese, ha a che fare con il «soppesare»: un compito proprio della ragione, la quale emette appunto dei «giudizi esattamente in conformità con l'evidenza raggiunta»[67], lavorando sulla base di una ragione sufficiente, anche se non ha ancora formulato il relativo principio logico di "ragion sufficiente" (*nihil est sine ratione sufficienti*).

Si rammenti che il metodo trascendentale è parte costitutiva di ogni altro metodo delle discipline speciali, compresa la teologia, anzi è parte costitutiva del metodo speciale proprio della teologia, essendo il campo trascendentale un campo illimitato[68], che consiste, anche in teologia come in ogni altra disciplina, nello «spiegamento concreto e dinamico della attenzione, intelligenza, ragionevolezza e responsabilità umana»[69]. Non viene celato da Lonergan l'intento di voler creare una «unificazione della scienza»[70], nel senso che egli ritiene di offrire la componente

---

[65] Ivi, 42.
[66] Ivi, 40.
[67] Ivi, 48.
[68] Ivi, 54-55.
[69] Ivi, 55.
[70] Ivi, 55.

antropologica di base per ogni ambito disciplinare, in ultima istanza coincidente col funzionamento stesso della mente umana in quanto tale. Trattando della specializzazione funzionale detta «interpretazione», il metodologo ritorna sull'evidenza dal punto di vista del significato di un testo o di certe parole: un problema, questo, comune agli esegeti del testo sacro. In merito, il Canadese parla di significato evidente di un testo nel senso che «il significato... è ovvio perché tanto l'autore che l'interprete capiscono la stessa cosa nello stesso modo»[71]. È significativo questo ritornare sul tema dell'evidenza all'interno dell'esame della specializzazione funzionale della «storia» (qui viene tratteggiata «quale insieme e quale sequenza di operazioni assicurano l'adempimento di questo compito»[72]). Nella prospettiva della conoscenza storica, a cui viene dedicato il Capitolo VIII della Parte Seconda, si ripresenta il tema del *soppesamento* delle fonti da parte dello storico, svolto in maniera da poter passare da una conoscenza frammentaria dei fatti alla «conoscenza del processo come un tutto»[73]. Si tratta, infatti, di scoprire, nelle tante facce frammentarie di attestazioni e documenti, la testimonianza, o meglio «l'evidenza della testimonianza»[74], la quale consenta di andare al di là dei dati in quanto percettibili (evidenza potenziale), al di là dei dati in quanto percettibili e capiti (evidenza formale), fino ad approdare ai «dati in quanto percettibili, capiti e fondanti un giudizio razionale», che «sono l'evidenza attuale»[75]. Così si esce dalle supposizioni e dalle prospettive che si avevano prima d'iniziare l'indagine storiografica e storica, in modo che i dati ulteriori maturati suggeriscano le domande successive da porre: si tratta di un processo cumulativo, ovvero di un capire che va crescendo e che, scoprendo dell'evidenza in ogni nuovo atto di intelligenza, rimuove se stesso dalle proprie prospettive anteriori, sceglie/respinge dati ed aggiunge qualcosa al quadro che si era in precedenza formato. Alla fine del lungo ed articolato processo, «se, alla luce delle conoscenze degli

---

[71] Ivi, 189.
[72] Ivi, 224
[73] Ivi, 216.
[74] *Ibidem*.
[75] Ivi, 217.

storici, non ci sono più domande pertinenti, allora lo storico può dire che, per quanto gli consta, la questione è chiusa»[76]. Siamo davvero giunti al punto in cui l'evidenza formale diventa *evidenza attuale*, ovvero consapevolezza della possibilità di una storia oggettiva, o anche dell'esistenza di una quantità di cognizioni storiche accertabile oggettivamente.

Anche la specializzazione «dialettica», Capitolo X, nella parte in cui esamina la dialettica come metodo, parla nuovamente dell'evidenza. Essa viene qui descritta come il modo mediante il quale i ricercatori, accettando o smentendo le altre posizioni, non fanno altro che fornire l'un l'altro l'evidenza per giudicare se essi personalmente hanno raggiunto o no l'autotrascendenza.

5. Conclusione

Le istanze metodologiche dell'evidenza e della certezza vengono gestite da Lonergan all'interno delle tradizionale, e controversa, discussione genosologico-critica contemporanea che, nel corso del Novecento, si apre sia al filone della filosofia scolastica (in particolare delle sue discipline di logica maggiore, di gnoseologia e di dottrina della conoscenza); sia al filone della grande cesura comportata, rispetto alla modernità scolastica, dalla teoria critica trascendentale kantiana (che viene comunque ritenuta un passaggio obbligato per chiunque intenda fornire una base solida e certa per i processi del comprendere); sia, infine, all'apporto di J.H. Newman a questa discussione, di cui Lonergan ritiene legittimamente un "classico" – relativamente all'atto di giudizio – la *Grammatica dell'assenso*[77]. Quella del Canadese, tuttavia, rimane un'istanza, per così dire, oltre-grammaticale e oltre-gnoseologica, nel senso che si propone di trovare ciò che è rilevante, centrale, essenziale – e questo si trova peculiarmente nella soggettività, che aderisce-assentisce a quanto viene proposto dal mondo di fuori

---

[76] Ivi, 221.
[77] B.J.F. LONERGAN, *Comprendere ed Essere*, 144. Cf J. H. NEWMAN, *Grammatica dell'assenso*, trad. di L. Erbifori – B. Gallo, B. Gallo, ed., Introduzione di L. Obertello, Jaca Book, Milano 2005.

(anche questa era una dottrina consolidata in ambito scolastico) – , fino a giungere a *soppesare* l'evidenza, cioè a valutarne la *sufficienza*. Detto altrimenti, lo scopo è quello di proporre come l'essere umano debba, razionalmente (e non irrazionalmente) procedere[78], fino ad approdare all'*insight* dell'incondizionato, sia in senso formale – ciò che è senza alcuna condizione, quindi è Dio – sia in senso virtuale, laddove l'incondizionato ha delle condizioni, ma esse sono realizzate[79].

Nell'infinito circolo dei giudizi trovati dalla mente umana, c'è uno stadio in cui le intellezioni diventano invulnerabili *in sé*, anche se a me si presentassero ancora delle ulteriori domande[80]. Uno stadio che non lascia più alcun dubbio residuo, anche se «non è facile determinare con una regola generale quando si raggiunge l'intellezione invulnerabile»[81]. Insomma, si può, si deve, arrivare «a un punto in cui tutto ciò che succede è compreso, più o meno, all'interno dello stesso schema»[82]. Quando la mente afferra la *sufficienza dell'evidenza* – ecco un vero e proprio criterio di metodo generalizzato – , essa non può non emettere il giudizio; difatti, l'essere umano «viene meno alla sua razionalità se afferra la sufficienza dell'evidenza e non giudica. Ma egli viene meno alla sua razionalità anche quando non ha l'evidenza sufficiente e, nondimeno, giudica»[83].

Il momento di *assolutezza* – che si manifesta nella verità di un giudizio –, anche se collegato al giudizio, non si riduce mai soltanto ad un giudizio, pena il relativismo (se nessun giudizio umano è eterno, non c'è alcuna verità umana eterna), ma ha sempre un riferimento nel "fatto" avvenuto storicamente (se Cesare ha attraversato il Rubicone in un determinato tempo, allora nessuno potrebbe dire in eterno che egli non l'abbia fatto)[84]. L'assolutezza incondizionata, del resto, non caratterizza né i giudizi storici, né i giudizi delle scienze empiriche, in quanto anche queste hanno sempre un'eventuale ipotesi ulteriore, fuori

---

[78] B.J.F. LONERGAN, *Comprendere ed Essere*,147.
[79] Ivi, 154-155.
[80] Ivi, 160.
[81] Ivi, 160.
[82] Ivi, 159.
[83] Ivi, 148.
[84] Ivi, 153.

del campo nel quale attualmente si stanno muovendo[85]. Non caratterizza neppure i giudizi di tipo analitico e matematico, anche se in matematica è dato, comunque, di approdare a dei principi denominati «seriamente analitici»[86], nel senso che «una qualche parte della teoria – o una qualche approssimazione a quello» che il matematico «sta pensando – può essere mostrata in giudizi concreti di fatto»[87], benché sia dato anche qui un possibile processo all'infinito. Il metodo può, invece, portare ad esplicitazione una «metafisica latente» della mente (caratterizzata, quindi, da stabilità e perennità). Ecco perché la metafisica non si trova in un libro, bensì in una mente che, attraverso un metodo – cioè attraverso un insieme di direttive che servono a guidare un procedimento verso un risultato – , s'incammina verso il risultato verso cui tende, che è appunto la «metafisica esplicita»: tale metafisica consiste in una indicazione simbolica della sfera totale dell'esperienza possibile, in un insieme di atti d'intelligenza che unificano tale esperienza, e in un intendimento del virtualmente incondizionato, che risulti in una affermazione ragionevole della visione unificata. Ora, fra il punto di partenza di un'indagine ed il suo approdo finale, c'è appunto il *metodo* che, in metafisica, è stato variamente definito: ora come deduzione, ora come dubbio universale, ora come empirismo che osserva soltanto i fatti significanti, ora come eclettismo del senso comune, ora come dialettica hegeliana, ora come estensione del metodo scientifico. Per Lonergan, attraverso un metodo generalizzato, si può rendere esplicita la metafisica latente di qualunque mente umana quando si mette in ricerca: il primo passo consisterà nello stabilire gli elementi di tale metafisica che voglia essere una struttura euristica integrale dell'essere proporzionato. Di qui, tuttavia, anche una possibile tensione dialettica tra MEG, inteso come eventuale generalizzazione di metodologie di singole scienze (sia naturali che sociali e antropiche, sia pedagogiche che teologiche), e MEG inteso come teoria epistemologica generale, di cui ciascuna intelligenza umana sarebbe in grado di appropriarsi, per ricavarne strutture e livelli di procedura evidenti, applicabili poi nelle

---

[85] Ivi, 163-164.
[86] Ivi, 167.
[87] Ivi, 168.

singole discipline, fino a far diventare, tuttavia, queste ultime dei veri e propri *saperi regionali* rispetto ad un più vasto *sapere generale* garantito dal metodo generalizzato.

I singoli e diversificati metodi delle varie discipline specialistiche, che Lonergan conosce e di alcune – come la matematica, l'economia, la storiografia, le scienze umane, la teologia – è sempre più riconosciuto qualificato cultore e studioso, sarebbero quindi da ritenere soltanto delle specifiche istanze settoriali di un più ampio MEG[88], praticabile a monte, per così dire, di qualunque altra disciplina.

---

[88] G.B. SALA, «Aspetti filosofici de *Il Metodo in Teologia* di B. Lonergan», *La Civiltà Cattolica* vol. 124, 1973, 329-341. Si ricordi che anche in *For a New Political Economy*, CWL 2, University of Toronto Press, Toronto 1998, il Canadese dedicava già nel 1942 una nota sul metodo tipico della sua riflessione economica. Proprio al n°. 3 del Capitolo introduttivo, con non poche inflessioni di tipo *generalista*, egli dichiara, infatti, di non voler affrontare i temi della ricchezza o del valore, della domanda e dell'offerta, dei livelli e delle configurazioni del prezzo, del capitale e del lavoro..., cioè di non voler discutere le questioni economiche particolari sul piano storico (come facevano a quel tempo le scienze economiche specialistiche), bensì di voler portarsi su di un piano più generale, per conseguire risultati più generali, che implicano necessariamente anche le questioni particolari. Inoltre, la natura della generalizzazione consente d'introdurre una prospettiva radicalmente nuova, che corrisponde alla natura stessa del metodo: il metodo, infatti, è essenzialmente l'aggiustamento di un mezzo in funzione di un fine e il fine dell'opera è quello di una comparazione tra le attitudini medievali, classiche e totalitarie nei confronti dell'ambito economico, allo scopo di render conto degli elementi fattuali rilevanti dimenticati dall'economia politica e dalla scienza economica specialistica. Circa questi aspetti, cf. L. ARMANDO, *Elementi di Etica Economica in Bernard Lonergan: Introduzione metodologica*, Presentazione di N. Spaccapelo, Luciano Armando, Cagliari 2003.

Tavola delle sigle e delle abbreviazioni

ASS: Acta Sanctae Sedis
cap.: capitolo
capp.: capitoli
cf.: confronta
CWL: Collected Works of Lonergan
ecc/etc: *et cetera*
ed.: curatore/curatori
ediz.: edizione
Ediz.: Edizioni
Éd.: Éditions
Engl.: English
fasc.: fascicolo
Ibid.: *Ibidem*
ID.: IDEM
Insight: *Insight Uno studio del comprendere umano*
Lez.: Lezione
MEG: Metodo Empirico Generalizzato
Method: *Method in Theology*
n.: nota
n°.: numero
OBL: Opere di Bernard J. F. Lonergan
or.: originario
RED.: Redazionale
revis.: revisione
sec.: secolo
s.: seguente
ss.: seguenti
trad.: traduzione
trans.: translation
vol.: volume
voll: volumi

BIBLIOGRAFIA

1. Opere di B. Lonergan

Vengono qui indicati solamente i libri e gli articoli citati nelle note del presente volume, talora accompagnati dal riferimento a plurime edizioni, allorché si è ritenuto opportuno esplicitarle; ad esse si è unita contestualmente l'indicazione delle traduzioni italiane attualmente disponibili. L'ordine cronologico è stato evidenziato per favorire la collocazione dei testi nelle fasi di sviluppo del pensiero di Lonergan.

1928 «The Form of Mathematical Inference»; «The Syllogism», in ID., *Shorter Papers*, R.C. Croken, R.M. Doran, H.D. Monsour, ed., CWL 20, University of Toronto Press, Toronto 2007, 3-12;13-33.

1940 *Gratia Operans. A Study of the Speculative Development in the Writing of St. Thomas of Aquin* in «Grace and Freedom: Operative Grace in the Thought of St Thomas Aquinas», F.E. Crowe – R.M. Doran, ed., CWL 1, University of Toronto Press, Toronto 2000, Part Two, 151-450.

1940-1944 *For a New Political Economy*, Ph. J. McShane, ed., CWL 21, University of Toronto Press, Toronto 1998; ediz.. italiana a cura di M. Tomasi, *Studi di Economia. Primi saggi*, OBL 21, Città Nuova, Roma 2013.

1946-1949 «The Concept of *Verbum* in the Writings of St Thomas Aquinas», *Theological Studies* 7 (1946) 349-392; 8 (1947) 35-79, 404-444; 10 (1949) 3-40, 359-393.

_____*Verbum: Word and Idea in Aquinas*, D.B. Burrell, ed., University of Notre Dame Press, Notre Dame 1967 – Darton, Longman&Todd, London 1968.

_____ *Verbum: Word and Idea in Aquinas*, F.E. Crowe – R.M. Doran, ed., CWL 2, University of Toronto Press, Toronto 1997; ediz. italiana a cura di N. Spaccapelo – S. Muratore, *Conoscenza e interiorità. Il Verbum nel pensiero di S. Tommaso*, OBL 2, Città Nuova, Roma 2004.

1955 «Isomorphism of Thomist and Scientific Thought» in ID., *Collection*, F.E. Crowe – R.M. Doran, ed., CWL 4, University of Toronto Press, Toronto 1988², 133-141.

1957 *Insight. A Study of Human Understanding*, Longmans, Green & Co. – Philosophical Library, London – New York 1957.

_____ *Insight. A Study of Human Understanding*, E. Crowe – R.M-Doran, ed., CWL 3 University of Toronto Press, Toronto 1992; ediz. italiana a cura di S. Muratore – N. Spaccapelo, *Insight. Uno studio del comprendere umano*, OBL 3, Città Nuova, Roma 2007.

1958 *Understanding and Being*, E.A. Morelli – M.D. Morelli, ed., CWL 5, University of Toronto Press, Toronto 1999; ediz. italiana a cura di N. Spaccapelo – S.Muratore, *Comprendere e Essere*, OBL 5, Città Nuova, Roma 1993.

1958 «*Insight*. Preface to a Discussion», in ID., *Collection*, F.E. Crowe-R.M. Doran, ed., CWL 4, University of Toronto Press, Toronto1988², 142-152.

1959 *De Intellectu et Methodo*, Notae collectae et ordinatae ab aliquis auditoribus, F. Rossi de Gasperis – P.J. Cahill, ed., Romae 1959. in ID., *Early Works on Theological Method II*, R.M. Doran – H.D. Monsour, ed., CWL 23, «De Intellectu et Methodo» / «Understanding and Method», University of Toronto Press, Toronto 2013, 2-227.

1959 *Topics in Education. The Cincinnati Lectures of 1959 on the Philosophy of Education*, F.E. Crowe – R.M. Doran, ed., CWL 10, University of Toronto Press, Toronto, 1993; ediz. italiana a cura di N. Spaccapelo – S. Muratore, *Sull'Educazione. Le lezioni di Cincinnati del 1959 sulla «Filosofia dell'Educazione»*, Città Nuova, Roma 1999.

1959 «De Systemate et Historia», in ID., *Early Works on Theological Method II*, R.M. Doran – H.D. Monsour, ed., CWL 23, «De Systemate et Historia»/«System and History», University of Toronto Press, Toronto 2013, 230-313.

1960 «The Philosophy of History», in ID., *Philosophical and Theological Papers 1958-1964*, R.C. Croken – F.E. Crowe – R.M. Doran, ed., CWL 6, University of Toronto Press, Toronto 1996, 54-79.

1962 « De Methodo Theologiae», in ID., *Early Works on Theological Method 2*, R.M. Doran – H.D. Monsour, ed., CWL 23, «De Methodo

Theologiae» /«The Method of Theology», University of Toronto Press, Toronto 2013, 358-589.

1962 «Operations, the Subject, Objects, Method», in ID., *Early Works on Theological Method 1*, R.M. Doran – R.C. Croken, ed., CWL 22, University of Toronto Press, Toronto 2010, 3-29.

1962 «Time and Meaning», in ID., *Philosophical and Theological Papers* Toronto *1958-1964*, R.C. Croken, F.E. Crowe, R.M. Doran, ed., CWL 6, University of Toronto Press, 1996, 183-213.

1963 «The Method of Theology. Spring 1963: Editorial Reconstruction», in ID., *Early Works on Theological Method 3*, ed. R.M. Doran, H.D. Monsour, ed., CWL 24, University of Toronto Press, Toronto 2013, 3-86.

1963 «The Analogy of Meaning», in ID., *Philosophical and Theological Papers 1958-1964*, R.C. Croken – F.E.Crowe – R.M.Doran, ed., CWL 6, University of Toronto Press, Toronto 1996, 183-213.

1963-1964 «The Method of Theology. Fall and Winter 1963-64, Editorial Reconstruction», in ID., *Early Works on Theological Method 3*, ed. R.M. Doran, H.D. Monsour, ed., CWL 24, University of Toronto Press, Toronto 2013, 87-158.

1964 «Cognitional Structure», in ID., *Collection*, F.E. Crowe – R.M. Doran, ed., CWL 4, University of Toronto Press, Toronto 1988², 205-221; trad. italiana di G.B. Sala, «La struttura della conoscenza», in B. LONERGAN, *Ragione e fede di fronte a Dio. Il rapporto tra la filosofia di Dio e la specializzazione funzionale "sistematica"*, Giornale di Teologia 102, Queriniana, Brescia 1992, 79-103.

1964 «Existenz and Aggiornamento», in ID., *Collection*, F.E. Crowe-R.M. Doran, ed., CWL 4, University of Toronto Press, Toronto 1988², 222-231.

1964 *De Deo Trino. I. Pars Dogmatica, Romae, apud Aedes Universitatis Gregorianae*, 1964; *De Deo Trino.II.Pars Systematica, Romae, apud Aedes Universitatis Gregorianae*, in ID., *De Deo Trino. I. Pars Dogmatica*, a cura di D. Ronchitelli, *La Trinità/1. Parte Dogmatica: lo sviluppo dottrinale*, OBL 11, Città Nuova, Roma 2014.

____ B. LONERGAN, *The Way to Nicea: the Dialectical Development of Trinitarian Theology*, transl. by C. O'Donovan of the I Vol. of *De DeoTrino* (1964) Darton, Longman &Todd, London 1976.

1965 «Dimensions of Meaning», in ID., *Collection*, F.E. Crowe – R.M. Doran, ed., CWL 4, University of Toronto Press, Toronto 1988², 232-245; trad.italiana di G. B. Sala, «Dimensioni del significato», in B. LONERGAN, *Ragione e fede di fronte a Dio. Il rapporto tra la filosofia di Dio e la specializzazione funzionale "sistematica"*, Giornale di Teologia 102, Queriniana, Brescia 1977, 104-122.

1967 «The Dehellenization of Dogma», in ID., *A Second Collection*, W.F.J. Ryan – B.J. Tyrrel, ed., Darton – Longman & Todd, London 1974, 11-32.

1967 «Theories of Inquiry: Responses to a Symposium», in ID., *A Second Collection*, W.F.J. Ryan – B.J. Tyrrell, ed., University of Toronto Press, Toronto, 33-42.

1968 «The Future of Thomism», in ID., *A Second Collection*, W.F.J. Ryan – B.J. Tyrrell, ed., University of Toronto Press, Toronto 1974, reprinted 1996, 43-53.

1968 «The Subject» in ID., *A Second Collection*, W.F.J. Ryan – B.J. Tyrrell, University of Toronto Press, Toronto 1974, reprinted 1996, 69-86; trad. italiana a cura di V. DANNA, «Il soggetto», in ID., *Bernard Lonergan. Il metodo teologico, le scienze e la filosofia*, Effatà Editrice Torino 2006, 144-149.

1968 «Existential Crisis», in ID., *Shorter Papers*, R.C. Croken – R.M. Doran – H.D. Monsour, ed., CWL 20, University of Toronto Press, Toronto 2007, 258-262.

1970 «The Response of the Jesuit as Priest and Apostle in the Modern World», in ID., *A Second Collection*, W.F.J. Ryan – B.J. Tyrrel, ed., Darton – Longman & Todd, London 1974, 165-187.

1970 «Bernard Lonergan Responds II», in ID., *Shorter Papers*, R.C. Croken – R.M. Doran – H.D. Monsour, ed., CWL 20, University of Toronto Press, Toronto 2007, 275-281.

1971 «Religious Commitment», in J. PAPIN, ed., *The Pilgrim People: A Vision with Hope*, Villanova University Press, Villanova 1970, 58-60.

1971 «Doctrinal Pluralism», in ID., *Philosophical and Theological Papers 1965-1980*, R.C. Croken – R.M. Doran, ed., CWL 17, University of Toronto Press, Toronto 2004, 70-104; ed. italiana, *Il pluralismo dottrinale*, Presentazione di G.B. Sala, Edizioni Paoline, Catania 1977.

1972 *Method in Theology*, Darton Longman & Todd, London-New York 1972[1]; Herder and Herder 1972[1]; Darton Longman & Todd, London-New York 1973[2]; Herder and Herder 1973[2]; ediz. italiana a cura di G.B. Sala, *Il Metodo in Teologia* Queriniana, Brescia 1975[1], 1985[2].

____ *Method in Theology*, University of Toronto Press, Toronto 1990; ediz. italiana a cura di N. Spaccapelo – S. Muratore, *Il Metodo in Teologia*, OBL 12, Città Nuova, Roma 2001.

1972 «The Origins of Christian Realism», in ID., *A Second Collection*, W.F.J.Ryan – B.J.Tyrrell, ed., University of Toronto Press, Toronto 1974, reprinted 1996, 239-261.

1973 «Insight Revisited», in ID., *A Second Collection*, W.F.J. Ryan – B.J. Tyrrell, ed., University of Toronto Press, Toronto 1974, reprinted 1996, 263-278.

1973 «Merging Horizons: System, Common Sense, Scholarship», in ID., *Philosophical and Theological Papers 1965-1980*, R.C. Croken – R.M. Doran, ed., CWL 17, University of Toronto, Toronto 2004, 49-69.

1974 «The World Mediated by Meaning», in ID., *Philosophical and Theological Papers 1965-1980*, R.C. Croken – R.M. Doran, ed., CWL 17, University of Toronto, Toronto 2004, 107-118.

1974 «Self-Transcendence: Intellectual, Moral, Religious», in ID., *Philosophical and Theological Papers 1965-1980*, R.C. Croken – R.M. Doran, ed., CWL 17, University of Toronto Press, Toronto 2004, 313-331.

1975 «Healing and Creating in History» in ID., *A Third Collection*, F.E. Crowe, ed., Paulist Press – Geoffrey Chapman, New York/Mahwah – London, 1985; trad. italiana a cura di N. Spaccapelo e M. Tomasi, «Guarigione e creatività nella storia», *La Civiltà Cattolica* 2001 III 492 – 504.

1976 «Questionnaire on Philosophy», in ID., *Philosophical and Theological Papers 1965–1980*, R.C. Croken – R.M. Doran, ed., CWL 17, University of Toronto Press, Toronto 2004, 352-383.

1976 «The Ongoing Genesis of Methods», in ID., *A Third Collection*, F.E. Crowe, ed., Paulist Press – G. Chapman, New York-Mahwah-London 1985, 146-165.

1977 «Theology and Praxis», in ID., *A Third Collection*, F.E. Crowe, ed., Paulist Press – G. Chapman, New York-Mahwah-London 1985, 184-201.

1979 «Horizons and Transpositions», in ID., *Philosophical and Theological Papers 1965-1980*, R.C. Croken – R.M. Doran, ed., CWL 17, University of Toronto, Toronto 2004, 409-432.

1982 *Caring about Meaning. Patterns in the life of Bernard Lonergan*, P. Lambert – C. Tansey – C. Going, ed., Thomas More Institute Papers/82, Montreal, 1982.

1982 «Unity and Plurality. The Coherence of Christian Truth», in ID., *A Third Collection*, F.E. Crowe, ed., Paulist Press – G. Chapman, New York-Mahwah – London 1985, 239-250; trad. italiana, «Unità e pluralità: la coerenza della verità cristiana», in K.H. NEUFELD, ed., *Problemi e prospettive di teologia dogmatica*, Queriniana, Brescia 1983, 121-131.

2. Opere di altri autori

Vengono qui indicati solamente i libri e gli articoli citati nelle note del presente volume, appartenenti alla letteratura secondaria su Lonergan e alla bibliografia complementare.

ABBAGNANO, N., «Realismo e naturalismo», in ID., *Storia della filosofia*, vol. III, UTET, Torino 1982, 632-671.

AGAZZI, E., «Analogicità del concetto di Scienza. Il problema del rigore e dell'oggettività nelle Scienze umane», in V. POSSENTI, ed., *Epistemologia e Scienze umane*, Massimo, Milano, 1972, 57-76.

AGAZZI, E., «L'epistemologia contemporanea: il concetto attuale di scienza», in G. Galeazzi, ed., *Scienza e filosofia oggi*, Massimo, Milano 1980, 7-20.

AGAZZI, E. *Scienza e fede*, Massimo, Milano 1983.

AGAZZI, E. – MINAZZI – F. GEYMONAT, L., *Filosofia, scienza e verità*, Rusconi, Milano 1989.

AGOSTINO D'IPPONA, *La vera religione*, Introduzioni, traduzioni e note di G. Ceriotti – L. Alici – A. Pieretti, *Opera omnia* vol. VI/2, Città Nuova, Roma 1995.

AGOSTINO D'IPPONA, *La Trinità*, Introduzioni di A. Trapè, – M.F. Sciacca, trad. e note di G. Beschin, *Opera omnia*, vol IV, Città Nuova, Roma 1987.

AMALDI, U., «La seconda domanda di Leibniz e il Big Bang», in F. FACCHINI, ed., *Complessità, evoluzione, uomo*, Jaca Book, Milano 2011, 15-55.

Bibliografia

ARISTOTELE, *L'anima*, a cura di R. Laurenti, Laterza, Roma-Bari 2007.
ARISTOTELE, *Metafisica*, a cura di G. Reale, Bompiani, Milano 2000.
ARISTOTELE, *Categorie*, in ID., *Organon*, a cura di G. Colli, Adelphi, Milano 2003.
ARISTOTELE, *Analitici Secondi. Organon IV*, a cura di M. Mignucci, Laterza, Roma-Bari 2007.
ARMANDO, L., *Elementi di Etica Economica in Bernard Lonergan: Introduzione metodologica*, Presentazione di N. Spaccapelo, Luciano Armando, Cagliari 2003.
ARON, R., *La philosophie critique de l'histoire. Essai sur une théorie allemande de l'histoire*, Vrin, Paris 1938.
ARON, R., *Introduction à la philosophie de l'histoire. Essai sur les limites de l'objectivité historique*, Gallimard, Paris 1938.
BALZANI, V. – M. VENTURI, M., «Dall'atomo all'uomo: la complessità dalla chimica alla biologia», in FACCHINI, F., ed., *Complessità, evoluzione, uomo*, Jaca Book, Milano 2011, 79-100.
BARONE, F., ed., «*Neopositivismo e filosofia analitica*, in *Grande Antologia Filosofica*, vol. XXVII, Marzorati, Milano 1983, 1-71.
BARONE, F., *Il neopositivismo logico*, Laterza, Roma-Bari 1986.
BASTI, G., *Filosofia della Natura e della Scienza*, Vol. I *Fondamenti*, Lateran University Press, Roma, 2002.
BASTI, G., «Logica aletica, deontica e Ontologia formale: dalla verità ontica all'obbligo deontico», in G. BASTI – P. GHERRI, ed., *Logica e Diritto: tra argomentazione e scoperta*. Atti della Giornata Canonistica Interdisciplinare, Città del Vaticano, 2011, 105-270.
BEARDS, A., *Insigt and Analysis*, Continuum, New York-London 2010.
BECK, B., *L'abilità tecnica degli animali*, Boringhieri, Torino 1986.
BLONDEL, M., *L'azione. Saggio di una critica della vita e di una scienza della prassi*, ediz. italiana di S. SORRENTINO, S. Paolo, Cinisello Balsamo (Milano), 1998.
BONIOLO, G., – VIDALI, P., *Filosofia della scienza*, Mondadori, Milano 1999.
BONTADINI, G., «La posizione della neoscolastica nella filosofia contemporanea», *Rivista di Filosofia Neo-Scolastica*, 52 (1960), 115-156.
BUIATTI, M., *Le biotecnologie. L'ingegneria genetica fra biologia, etica e mercato*, Il Mulino, Bologna 2001.
BYRNE, P. H., «Lonergan's Philosophy of the Natural Sciences and Cri-

stian Faith in *Insight*», C. Taddei Ferretti ed., *Going Beyond Essentialism: Bernard J.F.Lonergan an Atypical Neo-Scholastic*, Istituto Italiano per gli Studi Filosofici, Napoli 2012, 81-99.

Capra, F., *La rete della vita*, Rizzoli, Milano 1997.

Carnap, R., «Testability and Meaning», *Philosophy of Science*, III, (1936) 420-471; IV (1937)1-40; trad.italiana «Controllabilità e significato», in Id., *Analiticità, significanza, induzione* a cura di A. Meotti e M. Mondadori, Bologna 1971, 151-261.

Carnap, R., *Logical Foundations of Probability*, University of Chicago Press, Chicago 1950, 1962².

Cartesio, M*editazioni metafisiche*, ediz. italiana a cura di L. Urbani Ulivi, Rusconi, Milano 1998.

Cartesio, R., *Meditazioni metafisiche*, ediz. italiana a cura R. De Biase-S. Principe, Prefazione e Introduzione di F. Lomanaco, Fridericiana Editrice Universitaria, Napoli 2010.

Cartesio, *Discorso sul metodo*, ediz. italiana a cura di di L. Urbani Ulivi, Rusconi, Milano 1997.

Descartes, R., *Discours de la méthode pour bienconduire sa raison, et chercher la veritédanslesSciences*, in Id., *Œuvres de Descartes*, C. Adam – P. Tannery, ed., VI, Paris, 1897-1913; trad. italiana L. Urbani Ulivi, ed., *Cartesio. Discorso sul metodo*, 4 ed., Bompiani, Milano, 2008.

Cassirer, E., *Filosofia delle forme simboliche*, voll.1-3, trad.italiana di E. Arnaud, La Nuova Italia, Firenze 1996.

Cassirer, E., *Saggio sull'uomo*, trad. italiana di C. D'Altavilla, Armando, Roma 2005⁷.

Cassirer, E., *Storia della filosofia moderna*, trad. italiana di A. Pasquinelli, Einaudi, Torino 1968, vol. 4,

Castelfranchi, Y. – Pitrelli, N., *Come si comunica la scienza?*, Laterza, Roma-Bari 2007.

Cellucci, C., *Le ragioni della Logica*, Laterza, Roma-Bari, 1998.

Chisholm, R., «The Structure of Intention», *The Journal of Philosophy*, 67 (1970), 633-647.

Coelho, I., *Hermeneutics and Method: the "Universal Viewpoint" in Bernard Lonergan*, University of Toronto Press, Toronto 2001.

Concolino, D., *La parola incapace. Uno studio su fenomenologia e religione in Jean-Luc Marion*, Rubbettino, Soveria Mannelli 2013.

CRESPI, F., *Identità e riconoscimento nella sociologia contemporanea*, Laterza, Roma-Bari 2004.

CROCE, B., Recensione a F. MEINECKE, *Aforismi e schizzi sulla storia*, Liguori, Napoli 2006, in *La Critica* 31 (1933) 210-211.

CRONIN, T.J., *Objective Being in Descartes and in Suárez*, Gregorian University Press, Rome 1966.

CROWE, F.E., *Bernard J.F. Lonergan. Progresso e tappe del suo pensiero*, trad. italiana di G. Bonetti, revis. di L. Armando e N. Spaccapelo, Città Nuova Editrice, Roma 1995.

CROWE, F. E., ed., *Spirit as Inquiry: Studies in Honor of Bernard Lonergan*, St. Xavier College, Chicago 1964.

COMMISSIONE TEOLOGICA INTERNAZIONALE, *L'unità della fede e il pluralismo teologico*, 1972.

D'AGOSTINI, F., *Realismo? Una questione non controversa*, Bollati Boringhieri, Torino 2013.

DANNA, V., *Percorsi dell'intelligenza*, Effatà, Cantalupa (Torino) 2003.

DANNA, V., «Insight. Uno studio del comprendere unano: epistemologia per un'integrazione dei saperi», in ID., *Bernard Lonergan. Il metodo teologico, le scienze e la filosofia*, Effatà, Cantalupa (Torino) 2006, 27-43.

DANNA, V., «I bisogni etici della scienza nel post-moderno», *Archivio Teologico Torinese*, 14 (2008) 57-60.

DANNA, V., – PIOLA, A., «Un grande disegno senza Dio?», *Rassegna di Teologia*, 53, (2012) 625-639.

DAWKINS, R., *L'orologiaio cieco*, Mondadori, Milano 2003.

DAWKINS, R., *Il gene egoista*, Mondadori, Milano 1992.

DAWKINS, R., *Alla conquista del monte improbabile. L'incredibile avventura dell'evoluzione*, Mondadori, Milano 2003.

DE CARO, M. – FERRARIS M., *Bentornata realtà. Il nuovo realismo in discussione*, Einaudi, Torino 2012.

DE DUVE, C., *Come evolve la vita*, Raffaello Cortina, Milano 2003.

DE SANTIS, C., *Coscienza e soggetto. B. Lonergan e l'ermeneutica dell'interiorità*, Città Nuova, Roma 2013.

DEVITT, M., *Realism and Truth*, Princeton University Press, Princeton 1997.

DI LERIN, V., , *Commonitorium*, in R. DEMEULENAERE, ed., in *Corpus Christianorum series latina*, n°. 64, Turnhout, 1985.

DILTHEY, W., «La costruzione del mondo storico», in ID., *Critica della ragione storica*, trad.italiana di P. Rossi, Einaudi, Torino 1954².

DILTHEY, W., *Pattern and Meaning in History*, a cura di H.P. Rickman, Harper & Row, New York 1962.

DONADIO, F., «Presentiamo un libro: F. Tessitore, *La religione dello storicismo*», in *Rassegna di Teologia* 54 (2013), 160.

DRAKE, D. – LOVEJOY, A.O. – PRATT, J.B, – ROGERS, A.K. – SANTAYANA, G. SELLARS, R.W. DUMMETT, M., *Thought and Reality*, Oxford University Press, Oxford 2006.

DUMMETT, M., *Origins of Analytical Philosophy*, Gerald Duckorth, London-New York, 1988; tr. italiana di E. Picardi, *Le origini della filosofia analitica*, Einaudi, Torino 2001.

DUMMETT, M., *Truth and the Past*, Columbia University Press, New York 2004; trad. italiana di E. Paganini, *Verità e passato*, Raffaello Cortina Editore, Milano 2006.

ECO, U., «Realismo negativo» in M. De Caro – M. Ferraris, *Bentornata realtà. Il nuovo realismo in discussione*, Einaudi, Torino 2012, 91-112.

EDWARDS, S., «The Realism of Aquinas», in *New Scholasticism*, LIX (1985) 79-101.

REDAZIONE, «Giudizi analitici e sintetici», in *Enciclopedia Filosofica*, FONDAZIONE CENTRO STUDI FILOSOFICI DI GALLARATE, Milano, 2006, 4823.

ERCOLANI, A.P. – ARENI A. – MANNETTI, L., *La ricerca in Psicologia*, Roma, 1990.

ESPOSITO, C., «Introduzione», in F. SUAREZ, *Disputazioni metafisiche*, C. Esposito, ed., Bompiani, Milano 2007, 7-39.

FACCHINI, F., *Le origini dell'uomo e l'evoluzione culturale*, Jaca Book, Milano 2006.

FANO, V., *Comprendere la scienza. Un'introduzione all'epistemologia delle scienze naturali*, Liguori Editore, Napoli 2005.

FERRAGUTI, M., – CASTELLACCI, C., *Evoluzione, modelli e processi*, Pearson, Milano 2011.

FERRARIS, M., *Manifesto del nuovo realismo*, Laterza, Roma-Bari 2012.

FEYNMANN, R., *Il senso delle cose*, trad. italiana di L. Servidei, Adelphi, Milano 2004.

FICHTE, J.G., *Fondamento dell'intera dottrina della scienza*, trad. italiana a cura di G. Boffi, Bompiani, Milano 2003.
FIDELIBUS, G., «Realismo critico e critica della conoscenza nella filosofia di J. Maritain», *Sapienza*, 37 (1984) 3-28.
FINAMORE, R., *B. Lonergan e l'Education: «L'alveo in cui il fiume scorre»*, Editrice PUG, Roma 1998.
FINAMORE, R., «Il nucleo vitale dell'*education*: gli scritti dal 1949 al 1976», in P. TRIANI, ed., *Sperimentare, conoscere, decidere*, Berti, Piacenza 2001, 91-141.
FINAMORE, R., «Lonergan incompreso», Nota, *Gregorianum*, 84 (2003), 696-700.
FINAMORE, R., «The Centrality of Consciousness», *The Lonergan Review*, I, (2009), 44-63.
FINAMORE, R., «Ritratti e prospettive speculative per una razionalità aperta, dialogica, creativa», in TADDEI-FERRETTI, C. ed., *Scienza cognitiva. Un approccio interdisciplinare*, Il Pozzo di Giacobbe, Trapani 2011, 203-244.
FINAMORE, R., «Intentionality, Constitutive Dimension of Knowledge in Bernard Lonergan» in C. TADDEI-FERRETTI, ed., *Going Beyond Essentialism: Bernard J.F.Lonergan an Atypical Neo-Scholastic*, Istituto Italiano per gli Studi Filosofici, Napoli 2012, 57-79.
FINAMORE, R., «*Insight* o dell'intellezione: un atto-evento da scoprire», in P. TRIANI, ed., *L'antropologia di Bernard Lonergan*, AIMC, Roma 2012, 169-185.
FORNERO, G., «Evidenza», in N. ABBAGNANO, *Dizionario di Filosofia*, UTET, Torino, 1998[3], 449.
FRY, I., *L'origine della vita sulla terra*, Garzanti, Milano 2005.
GADAMER, H.-G., *Il problema della coscienza storica*, ed., di V. Verra, Guida, Napoli 1974[2].
GADAMER, H.-G., *Verità e Metodo*, trad. italiana di G. Vattimo, Bompiani, Milano 1989[6].
GALVAN, S., *Logiche intensionali. Sistemi proposizionali di Logica modale, deontica, epistemica*, Angeli, Milano, 1991.
GALVAN, S., *Logica deontica e sue applicazioni*, in G. BASTI – P. GHERRI, ed., *Logica e Diritto: tra argomentazione e scoperta*, Atti della Giornata Canonistica Interdisciplinare, Città del Vaticano, 2011, 102-103.

GARGANTINI, M., «Divulgazione, I. L'impatto della divulgazione scientifica sulla cultura contemporanea», in TANZELLA-NITTI, G – STRUMIA, A., ed., *Dizionario Interdisciplinare di Scienza e Fede: cultura scientifica, filosofia e teologia*, Urbaniana University Press – Città Nuova, Roma 2003, vol. 1, 425-427.

GEYMONAT, L., «Prefazione», in C.P. SNOW, *Le due culture*, trad. italiana di A. Carugo, Feltrinelli, Milano, 1959, I-XIV.

GEHLEN, A., *L'uomo nell'età della tecnica*, trad. italiana di A. Burger Cori, Sugarco, Milano 1984.

GHERRI, P., «Questioni gnoseologiche ed epistemologiche nella Scienza 'ecclesiastica' del XX secolo», *Ricerche teologiche*, XIX (2008) 95-148.

GHERRI, P., *Ricerca scientifica umanistica*, auto-edizione, Reggio Emilia, 2011.

GHERRI, P., «Bilancio canonistico», in ID., ed., *Linguaggi e concetti nel Diritto*, Atti della VII Giornata Canonistica Interdisciplinare, Città del Vaticano, 2013, 335-337.

GHERRI, P., *La ricerca a Baiso*, in ID., ed. «Bizantini, Baiso e dintorni. Rievocazione popolare e ricerca storica», *Strenna del Pio Istituto Artigianelli*, XXII (2013) 21-22.

GHERRI, P., «Tommaso 'fonte' al Concilio Vaticano II. Primo approccio alle sue citazioni», in *Concilio Vaticano II. Studi e Ricerche*, VII (2013) 2, 229-259.

GHERRI, P. *Canonistica, Codificazione e Metodo*, Città del Vaticano, 2007.

GILBERT, P., «L'inventio della quaestio tra la cogitatio e l'intellectio», in GILBERT, P. – SPACCAPELO, N., ed., *Il Teologo e la Storia. Lonergan's Centenary (1904-2004)*, Edirice Pontificia Università Gregoriana, Roma 2006, 197-216.

GILSON, E., *Il tomismo. Introduzione alla filosofia di san Tommaso d'Aquino*, a cura di C. – F. Marabelli, Jaca Book, Milano 2011.

GILSON, E., *Le réalisme méthodique*, Pierre Tèqui, Paris 1935; trad. italiana di A. Livi – A. Mendosa, *Il realismo. Metodo della filosofia*, Leonardo da Vinci, Roma 2008.

GILSON, E., *L'être et l'essence*, Vrin, Paris 1948; trad. italiana di. L. Frattini – M. Roncoroni, ed. *L'essere e l'essenza*, Editore Massimo, Milano 1988.

GILSON, E., *Réalisme thomiste et critique de la connaissance*, Librairie philosophique J. Vrin, Paris 1983; trad. italiana e commento a cura di A.

Livi, *Il realismo, metodo della filosofia*, Introduzione storica di M.A. Mendosa, Leonardo da Vinci, Roma 2008.

GILSON, E., *Realismo tomista e critica della conoscenza*, trad. italiana di M. Paolini Paoletti, Studium, Roma 2012.

GIORDANO, M., *I riduzionismi anticonoscitivi e antiscientifici. Il ruolo dell'epistemologo professionista nella ricerca sul campo*, Franco Angeli, Roma 2011.

GIUSTINIANI, P., «Storia e storicità. Realismo critico e ricostruzione del passato in B.J.F. Lonergan», in P. TRIANI, ed., *L'antropologia di Bernard Lonergan. Educazione, valori e cambiamento*, AIMC, Roma 2012, 203-231.

GRANESE, A., *G.E. Moore e la filosofia analitica inglese*, La Nuova Italia, Firenze 1970.

GRECO, P., *Evoluzioni*, CUEN, Napoli 1999.

GUGLIELMI, G., *B.J.F.Lonergan tra tomismo e filosofie contemporanee. Coscienza, significato, linguaggio*, Editrice Domenicana Italiana, Napoli 2011, 69-105.

GUGLIELMI G., «Il mondo mediato dal significato. Considerazioni in margine al pensiero di B. Lonergan», *Rassegna di Teologia*, 3 (2014) 377-396.

HAMILTON, W., *Lectures on Metaphysics and Logic*, Blachwood, Edinburg 1859.

HARDCASTLE, G.L. – RICHARDSON, A.W., ed., *Logical Empiricism in North America*, Minnesota Studies in the Philosophy of Science XVIII, University of M. Press, Minneapolis (MN) 2003.

HAW, M., *Nel mondo di mezzo. Il modo browniano tra materia e vita*, trad. italiana, Zanichelli, Bologna 2008.

HEGEL, G.W.F., *Fenomenologia dello Spirito*, trad. italiana di E. De Negri, Edizioni di Storia e Letteratura, Roma 2008.

HEGEL, G.W.F., *Lineamenti di Filosofia del Diritto*, Prefazione, coll. *I classici del pensiero*, n° 70, Mondadori, Milano, 2009.

HEITLER, W., *Causalità e teleologia nelle scienze della natura*, Boringhieri, Torino 1967.

HELEN, J. J., *The Thomist Spectrum*, Fordham University Press, New York, 1966.

HERBART, J.F, *Einleitung in die Philosophie*, Reimer, Berlin 1831, trad. italiana di G. Marpillero, *Introduzione alla filosofia. Preliminari e logica*, Principato, Milano 1936.

HEUSSI, K., *Die Krisis des Historismus*, Mohr, Tübingen 1932.
HOHMANN, E., «*Analogia entis – analogia lucis*», *Wissenschaft und Wiesheit*, III (1936) 218-227.
HOLT, E.B.- MARWIN, W.T. – MONTAGUE, W.P. – PERRY, R.B. – PITKIN, W.- SPAULDING, G.E., *The New Realism*, Macmillann Co., New York 1912.
HORN, S. -WIEDENHOFER, S., ed., *Creazione ed evoluzione*, EDB, Bologna 2007.
HÜNERMANN, P., *Der Durchbruch geschichtlichen Denkensim 19. Jahrhundert*, Herder, Freiburg-Basel-Wien 1967.
HUSSERL, E., *La Filosofia come scienza rigorosa*, trad italiana di C. Sinigaglia, Laterza, Roma-Bari, 2010.
HUSSERL, E., *La crisi delle scienze europee e la fenomenologia trascendentale*, trad. italiana E. Filippini, Prefazione di Enzo Paci, il Saggiatore, Milano 1997.
HORN, S. -WIEDENHOFER, S., ed., *Creazione ed evoluzione. Un convegno con papa Benedetto XVI a Castel Gandolfo*, EDB, Bologna 2007.
IOANNES PAULUS II, Litterae encyclicae *Fides et ratio* de necessitudinis natura inter fidem et rationem (1998): AAS 91 (1999).
JACOB, F., *La logica del vivente. Storia dell'ereditarietà*, Einaudi, Torino 1971.
JAKI, S., *Lo scopo di tutto*, Ares, Milano 1994.
JIMÉNEZ URRESTI, T.I, *De la Teología a la Canonistíca*, Publicaciones Universidad Pontificia, Salamanca, 1993.
JIMÉNEZ URRESTI, T.I. «El teologo ante la realidad canonica», *Salamaticensis*, XXIX (1982), 62- 63.
JONAS, H., *The Phenomenon of Life: Toward a Philosophical Biology*, Harper & Row, New York 1966; ID. *Organismus und Freiheit: Ansätzezueiner philosophishen Biologie*, Gottinghen 1973; trad. italiana, *Organismo e libertà. Verso una biologia filosofica*, Einaudi, Torino1966.
JONAS, H., *Saggi filosofici. Dalla fede antica all'uomo tecnologico*, ed. italiana a cura di A. Dal Lago, Il Mulino, Bologna 2001.
JONAS, H., *Il principio di responsabilità. Un'etica per la civiltà tecnologica*, ed. italiana a cura di P.P. Portinaro, Einaudi, Torino 1990.
JONAS, H., *Tecnica, medicina ed etica. Prassi del principio di responsabilità*, ed. italiana a cura di P. Becchi, Einaudi, Torino 1997.
KANT, I., *Critica della ragion pura*, trad. italiana di G. Gentile e G. Lombardo-Radice, Editori Laterza, Roma-Bari 2007.
G. KARP, G., *Biologia cellulare e molecolare*, EdiSES, Napoli 2010.

KLEIN, P., *Certainty: a Refutation of Skepticism*, University of Minnesota Press, Minneapoli (MN) 1981.
KOESTLER, A., *Il fantasma dentro la macchina*, SEI, Torino 1971.
KRIPKE, S.A., *Naming and Necessity*, Harvard University Press, Cambridge (MASS.), 1972; trad. italiana di M. Santambrogio, *Nome e necessità*, Boringhieri, Torino 1982.
KRIPKE, S.A., *Wittgenstein on Rules and Private Language*, Harvard University Press, Cambridge (MASS.) 1982; trad. italiana di M. Santambrogio, *Wittgenstein su regole e linguaggio privato*, Boringhieri, Torino 1984.
KÜLPE, P., *Die Realisierung: EinBeitragzur Grundlegung der Realwissenshaften*, 3 vol., Teubner, Leipzig 1912-1923.
LADYMAN, J., *Filosofia della Scienza. Un'introduzione*, ed. italiana a cura di T. PIAZZA, Carocci, Roma, 2007.
LAFONT, G., *Storia teologica della Chiesa. Itinerario e forme della Teologia*, San Paolo, Cinisello Balsamo (Milano) 1996.
LAFONT, G., *Promenade en Théologie*, Éd. Lethielleux, Paris, 2003.
LAMB, M., *History, Method and Theology: A dialectical Comparison of Wilhelm Dilthey's Critique of Historical Reason and Bernard Lonergan's Metamethodology*, Scholars Press, Missoula, 1978.
LAMB, M., «Wilhelm Dilthey's Critique of Historical Reason and Bernard Lonergan's Meta-methodology», in MCSHANE PH., ed., *Language, Truth, and Meaning. Papers from International Lonergan Congress 1970*, Gill & McMillan, Dublin 1972, 115-166.
LAMBERT, P. – TANSEY, C. – GOING, C., ed., *Caring about Meaning. Patterns in the life of Bernard Lonergan*, Thomas More Institute Papers/82, Montreal, 1982.
LAVAZZA A. – POSSENTI V., *Perché essere realisti. Una sfida filosofica*, Mimesis, Milano 2013.
LAWRENCE, F.G. «Method and Theology as Hermeneutical», in M.L. LAMB, ed., *Creativity and Method: Essays in Honor of Bernard Lonergan s.j.*, Marquette University Press, Milwaukee 1981, 79-104.
LAWRENCE, F.G., «Gadamer and Lonergan: A Dialectical Comparison», *International Philosophical Quarterly*, 20, (1980) 25-47.
LEO XIII, *Litterae ad episcopum Viglebani in commendationem doctrinae sancti Thomae Aquinatis*, ASS 12 (1879) 275.

LEONE XIII, Epistola encyclica *Aeterni Patris*: ASS 12 (1879), 97-115.
LEWES, G.H., *Problems of Life and Mind*, Trüber& Company, London 1874.
LIDDY, R.M., *Transforming Light. Intellectual Conversion in the Early Lonergan*, Seton Hall University, South Orange (NJ), 2008.
LIDDY, R.M., ed., *Generalized Empirical Method: Perspectives from Bernard Lonergan, The Lonergan Review* 1, Seton Hall University, 2009.
LINCH, M.P., *La verità e i suoi nemici*, edizione italiana a cura di S. Moggi, Raffaello Cortina Editore, Milano 2007.
LINNEO, C., *Philosophia botanica* (1751) cap. 27.URL: <http://www.treccani.it/vocabolario/natura-non-facit-saltus/> in data 10-03-2014.
LOCHBRUNNER, M., *Analogia Caritatis. Darstellung und Deutung der Theologie Hans Urs von Balthasar*, Freiburg im B.-Basel-Wien, 1981.
MACH, E., *Die Analyse der Empfindungen und das Verhältnis des Physischenzum Psychischen*, G. Fischer, Jena 1886.
MANZI, G., *L'evoluzione umana*, Il Mulino, Bologna 2007.
MARGULIS, L., – FESTER, R., *Symbiosis as a Source of Evolutionary Innovation*, MIT Press, Cambridge 1991.
MARGULIS, L., – SAGAN, D., *What is life?*, University of California Press, Berkeley 1995.
MARGULIS, L., *Symbiotic planet*, Basic Books, New York 1998.
MARITAIN, J., *Court traité de l'existence et de l'existant*, in J. et R. MARITAIN, *ŒvresComplètes*, vol. IX, p.65; trad. italiana di L. Vigone, *Breve trattato dell'esistenza e dell'esistente*, Morcelliana, Brescia 1998.
MARITAIN, J., *De la philosophie crétienne*, «Questions disputées», vol.9, Desclée De Brower, Paris 1933.
MARITAIN, J., *Antimodern, Reflections sur le temps présent*, in J. et R. MARITAIN, *ŒvresComplètes*, vol.II, Editions Universitaires, Fribourg Suisse- Editions Saint-Paul, Paris 1930.
MARITAIN, J., *Antimoderno. Rinascita del tomismo e libertà intellettuale*, trad. italiana di O. Orlandi, Premessa di L. Castiglione, Logos, Roma 1979.
MARITAIN, J., *Réflexions sur l'intelligence et sur vie prope*, in J. et R. MARITAIN, *Œvres Complètes*, cit., vol. III; trad. italiana di L. Frattini, ed., *Riflessioni sull'intelligenza e la sua vita propria*, Massimo Editore, Milano 1987.

MARITAIN, J., *Distinguere per unire. I gradi del sapere*, trad. italiana di E. Maccagnolo, Prefazione di V. Possenti, Morcelliana, Brescia 2013³.
MARTINI, C.M., *Bernard Lonergan al servizio della Chiesa*, La Civiltà Cattolica, Vol. 156 (2005) 329–341.
MATHEWS, A.W., *Lonergan's Quest: A Study of desire in the Authoring of Insight*, University of Toronto Press, Toronto, Buffalo, London 2005.
MAXUELL, J.C., *A Commemoration Volume 1831-1931*, Cambridge University Press, Cambridge 1931.
McCOOL, G.A., *Catholic Theology in the Nineteenthcentury*, Seabury Press, New York 1977.
MCEVENUE S., – MEYER, B.F., ed., *Lonergan's Hermeneutics: its Development and Application*, Catholic University of America Press, Washington 1989.
MCKINNEY, R., «The Hermeneutical Theory of Bernard Lonergan», *International Philosophical Quarterly* 23 (1983) 277-290.
MCPARTLAND, TH.J., «Equivalence of Meaning. Lonergan's Cognitional Theory and Voegelin's History of Symbol», in ID., *Lonergan and the Philosophy of Historical Existence*, University of Missoury Press, Columbia (MO) 2001, 226-265.
MCPARTLAND, TH.J., *Lonergan and Historiography. The Epistemological Philosophy of History*, University of Missouri Press, Columbia-London 2010.
MCSHANE, PH., «Gadamer and Lonergan: A Dialectical Comparison», in *International Philosophical Quarterly* 20 (1980) 25-47.
MEINECKE, F., «Kausalitäten und Werte in der Geschichte», *Historische Zeitschrift* 137 [1928] 1-27; English transl. «Values and Causalities in History», in F. STERN, ed., *The Varieties of History: From Voltaire to the Present*, Meridian Books, New York 1956, 267-288; trad. italiana «Causalità e valori nella storia», in ID., *Pagine di storiografia e filosofia della storia*, di G. Di Costanzo, ed., Edizioni Scientifiche Italiane, Napoli 1984, 243-271.
MEINECKE, F., *Aforismi e schizzi sulla storia*, G. Di Costanzo, ed., Introduzione di F. Tessitore, Liguori, Napoli 2006, 65-71.
MEYER, B.F., *Realismo critico e Nuovo Testamento*, trad. italiana di D. Candido, Presentazione di V. Danna, Marcianum Press, Venezia 2009, 21-34.
MEYNELL, H.A., *Bernard Lonergan*, San Paolo, Cinisello Balsamo (MI) 1994.

MOLTMANN, J., *Scienza e sapienza. Scienza e Teologia in dialogo*, trad. italiana di D. Pezzetta, Queriniana, Brescia 2003.
MICELI, R., *Questionari e test, dati e modelli*, in R. MICELI, ed., *Numeri, dati, trappole. Elementi di psicometria*, Roma, 2004.
MINATI, G., *Sistemica*, Apogeo, Milano 1998.
MINAZZI, F., «Realismo senza dogmi», in V. TONINI – F. MINAZZI, ed., *La realtà della natura e la storia dell'uomo*, F. Angeli, Milano 1989, 205-256.
MONASTRA, G., *Le origini della vita*, Il Cerchio, Rimini 2000.
MONOD, J., *Il caso e la necessità.*, Mondadori, Milano 1970.
MOORE, G. E., «Refutation of Idealism», *Mind*, 12 (1903) 433-453.
MORRIS, C., «On the History of the International Encyclopedia of Unified Science», *Synthèse*, XII, 1960, 517-521.
MUCK, O., *Die transzendentale Methode in der scholastischen Philosophie der Gegenwart*, Felizian Rauch, Innsbruck 1964; English transl., *The Trascendental Method*, New York 1968.
MURA, G., *Ermeneutica e verità. Storia e problemi della filosofia dell'interpretazione*, Città Nuova, Roma 1990.
MURA, G., «Il panorama filosofico-teologico attuale e l'esigenza di un metodo generale», in P. GILBERT – P. SPACCAPELO, N., ed., *Il Teologo e la Storia. Lonergan's Centenary (1904-2004)*, GregorianUniversity Press, Roma 2006, 173-196.
MURATORE, S., «Lonergan, Bernard Joseph (1904-1984)» in G. TANZELLA-NITTI – A. STRUMIA, *Dizionario Interdisciplinare di Scienza e Fede: cultura scientifica, filosofia, teologia*, Urbaniana University Press- Città Nuova Editrice, Roma 2002, vol.2, 1918-1922.
MURATORE, S., *La filosofia dell'essere*, San Paolo, Cinisello Balsamo (Milano) 2006.
MURRAY, E.A., «The Self of Critical Realism», in C. TADDEI-FERRETTI, ed., *Going Beyond Essentialism: Bernard J.F.Lonergan an Atypical Neo-Scholastic*, Istituto Italiano per gli Studi Filosofici, Napoli 2012, 123-137.
NAGEL, E., *La struttura della Scienza. Problemi di logica nella spiegazione scientifica*, trad. italiana di C. Sborgi, Feltrinelli, Milano, 1968.
NASH- MARSHALL, S., *La ricettività dell'intelletto. Lonergan e la ripresa della gnoseologia scolastica nel XX secolo*, Vita e Pensiero, Milano 2002.
NASH- MARSHALL, S., «Lonergan», in *Enciclopedia Filosofica*, FONDAZIONE CENTRO STUDI FILOSOFICI DI GALLARATE, Bompiani, Milano 2006, Vol.7, 6775-6777.

NEIDI, W.M., *Der Realitätsbegriff des F. Suarez nach den Disputationes Metaphysicae*, Hueber, München 1966.

NEURATH, O., « Soziologieim Physikalismus» *Erkenntnis* II (1931-1932) 393-431; ID., «Protokolsatz», *Erkenntnis* III (1932-1933) 204-214; Engl. transl. «Protocol Sentences», in A.J. AJER (ed.), *Logical Positivism*, The Free Press, New York 1959, 199-208.

NEURATH, O. – CARNAP, R. – MORRIS, C., ed., *International Encyclopedia of Unified Science*, University of Chicago Press, Chicago 1955^2.

NEURATH, O. – CARNAP, R. – MORRIS, C., ed., *Foundations of the Unity of Science. Towards an International Encyclopedia of Unified Science*, Chicago-London 1970, 2 voll.

NEWMAN, J. H. *Grammatica dell'assenso*, trad. italiana di Lorella Erbifori, B. Gallo, a cura di B. Gallo, Introduzione di Luca Obertello, Jaca Book, Milano 2005.

NEWMAN, J. H., *L'idea di Università*, trad. italiana a cura di A. Bottone, Studium, Roma 2005, p. 66.

NOGLER, L., – NICOLUSSI, A., *Luigi Mengoni o la coscienza del metodo*, Cedam, Padova, 2007.

ÖRSY L., «Lonergan's Cognitional Theory and Foundational Issues in Canon Law: Method, Philosophy and Law, Theology and Canon Law», *Studiacanonica*, XIII (1979) 177-243.

PALEY, W., *Natural Theology: or, Evidences of the Existence and Attributes of the Deity*, Lackington, Allen and Co.- James Sawers, Edinburg 1818.

PALMER, R.E., *Hermeneutics: Interpretation Theory in Schleiermacher, Dilthey, Heidegger, and Gadamer*, Northwestern University Press, Evanston 1969.

PANNENBERG, W., *Epistemologia e Teologia*, Queriniana, Brescia, 1975.

PIO XI, Litterae encyclicae *Studiorum ducem*: AAS 15 (1923).

PIOLANTI, A., *Il tomismo come filosofia cristiana nel pensiero di Leone XIII*, Città del Vaticano 1983.

PIZZAMIGLIO, P., «Method in Mathematics», *The Lonergan Review.The Journal of the Bernard J. Lonergan Institute*, 1 (2009) 104-117.

PLATONE, *Cratilo*, in ID., *Tutti gli scritti*, a cura di G. Reale, Bompiani, Milano 2000, 135-183.

PLATONE, *Filebo*, in Id., *Tutti gli scritti*, a cura di G. Reale, Bompiani, Milano 2000, 428-476.

PLATONE, *Fedone*, in Id., *Tutti gli scritti*, a cura di G. Reale, Bompiani, Milano 2000, 71-122.

POPPER, K.R., *Congetture e confutazioni. Lo sviluppo della conoscenza scientifica*, tr. italiana di G. Pancaldi, Il Mulino, Bologna 1972.

POPPER, K.R., *Postscript to the Logic of Scientific Discovery*, vol. I, *Realism and the Aim of Science*, London 1983; traduzione italiana di M. Benzi – S. Mancini, ed. it. a cura di A. Artosi – R. Festa, *Poscritto alla Logica della scoperta scientifica. Il realismo e lo scopo della scienza*, Il Saggiatore, Milano 1984.

POSSENTI, V., ed., *Epistemologia e Scienze umane*, Massimo, Milano 1972.

POSSENTI, V., « Realismo diretto e verità», in A. LAVAZZA –V. POSSENTI, *Perché essere realisti. Una sfida filosofica*, Mimesis, Milano 2013, 19-49.

PRETI, G., *Retorica e logica*, Einaudi, Torino, 1968.

PUTNAM, H., *Reason, Truth, and History*, Cambridge University Press, Cambridge 1981; trad. italiana di A. N. Radicati di Brozolo, a cura di S. Veca, *Ragione, verità e storia*, Saggiatore, Milano 1985.

QUINE, W.V.O., «*Two dogmas of Empiricism*», *Philosophical Review*, 60, 20-43; in ID., *From a Logical Point of View*, Harvard University Press, Cambridge (MASS.) 1953; trad italiana di E. Mistretta, *Il problema del significato*, Astrolabio – Ubaldini, Roma 1966.

QUINE, W.V.O., *Epistemology Naturalized*, in ID., *Ontological Relativity and Other Essays*, Columbia University Press, New York 1969; trad. italiana di M. Leonelli, *La relatività ontologica e altri saggi*, Armando, Roma 1986.

QUINE, W.V.O., *Word and Object*, MIT Press, Cambridge (MASS.) 1960; trad. italiana di F. Mondadori, *Parola e oggetto*, Il Saggiatore, Milano 1970.

REALE, G., *Per una nuova interpretazione di Platone*, Bompiani, Milano 2010.

REEVES, H., *L'evoluzione cosmica*, Feltrinelli, Milano 1982.

RICOEUR, P., *La semantica dell'azione. Discorso e azione*, trad. italiana di A. PIERETTI, Milano, 1986.

ROSSI, P. *La nascita della scienza moderna*, Laterza, Bari-Roma, 2002.

ROTHACKER, E., *Logik und Systematik der Geisteswissenschaften*, Oldenburg, München 1965^2.

ROVELLI, C., *Quantum Gravity*, Cambridge University Press, Cambridge (UK) 2004.

ROVELLI, C., *La realtà non è come ci appare. La struttura elementare delle cose*, Raffaello Cortina Editore, Milano 2014.

RUSSEL B., *La visione scientifica del mondo*, trad. italiana di E.A. Loliva, Laterza, Bari 1982.

SALA, G.B., «L'analogia psicologica trinitaria nel pensiero di B. Lonergan», *La Scuola Cattolica*, 92 (1964), 6, 517-536.

SALA, G.B., «Oltre la neoscolastica, verso una nuova filosofia. Quale?», *Scuola Cattolica*, 96 (1968), 4, 291-333.

SALA, G.B., «Coscienza e intenzionalità in Bernard Lonergan» in V. MELCHIORRE, *Storia di filosofia trascendentale*, Vita e Pensiero, Milano 1993, 49-99.

SALA, G.B. *Aspetti filosofici del 'Metodo in teologia' di B. Lonergan*, La Civiltà Cattolica 1, 1973, 329-341.

SANS, G., *Sintesi a priori. La filosofia critica di Immanuel Kant*, Edizioni Scientifiche Italiane, Napoli 2013.

SCHEFFLER, I., *Mitochondria*, Wiley – Liss, New York 1999.

SCHELLING, W.F., *Sistema dell'idealismo trascendentale*, edizione italiana a cura di G. Semerari, Editori Laterza, Roma-Bari 1990.

SCHLICH, M., «Positivism and Realism», *Philosophical* Review, 7, 1948, 478 – 505; in A. J. AYER, ed., *Logical Positivism*, The Free Press, New York, 1959, 82-107; trad.italiana di E. Picardi, in M. SCHLICH, *Tra realismo e neo-positivismo*, Introduzione di L. Geymonat, Il Mulino, Bologna 1974.

SCHLICH, M., « Meaning and Verification», *Philosophical Review*, 45 (1936), 339-369.

SCHMIDINGER, H.M., «"Scolastica" e "neoscolastica" storia di due concetti», in CORETH, E.- NEIDL, W.M.- PFLIGERSDORFFER, G., ed., *La filosofia cristiana nei secoli XIX e XX*, vol. II, Città Nuova, Roma 1994, 39-72.

SCHMIDINGER, H.M., «Area anglosassone. L'eco della rinascita della scolastica in Gran Bretagna e in Nordamerica», in CORETH, E.- NEIDL, W.M.- PFLIGERSDORFFER, G., ed., *La filosofia cristiana nei secoli XIX e XX*, Vol. II, 336-342.

SCHOLZ, H., «Wieisteineevangelische Theologieals Wissenschaftmöglich?» in *Zwischen den Zeiten*, IX (1931), 14-48.

SCOTUS, D., *Ordinatio vel Opus oxoniense*, in ID., *Opera Omnia*, cura Commissionis Scotisticae ad fidem codicum edito, Civitas Vaticana 1950.

SCHÜPPE, W., *Grundriss der Erkenntnistheorie und Logik*, Weidmannsche Buchhandlung, Berlin 1910.

SEARLE, J.R., *The Mistery of Consciousness*, New York Review of Books, New York (NY) 1997; trad. italiana di E. Carli, *Il mistero della coscienza*, Raffaello Cortina, Milano 1998.

SNELL, B., *Entdeckung des Geistes*, Claassen und Goverts, Hamburg 1948; trad.italiana di V. Degli Alberti e A. Solmi Marietti, *La cultura greca e le origini del pensiero europeo*, Einaudi, Torino 1963.

SNELL, B., *The Discovery of Mind: in Greek and Philosophy and Literature*, Herper & Row, New York 1960².

SNOW, C.P., *Le due culture*, trad. italiana di A. Carugo, Feltrinelli, Milano, 1964.

SOLOMON, E., – BERG, L., – MARTIN, D., *Biologia*, EdiSES, Napoli 2006.

SPACCAPELO, N., «La funzione del Verbo nell'analogia psicologica trinitaria secondo Bernard Lonergan», in *Science et Esprit*, 23 (1971) 37-48.

SPACCAPELO, N., « Presentazione. Bernard Lonergan e il suo 'orizzonte'», in MEYNELL H. A., *Bernard Lonergan*, San Paolo, Cinisello Balsamo (MI) 1994, 9-57.

SPACCAPELO, N., «Bernard Lonergan e il suo "orizzonte"», in ID., *Fondamento e orizzonte. Scritti di antropologia e filosofia*, Armando, Roma 2000, 175-220.

SPACCAPELO, N., *L'opera di Bernard Lonergan e la costruzione di un Novum Organum*, in P. TRIANI, ed., *Sperimentare, conoscere, decidere. Riflessioni sull'educare a partire da Bernard Lonergan*, Prefazione di L. Monari, Berti, Piacenza 2001, 19-56.

SPACCAPELO, N., «Significato e Formazione in Bernard Lonergan», in P. TRIANI, ed., *Sviluppo della coscienza e valori. Il contributo di Bernard Lonergan*, Berti, Piacenza 2003, 49-104.

SPACCAPELO, N., «Method in Theology and Theological Methodology», *The Lonergan Review The Journal of the Bernard J. Lonergan Institute*, 1 (2009) 185-199.

SPAEMANN, R., – LÖW, R., *Fini naturali. Storia & riscoperta del pensiero teleologico*, Ares, Milano 2013.

SPENCER, H., *First Principles*, Williams and Norgate, London 1862.

SPIAZZI, R., *Il pensiero di S. Tommaso d'Aquino*, Edizioni Studio Domenicano, Bologna 1997.

STRUMIA, A., «Analogia», in G. TANZELLA NITTI – A. STRUMIA, ed., *Dizionario interdisciplinare di Scienza e Fede: cultura scientifica, filosofia, teologia, vol I, UrbanianaUniversity Press – Città Nuova, Roma 2002, 56-70.

STRUMIA, A., *Introduzione alla Filosofia delle Scienze*, Edizioni Studio Domenicano, Bologna, 1992.

SUAREZ, F., *Disputazioni metafisiche*, C. Esposito, ed., Bompiani, Milano 2007.

TADDEI FERRETTI, C., *Intersubjetctivity in the Thought of Bernard Lonergan and in Cognitive Science*, in ID., ed., *Going Beyond Essentialism: Bernard J.F.Lonergan an Atypical Neo-Scholastic*, Istituto Italiano per gli Studi Filosofici, Napoli 2012, 191-213.

TATTERSALL, I., *Il cammino dell'uomo*, Garzanti, Milano 1998.

TEEVAN, D., *Lonergan, Hermeneutics & Theological Method*, Marquette University Press, Milwaukee 2005.

TESSITORE, F., «Ermeneutica contro *Historismus*», *Archivio di Storia della Cultura* 25 (2012) 105.

TOMMASO D'AQUINO, *Somma Teologica*, I, q.4, a.3, Edizioni Studio Domenicano, Bologna 1992.

TOMMASO D'AQUINO, *Le questioni disputate*, Vol. 2., *La verità, questioni 10-20*, Edizioni Studio Domenicano, Bologna 1992.

TOMMASO D'AQUINO, *Lo specchio dell'anima. La sentenza di Tommaso d'Aquino, sul De Anima di Aristotele*, San Paolo, Milano 2012.

TORTORA, G., «Non si tratta di foglia appassita», *Discorsi. Ricerche di Storia della Filosofia*, VII (1987) 283-291.

TRACY, D., *The Achievement of Bernard Lonergan*, Herder and Herder, New York 1970.

TRIANI, P., *Il dinamismo della coscienza e la formazione*, Vita e Pensiero, Milano 1998.

TRIANI, P., «Metodo e formazione in Bernard Lonergan», in ID., ed., *Sperimentare, conoscere, decidere. Riflessioni sull'educare a partire da Bernard Lonergan*, Editrice Berti, Piacenza 2001, 143-167.

TRIANI, P., «La pluralità teologica e la pluralità formativa nella riflessione lonerganiana», in ID., ed., *L'antropologia di Bernard Lonergan. Educazione, valori e cambiamento*, Edizioni AIMC, Roma 2012, 187-201.

TRUPIANO, A., «Oggettività della conoscenza e autenticità del vivere umano nell'itinerario di Bernard Lonergan», in C. TADDEI FERRETTI, ed., *Bernard J.F. Lonergan tra filosofia e teologia*, Istituto Italiano per gli Studi Filosofici, Napoli 2010, 33-66.

Trupiano, A., «La svolta verso il soggetto e il metodo trascendentale: l'incontro di B. Lonergan con l'ermeneutica», in E. Cibelli, ed., *La centralità del soggetto per la fondazione di un metodo in teologia da parte di Bernard Lonergan*, Istituto Italiano per gli Studi Filosofici, Napoli 2013, 85-111.

Vanni Rovighi, S., «Logica», in *Enciclopedia Filosofica*, Centro di Studi Filosofici di Gallarate, EPIDEM, Roma 1979, 163-178.

Vattimo, G., *Le avventure della differenza*, Garzanti, Milano 1981.

Vico, G.B., *De antiquissima Italorum sapientia ex linguæ latinæ originibus eruenda*, in G.B. Vico, *Metafisica e metodo*, trad. italiana di C. Greco, Milano, 2008.

Viotto, P., *Introduzione a Maritain*, Laterza, Bari-Roma 2000.

Voegelin, E., *Il mito del mondo nuovo. Saggi sui movimenti rivoluzionari del nostro tempo*, tr. italiana di A. Munari, Rusconi, Milano 1970.

Voegelin, E., *Order and History. IV. The Ecumenic Age*, Louisiana State University Press, Baton Rouge, 1974.

Voegelin, E., «Configurazioni della storia», in Id., *Trascendenza e Gnosticismo*, saggio introduttivo di G.F. Lami, Astra, Roma 1979, 134-135.

Voegelin, E., *Che cos'è la storia?* trad.italiana di G. Rossi, Medusa, Milano 2007.

Weisheipl, J.A., *Tommaso d'Aquino, Vita, pensiero, opere*, ediz. italiana. a cura di I. Biffi – C. Marabelli, Jaca Book, Milano, 1988.

Wittgenstein, L., *Tractatus logico-philosophicus*, trad. italiana a cura di A.G. Conte, Einaudi, Torino 1964.

INDICE DEGLI AUTORI

Abbagnano, N.: 32, 123, 266, 271
Agazzi, E.: 18, 111, 266
Agostino d'Ippona: 25, 26, 27, 266
Amaldi, U.: 187, 266
Areni, A.: 139, 270
Aristotele: 12, 15, 22-25, 28, 29, 46-47, 79, 116, 118, 137, 152, 157, 158, 267, 283
Armando, L.: 39, 258, 267, 269
Aron, R.: 74, 267
Bacone, F.: 12, 119, 123, 157, 159-160
Balzani, V.: 189, 267
Barone, F.: 57, 267
Basti, G.: 115, 119, 148, 152, 267, 271
Beards, A.: 63, 267
Beck, B.: 201, 267
Berg, L.: 183, 282
Blondel, M.: 38, 106, 267
Boniolo, G.: 183, 267
Bontadini, G.: 19, 267
Buiatti, M.: 199, 267
Bultmann, R.: 87, 164
Byrne, P.H.: 55, 267
Capra, F.: 194, 268
Carnap, R.: 36, 57, 58, 268, 279
Cartesio (cf. anche Descartes R.): 30, 120, 122, 123, 132, 133, 134, 183, 239, 240, 241, 268

Cassirer, E.: 75, 77, 78, 83, 268
Castelfranchi, Y.: 149, 268
Castellacci, C.: 193, 270
Cellucci, C.: 118, 268
Chisholm, R.: 63, 268
Coelho, I.: 83, 268
Concolino, D.: 243, 268
Crespi, F.: 104, 269
Croce, B.: 97, 99, 112, 269
Cronin, T.J.: 30, 269
Crowe, F.E.: 24, 27, 39, 46, 55, 72, 74, 77, 181, 182, 235, 237, 261, 262, 263, 264, 265, 266, 269
D'Agostini, F.: 62, 63, 64, 269
Danna, V.: 11, 82, 89, 157, 161, 167, 175, 176, 216, 264, 269, 277
Dawkins, R.: 183, 193, 196, 269
De Caro, M. : 17, 64, 269, 270
De Duve, C.: 195, 269
De Santis, C.: 84, 87, 269
Descartes, R.: 29, 30, 52, 120, 123, 132, 133, 268, 269
Devitt, M.: 17, 269
Di Lerin, V.: 122, 269
Dilthey, W.: 9, 72-75, 89, 107-108, 113, 130-133, 138, 150, 237, 270, 275, 279
Donadio, F.: 101, 270

285

Drake, D.: 35, 270
Dummett, M.: 56, 63, 270
Eco, U.: 64, 270
Edwards, S.: 17, 270
Ercolani, A.P.: 139 , 270
Esposito, C.: 28, 270, 283
Facchini, F.: 187, 189, 200, 266, 267, 270
Fano, V.: 18, 244, 270, 276
Ferraguti, M.: 193, 270
Ferraris, M.: 17, 64, 269, 270
Fester, R.: 195, 276
Feynmann, R.: 168, 270
Fichte, J.G.: 31, 271
Fidelibus, G.: 18, 271
Finamore, R.: 10, 13, 15, 19, 35, 44, 50, 61, 225, 237, 271
Fornero, G.: 123, 271
Fry, I.: 192, 271
Gadamer, H.G.: 74, 75, 79, 83-94, 128, 131, 271, 275, 277, 279
Galilei, G.: 123, 126, 157
Galvan, S.: 119, 271
Gargantini, M.: 164, 272
Gehlen, A.: 162, 272
Geymonat, L.: 18, 36, 110, 266, 272, 281
Gherri, P.: 10, 105, 106, 107, 108, 111, 119, 120, 127, 139, 147, 150, 152, 153, 267, 271, 272
Gilbert, P.: 44, 83, 272, 278
Gilbert, W.: 157
Gilson, E.: 18-19, 39-41, 109, 272, 273
Giordano, M.: 67, 273
Giovanni Paolo II: 233-234, 274
Giustiniani, P.: 12, 96, 233, 273

Gleason Spaulding, E.: 34
Granese, A.: 34, 273
Going, C.: 9, 24, 54, 79, 266, 275
Greco, P.: 112, 192, 273, 284
Guasti, L.: 14
Guglielmi, G.: 10, 71, 95, 273
Hamilton, W.: 33, 273
Haw, M.: 198, 273
Hegel, G.W.F.: 32, 72, 81, 97, 109, 113, 124, 130, 131, 132, 137, 159, 257, 273
Heidegger, M.: 48, 74, 87, 89, 90, 113, 162, 164, 279
Heitler, W.: 182, 273
Helen, J.J.: 29, 273
Herbart, J.F.: 32, 273
Heussi, K.: 74, 98, 99, 100, 274
Hohmann, E.: 118, 274
Holt, E.B.: 34, 274
Horn, S.: 203, 274
Hünermann, P.: 74, 274
Husserl, E.: 34, 50, 89, 109, 113, 115, 116, 131, 133, 150, 160, 161, 162, 243, 274
Jacob, F.: 185-187, 192, 198, 274
Jaki, S.: 184, 274
Jimènez Urresti, T.I.: 117, 146, 274
Jonas, H.: 164-166, 176, 274
Kant, I.: 20, 31, 38, 41, 60, 72, 109, 112, 116, 119, 131, 132, 133, 169, 171, 228, 239, 242, 274, 281
Karp, G.: 192, 199, 274
Keplero, G.: 157
Klein, P.: 244, 275

Indice degli autori

Koestler, A.: 186, 275
Kripke, S.A.: 36, 275
Külpe, P. : 33, 275
Ladyman, J. : 118, 275
Lafont, G. : 109, 275
Lamb, M.: 9, 72, 83, 275
Lambert, P.: 9, 24, 54, 266, 275
Lavazza, A.: 17, 275, 280
Lawrence, F. G.: 79, 83, 84, 93, 275
Leibniz, G.W.: 125, 133, 187, 266
Leone XIII: 19, 37-38, 49, 108, 233, 275, 276, 279
Lewes, G.H.: 33, 276
Liddy, R.M.: 13, 24, 30, 276
Linch, M.P.: 244, 245, 276
Linneo, C.: 125, 276
Lochbrunner, M.: 118, 276
Lovejoy, A.O.: 35, 270
Mach, E.: 34, 276
Mannetti, L.: 139, 270
Manzi, G.: 200, 276
Margulis, L.: 192, 194, 195, 276
Maritain, J.: 9, 18-19, 38-40, 271, 276, 277, 284
Martin, D.: 183, 282
Martini, C.M.: 228, 277
Marwin, W.T.: 34, 274
Mathews, A.W.: 55, 277
McCool, G.A.: 30, 277
McEvenue, S.: 83, 277
McKinney, R.: 83, 90, 91, 277
McPartland, Th.J.: 71, 80, 277
McShane, Ph.: 72, 84, 261, 275, 277
Meinecke, F.: 98, 99, 269, 277

Meyer, B.F.: 83, 84, 277
Meynell, H.A.: 207, 277, 282
Miceli, R.: 139, 278
Minati, G.: 186, 278
Minazzi, F.: 18, 266, 278
Moltmann, J.: 166, 278
Monari, L.: 237, 282
Monastra, G.: 192, 278
Monod, J.: 183, 185, 278
Montague, W.P.: 34, 274
Moore, G.E.: 33-34, 273, 278
Morris, C.: 58, 278, 279
Muck, O.: 250, 278
Mura, G.: 83, 86, 90, 278
Muratore, S.: 10, 12, 14, 20, 24, 27, 47, 53, 65, 73, 77, 78, 82, 157, 168, 208, 209, 215, 235, 237, 245, 252, 261, 262, 265, 278
Murray, E.A.: 55, 278
Nagel, E.: 152, 278
Nash-Marshall, S.: 19, 60, 278
Neidi, W.M.: 29, 279
Neurath, O.: 36, 58, 279
Newman, J.H.: 64, 197, 255, 279
Nicolussi, A.: 105, 279
Nogler, L.: 105, 279
Orsy, L.: 128, 279
Paley, W.: 196-197, 199, 279
Palmer, W.: 74, 279
Pannenberg, W.: 149, 279
Pio XI: 234, 279
Piola, A.: 167, 269
Piolanti, A.: 19, 279
Pitkin, W.: 34, 274

Pitrelli, N.: 149, 268
Pizzamiglio, P.: 53, 279
Platone: 15, 22-24, 279, 280
Popper, K.R.: 21, 58, 128, 148, 174, 176, 177, 280
Possenti, V.: 9, 17, 111, 266, 275, 277, 280
Pratt, J.B.: 35, 270
Preti, G.: 110, 280
Putnam, H.: 62, 280
Quine, W.V.O.: 37, 280
Reale, G.: 22, 23, 267, 279, 280
Reeves, H.: 187, 280
Richardson, A.V.: 58, 273
Ricoeur, P.: 75, 106, 280
Rogers, A.K.: 35, 270
Rossi, P.: 73, 157, 270, 280
Rothacker, E.: 74, 280
Rovelli, C.: 64, 280
Russel, B.: 152, 177, 281
Sagan, D.: 194, 276
Sala, G.B.: 20, 42, 69, 73, 83, 129, 130, 139, 209, 210, 214, 247, 258, 263, 264, 265, 281
Sans, G.: 14, 31, 281
Santayana, G.: 35, 270
Scheffler, I.: 199, 281
Schelling, W.F.: 32, 281
Schlich, M.: 36, 281
Schmidinger, H.M.: 38, 39, 281
Scholz, H.: 148, 149, 281
Schüppe, W.: 33, 281
Scoto (Scutus), D.: 27, 28, 44, 109
Searle, J.R.: 63, 282
Sellars, R.W.: 35, 270
Snell, B.: 75-77, 282

Snow, C.P.: 110, 272, 282
Solomon, E.: 183, 282
Spaccapelo, N.: 12, 14, 24, 27, 39, 42, 44, 47, 53, 65, 73, 77, 78, 82, 83, 94, 95, 124, 157, 168, 207, 208, 209, 210, 215, 220, 221, 227, 228, 235, 237, 245, 252, 258, 261, 262, 265, 267, 269, 272, 278, 282
Spaemann, R.: 182, 282
Spencer, H.: 32, 159, 282
Spiazzi, R.: 17, 282
Strong, C.A.: 35
Strumia, A.: 65, 111, 116, 118, 164, 272, 278, 282, 283
Suarez, F.: 28-30, 109, 131, 269, 270, 279, 283
Taddei Ferretti, C.: 10, 18, 35, 50, 55, 93, 268, 271, 278, 283
Tansey, C.: 9, 24, 54, 266, 275
Tattersall, I.: 200, 201, 202, 283
Teevan, D.: 83, 283
Tessitore, F.: 99, 101, 102, 270, 277, 283
Tomasi, M.: 128, 261, 265
Tommaso d'Aquino: 13, 15, 17, 18, 19-20, 24, 26-28, 29, 37, 39, 40-47, 49, 55, 108, 109, 111, 116, 130, 131, 144, 146, 152, 209, 233-234, 235, 261, 272, 282, 283, 284
Tonini, V.: 18, 278
Tortora, G.: 112, 283
Tracy, D.: 49, 283
Triani, P.: 11, 12, 14, 44, 59, 95, 96, 207, 208, 220, 223, 225, 237, 271, 273, 282, 283

Trupiano, A.: 84, 89, 90, 93, 283, 284
Vanni Rovighi, S.: 119, 284
Vattimo, G.: 65, 74, 162, 271, 284
Venturi, M.: 189, 267
Vico, G.B.: 12, 106, 111, 112, 284
Vidali, P.: 183, 267
Viotto, P.: 18, 284

Voegelin, E.: 75, 77-83, 277, 284
Weisheipl, J.A.: 109, 284
Wiedenhofer, S.: 203, 274
Wittgenstein, L.: 35, 36, 63, 113, 128, 275, 284
Zonca, V.: 157

Hanno collaborato a questo volume

Rosanna Finamore, Filosofia della conoscenza
Facoltà di Filosofia, Pontificia Università Gregoriana, Roma.

Giuseppe Guglielmi, Antropologia teologica
Pontificia Facoltà Teologica dell'Italia Meridionale, Sez. S. Luigi, Napoli.

Paolo Gherri, Diritto canonico
Facoltà di Diritto canonico, Pontificia Università Lateranense, Roma.

Valter Danna, Filosofia teoretica
Facoltà Teologica dell'Italia Settentrionale, Sez. di Torino.

Carlo Cirotto, Biologia
Dipartimento di Chimica, Biologia e Biotecnologie, Università degli Studi di Perugia.

Pierpaolo Triani, Didattica Generale
Facoltà di Scienze della Formazione, Università Cattolica del Sacro Cuore, sede di Piacenza.

Pasquale Giustiniani, Filosofia teoretica
Pontificia Facoltà Teologica dell'Italia Meridionale, Sez. S. Tommaso, Napoli.

INDICE

PREFAZIONE 7
Rosanna Finamore

Capitolo I: QUALE REALISMO CRITICO? INTERROGATIVI
E CONSIDERAZIONI PER IL METODO
EMPIRICO GENERALIZZATO 15

Rosanna Finamore
1. Qualche nota introduttiva 15
2. Una vigile attenzione alle precomprensioni 16
3. Il realismo: un problema contemporaneo dalle radici antiche 22
4. L'autonomia della *res* nel pensiero cristiano 25
5. Posizioni dell'idealismo e plurime risposte ad esso 31
6. Il realismo contemporaneo dei pensatori cristiani tra XIX e XX secolo 37
7. B. Lonergan, dalle prime opzioni metodologiche in *Verbum* al metodo empirico generalizzato in *Insight* 42
8. Il dialogo con la cultura contemporanea 49
9. Il contesto speculativo del metodo empirico generalizzato 52
10. Rilievi conclusivi 62

Capitolo II: SIGNIFICATO E STORIA IN B. LONERGAN 71
Giuseppe Guglielmi
1. Le fonti storiche del mondo del significato in Lonergan 71
2. Critica della ragione storica: W. Dilthey 72
3. La scoperta dello spirito: B. Snell 75

4. Simboli ed esperienze equivalenti: E. Voegelin 77
5. Dimensione esistenziale del comprendere: H.- G. Gadamer 83
6. Il significato: storicità e prospettivismo 94
   6.1 La complessità della storia 95
   6.2 Il prospettivismo 98
7. Conclusione 100

Capitolo III: METODO SCIENTIFICO E METODO UMANISTICO. CON LONERGAN VERSO UNA NUOVA METODOLOGIA SCIENTIFICO-UMANISTICA? 105

Paolo Gherri

1. Coscienza del metodo ed efficacia dell'operare 105
2. La questione di fondo 106
   2.1 Il presupposto scientifico: differenza tra metodo e rigore 114
3. Il Metodo in Teologia come metodo scientifico 127
   3.1 L'opera e le sue premesse 129
   3.2 Il titolo dell'opera 134
   3.3 Capitolo primo. Il metodo 136
   3.4 Capitolo quinto. Le specializzazioni funzionali 140
   3.5 Il significato dell'apporto lonerganiano 144
4. Verso una nuova metodologia scientifico-umanistica 147
   4.1 La prospettiva di riferimento 147
   4.2 Il paradigma critico-induttivo 149
5. Conclusioni 154

CAPITOLO IV: LE SCIENZE NATURALI
SONO UMANISTICHE?..157
Valter Danna
1. Dai saperi dei secoli XVI-XVIII alle tecno-scienze di oggi................157
2. Tecno-scienze ed etica 160
3. Alcuni contributi per un'umanizzazione delle scienze della natura ..164
4. La proposta lonerganiana per "umanizzare" le scienze della natura.169
5. Conclusioni 175

CAPITOLO V: L'APPLICAZIONE DEL CONCETTO DI SCIENZA
AI DIVERSI CAMPI DELLA RICERCA. IL PROBLEMA
DEL FINALISMO IN BIOLOGIA 181
Carlo Cirotto
1. L'importanza della causa formale secondo Lonergan 181
2. La visione scientifica del mondo. Lonergan e gli aggregati 185
3. Prima della vita 187
4. Le strutture viventi 191
5. L'uomo definito da Lonergan «fonte di sistemi più alti» 195
6. Comportamento intenzionale e genere Homo 200
7 La finalità come dinamismo orientato. Conclusione 203

CAPITOLO VI: IL METODO EMPIRICO GENERALIZZATO,
LA COSCIENZA DIFFERENZIATA, IL PLURALISMO 207
Pierpaolo Triani
1. Il dinamismo universale della coscienza: fondamento del metodo ..207
2. Un interesse progressivo 208
3. L'orizzonte della posizione lonerganiana 210
4. Il contributo di Lonergan 218
5. Conclusione..231

CAPITOLO VII: IL METODO EMPIRICO GENERALIZZATO, TRA EVIDENZA E ANALISI CRITICA 233

Pasquale Giustiniani

1. Osservazioni preliminari 233
2. I termini in gioco: il confronto del sapere teologico con la modernità delle certezze e delle evidenze 239
3. Evidenza e certezza nel metodo di Lonergan 245
4. L'evidenza attinta col metodo 251
5. Conclusione 255

TAVOLA DELLE SIGLE E DELLE ABBREVIAZIONI 259

BIBLIOGRAFIA 261

INDICE DEGLI AUTORI 285